普通高等教育"十一五"国家级规划教材

 面向21世纪课程教材

高等学校劳动与社会保障专业主干课程教材

# 社会保障国际比较

International Comparison of Social Security

（第四版）上册

穆怀中　主编

中国劳动社会保障出版社

**图书在版编目（CIP）数据**

社会保障国际比较. 上册 / 穆怀中主编. -- 4 版. -- 北京：中国劳动社会保障出版社，2024. --（高等学校劳动与社会保障专业主干课程教材）（面向21世纪课程教材）（普通高等教育"十一五"国家级规划教材）.
ISBN 978-7-5167-6596-8

Ⅰ. D57

中国国家版本馆 CIP 数据核字第 2024EK0830 号

**中国劳动社会保障出版社出版发行**

（北京市惠新东街1号　邮政编码：100029）

\*

北京瑞禾彩色印刷有限公司印刷装订　　新华书店经销
787毫米×1092毫米　16开本　17印张　291千字
2024年10月第4版　　2024年10月第1次印刷
定价：45.00元

营销中心电话：400-606-6496
出版社网址：https://www.class.com.cn

版权专有　　侵权必究

如有印装差错，请与本社联系调换：（010）81211666
我社将与版权执法机关配合，大力打击盗印、销售和使用盗版图书活动，敬请广大读者协助举报，经查实将给予举报者奖励。
举报电话：（010）64954652

# 第四版总前言

第四版的《社会保险》《社会保障理论》《社会保障国际比较》《社会保险基金管理》《劳动经济学》和《人力资源开发与管理》是在"面向21世纪课程教材""高等学校劳动与社会保障专业主干课程教材",以及教育部普通高等教育"十一五"国家级规划教材的基础上(《人力资源开发与管理》除外),再次修订出版的一套供劳动与社会保障专业选用的主干课程教材。

"面向21世纪课程教材""高等学校劳动与社会保障专业主干课程教材"是教育部立项项目"劳动与社会保障专业课程结构、主干课程及其主要教学内容研究"的开创性成果,它的出版不仅填补了当时我国高等学校劳动与社会保障专业主干课程体系建设的空白,而且对这一专业的健康发展、学科建设以及专业人才培养起到了重要作用。2012年,《社会保险(第三版)》还被列为教育部普通高等教育"十二五"国家级规划教材。经过对原教材结构体系的调整和内容的修订与充实,再版后供各高校选用至今。

"面向21世纪课程教材""高等学校劳动与社会保障专业主干课程教材"第三版自2013年陆续出版至今,中国的劳动与社会保障事业取得了重大的发展和一系列成就,是就业和社会保障制度改革力度大、发展迅速的时期。以习近平同志为核心的党中央坚持以人民为中心的发展思想,高度重视民生建设,做出一系列重大决策部署,采取一系列政策措施,推动我国就业和社会保障工作取得重大进展,发生了一系列历史性变化。坚持实施就业优先战略和更加积极的就业政策,就业规模持续扩大;就业结构更加优化,就业形式更加多元;创业带动就业效应进一步发挥;高校毕业生等重点群体就业保持平稳,公共就业服务不断加强。以增强公平性、适应流动性、保证可持续性为重点,社会保障制度建设取得突破,世界上规模最大的多层次社会保障体系逐步健全,越来越多的群众享有基本保障;社会保障水平稳步提高,促进经济社会发展成果共享;基金规模不断扩大,安全水平进一步提高;经办管理服务体系基本形成,服务更加方便、快捷、高效。我国就业和社会保障事业的社会化发展,不仅有效地保障和改善民生,使人民群众从国家的发展进步中享受到更多的物质文明成果,同时也对改革发展稳定大局发挥了积极作用。

与此同时,国内外劳动与社会保障理论与实践涌现出许多新成果、新问题,为了吸纳这些最新理论和实践成果,有必要根据新的发展形势及时对本套主干课程系列教材进行调整、补充和完善。根据劳动与社会保障学科建设和专业教学需要,经公共管理类专业教学指导委员会劳动与社会保障专业教学指导委员会分会研究决定,在原6本教材的基础上增加两本，分别是《社会保险精算》和《社会保障法》。

这一版教材的修订编写，继续贯彻"面向21世纪课程教材""高等学校劳动与社会保障专业主干课程教材"第一版、第二版、第三版的指导精神，把质量放在第一的位置，坚持先进性、科学性和适用性的基本原则。首先，要求教材广泛吸纳最新的优秀学术成果，注重学术规范，正确处理好继承与发展的关系，突出教材内容的创新价值。其次，要求教材中涉及的重要观点和分析得出的结论要有科学依据，教材内容和章节安排应符合教学规律和有利于教书育人。最后，要求教材既蕴涵丰富的基础理论与基本知识，又嵌入必要的基本技能与人文因素内容，将理论、知识、能力和素质融为一体。

与"面向21世纪课程教材""高等学校劳动与社会保障专业主干课程教材"第三版相比，这一版教材在保留原有的结构和框架的基础上，吸收了一线教师的意见，对原有的内容进行了精简和压缩，力求言简意赅，简单即是美；同时又吸收了该领域最新的理论动态、实践动态和研究成果，并将党的十九大、二十大报告中的精神引入到教材中，使教材内容与时俱进，更加新颖、合理和完善；此外，按照编写体例要求，使教材形式更加生动活泼，增强可读性、启发性和引导性，为学习者做了必要的启迪。

总之，"面向21世纪课程教材""高等学校劳动与社会保障专业主干课程教材"的出版，得到教育部高教司有关领导、劳动与社会保障领域专家学者、广大一线教师以及中国劳动社会保障出版社的大力支持和厚爱，在此，我们表示衷心感谢！同时，因修订时间仓促，加之我们编写水平有限，本套教材中的疏漏和不足之处在所难免，欢迎广大读者批评指正！

**教育部21世纪劳动与社会保障专业主干课程教材编写组**
2022年12月

# 第四版前言

《社会保障国际比较（第三版）》2014年修订出版后，被全国多所高校劳动与社会保障专业选定为主干课程教材。本书在全球经济和人口发展变化背景下对社会保障发展趋势、水平演变和制度改革等方面进行国际比较，扩展学生专业学习的国际视角。本书的核心观点、定量论证和比较方法被社会保障领域专家学者广泛肯定和认可，得到社会保障专业学生的好评。

本书第四版重点增加社会保障模式改革和社会保障水平变动的趋势研判，补充和更新国际社会保障水平、适度水平以及经济效应等数据，以核心指标数据国际比较，分析社会保障发展的总体趋势，探索社会保障制度改革规律，开拓劳动与社会保障专业学生的国际视角。同时，增加中国社会保障制度改革实践，在国外社会保障发展及经验借鉴、案例分析等部分，重点强调中国社会保障制度改革和发展历程，特别是近年来社会保障制度结构调整和参数调整，适当增加案例分析，用社会保障改革和发展实践引导学生深入思考。

本书第四版坚持定性比较与定量支撑相结合的原则，以核心指标数据反映社会保障发展前沿，以经济、社会、人口指标数据体现社会保障改革的宏观背景，把对社会保障发展的理解嵌入对全球经济、社会与人口发展变化的认知中。既注重社会保障发展的前沿性分析，也注重社会保障专业的实用性，加强案例教学对学生的引导作用，强化现实问题导向思维，教学内容涵盖社会保障领域内的大多数关键问题，将数据分析贯穿教学始终，使得本书不仅可以作为全国高校劳动与社会保障专业教材，也适用于社会保障领域内专业人士的教研参考。

在本书第四版修订工作中，面对结构框架调整、数据缺失、数据来源分散等问题，编写组进行了多次研讨，商榷本书的结构框架和数据统计口径等问题，并吸纳了多名研究生开展数据搜集和更新工作。由于一些客观原因，第四版的各章节作者进行了调整。本书由穆怀中主编、通稿、审稿和定稿，辽宁大学公共管理学院王玥研究员、陈曦副教授协助承担内容框架修订、各章节作者联络沟通和协调等主要工作。2021级社会保障专业硕士研究生孟宪泽、腾新园承担了资料整理、排版和校对等工作。

本书第四版的编写作者全部来自辽宁大学，各章节作者（以章节为序）如下：

第一章　穆怀中　教　授
　　　　杜芳雨　副教授
第二章　陈　洋　副教授

第三章　穆怀中　教　授
　　　　陈　洋　副教授
第四章　杜芳雨　副教授
第五章　穆怀中　教　授
　　　　陈　曦　副教授
第六章　张文晓　副研究员
第七章　陈　曦　副教授
第八章　王　玥　研究员
第九章　王珍珍　副教授
第十章　王　玥　研究员
第十一章　范洪敏　副教授
第十二章　范洪敏　副教授
第十三章　范璐璐　副教授

感谢中国劳动社会保障出版社的支持和帮助。受数据统计口径等方面的限制，以及国际社会保障制度持续变革的影响，本书肯定还存在疏漏和不足，恳请各位专家和师生给予批评指正，不吝赐教。

穆怀中

2024 年 5 月于沈阳

# 第三版前言

《社会保障国际比较（第二版）》2007年修订出版后，作为普通高等教育"十一五"国家级规划教材，被全国多所高校作为社会保障主干课程教材采用。书中的国际视角、学术观点和基础数据多次被社会保障研究领域的学者和工作人员引用和借鉴，得到广泛的肯定和好评。本书第三版主要侧重于研究国际社会保障改革的动向与趋势，补充和更新各国社会保障改革和发展的数据，力图通过国际大数据的比较来洞察制度变化趋势，摸索制度改革规律。在世界政治经济格局纷繁变化的阶段，介绍各国如何在公平与效率、需求与供给、权利与义务、政府与市场等关系的博弈过程中完善和发展本国的社会保障制度。本书第三版仍然坚持理论研究、数据支撑与案例结合的"三位一体"的修订原则，既立足国际社会保障制度改革前沿，分析制度背景，凝练改革思想，观点和数据紧密结合，又努力贴近社会保障本科教学的特点，内容详尽，体系清晰，案例分析和课外阅读结合，注重启发学生思维。

本书的特点是理论性、系统性和实用性相结合，将理论阐述与数据分析贯穿于社会保障制度体系和各个项目的分析中，将国内外社会保障领域最新的改革动态和研究成果充分反映到本书中来，使本书既适合作为高等学校劳动与社会保障专业教材，又能为从事社会保障的理论研究者和实际工作人员提供参考。

在第三版修订的数据更新中，我们同样遇到了诸如数据搜集困难、新老数据之间的统计口径不一致等非常棘手的问题。参与本次修订的各章节作者多次召开研讨会，反复推敲和论证数据资料，并动员大量的研究生开展数据搜集和资料查找工作，最终将本书中的基本数据大部分补充更新到2010年。第三版修订的各章作者因为客观原因，个别章节做了更换并增加了新的作者。本书由穆怀中主编、统稿、审稿、定稿；辽宁大学人口研究所王玥副研究员协助我承担了联系作者、书稿初审和校对整理等工作；人口研究所2011级社会保障专业研究生王虎邦、张文晓、林萍萍、杨东升、魏兰、蔡玲、贾馨璐、王珺、李林芝等负责国际数据的查阅、搜集和整理工作。

本书各章作者（以章节为序）：

第一章　穆怀中　教授　　辽宁大学
　　　　沈　毅　博士　　辽宁大学
第二章　武　萍　研究员　辽宁大学
第三章　穆怀中　教授　　辽宁大学
　　　　沈　毅　博士　　辽宁大学

| | | | |
|---|---|---|---|
| 第四章 | 杨爱兵 | 副教授 | 辽宁大学 |
| 第五章 | 穆怀中 | 教授 | 辽宁大学 |
| | 沈 毅 | 博士 | 辽宁大学 |
| 第六章 | 闫琳琳 | 博士 | 辽宁大学 |
| | 贾洪波 | 副教授 | 北京航空航天大学 |
| 第七章 | 陈 曦 | 博士 | 辽宁大学 |
| | 杨燕绥 | 教授 | 清华大学 |
| 第八章 | 王 玥 | 副研究员 | 辽宁大学 |
| 第九章 | 罗元文 | 教授 | 辽宁大学 |
| 第十章 | 王 玥 | 副研究员 | 辽宁大学 |
| | 刘姗姗 | 副教授 | 山西财经大学 |
| 第十一章 | 杨 刚 | 教授 | 东北财经大学 |
| | 成易蔓 | 博士 | 东北财经大学 |
| 第十二章 | 杨 刚 | 教授 | 东北财经大学 |
| | 成易蔓 | 博士 | 东北财经大学 |
| 第十三章 | 宋丽敏 | 副研究员 | 辽宁大学 |
| | 杨燕绥 | 教授 | 清华大学 |

感谢中国劳动社会保障出版社的支持和帮助。由于国际社会保障制度处于不断变革和完善时期，书中肯定还存在疏漏和不足，恳请各位专家和师生给予批评指正，不吝赐教。

穆怀中
2014年4月于沈阳

# 第二版前言

《社会保障国际比较（第一版）》2001年出版后，被多所高校劳动与社会保障专业选定为主干课程教材，书中的主要学术观点和数据资料也多次被从事社会保障研究的学者和工作人员引用。第一版教材的内容比较全面、资料详尽、体系清晰，得到了各方面的肯定。当然，在教材的使用过程中，教师和学生也针对教材中存在的诸如个别章节内容有所重复，前后章节衔接不太顺畅，以及部分理论阐述不易被学生理解等问题提出了宝贵的意见。

2007年本书再版，在过去的六年中，国内外社会保障制度发生了一系列的变化并形成了新的发展趋势，各国在公平与效率、需求与供给、权利与义务、政府与市场等关系的博弈过程中完善和发展了社会保障制度。因此，本书第二版的修订坚持立足国际、服务中国的原则，及时补充了各国社会保障制度改革的最新动态和最新数据，从而体现本教材的实用性和科学性。同时，我们还广泛地征求了教学一线的老师和学生以及教材出版单位相关人员的意见和建议，将第一版教材中存在的问题加以修订，以适应本科教学的特点和要求。

在本书第二版的修订过程中，我们保留了第一版教材中的两条并行的创作线索，在讲述世界社会保障制度内容的主线中，加深了对各种制度产生的政治、经济和文化背景的分析，对社会保障制度的各种思想理论进行精练，并将社会保障体系多元化的最新理论增添到相关章节中；在介绍社会保障项目内容的主线中，重点将各国的改革措施和数据加以更新，并增加了发展中国家社会保障项目内容的比较，同时将第一版中未涉及的项目内容如住房保障等补充进来。

在第二版教材的数据更新中，我们遇到了诸如数据搜集困难、新老数据之间的统计口径不一致等非常棘手的问题，但我们深知真实有效的数据在国际比较教材中的重要性和必要性。因此，我们动员大量的研究生搜集数据、查找资料，终于将本书的大部分相关数据补充到2003年左右，有的还更新到了2007年。

第二版修订的各章执笔人基本与第一版相同，但由于一些客观原因，个别章节的作者做了更换并增加了新的作者。本书由穆怀中主编、统稿、审稿、定稿；辽宁大学人口研究所办公室主任、博士生王玥协助我承担了联系作者、书稿初审和校对整理等工作；人口研究所2005级社会保障专业汪雪如等全体研究生负责数据的搜集、处理；人口资源环境经济学博士生洪轶男、杨健、邹丽丽，以及2006级人口学专业研究生闫琳琳协助主编承担了书稿的文字校对工作。

本书各章作者（以章节为序）：

第一章　穆怀中　教授　辽宁大学
第二章　武　萍　研究员　辽宁大学
第三章　穆怀中　教授　辽宁大学
　　　　洪轶男　博士生　辽宁大学
第四章　杨爱兵　副教授　辽宁大学
　　　　刘子兰　教授　湖南师范大学
第五章　穆怀中　教授　辽宁大学
　　　　邹丽丽　博士生　辽宁大学
第六章　杨燕绥　教授　清华大学
　　　　贾洪波　博士　北京航空航天大学
第七章　第一、第四节，杨燕绥　教授　清华大学
　　　　第二节，邹德新　博士　沈阳体育学院
　　　　第三节，洪轶男　博士生　辽宁大学
第八章　陈德君　研究员　辽宁大学
　　　　王　玥　博士生　辽宁大学
第九章　罗元文　教授　辽宁大学
第十章　刘珊珊　副教授　山西财经大学
　　　　杨　健　博士生　辽宁大学
第十一章　杨　刚　博士　东北财经大学
第十二章　杨　刚　博士　东北财经大学
第十三章　杨燕绥　教授　清华大学

感谢所有作者的努力，感谢中国劳动社会保障出版社的支持和帮助。由于时间和精力有限，本书肯定还存在许多缺点和不足，恳请专家和师生给予批评和指正。

穆怀中

2007 年 7 月 15 日于沈阳

# 第一版前言

社会保障制度面临的难题,是如何在公平与效率、需求与供给、权利与义务、政府与市场这些既矛盾又统一的关系中做出权衡。

本书立足国际、服务中国,通过对社会保障理论、社会保险、社会福利、社会救助等领域进行深层次的研究和探讨,在保障对象、享受条件、筹资模式、支付方式、保障水平、运行效果等方面进行比较分析,为我国社会保障制度改革提供有益的经验,使我国社会保障体制的改革与发展少走弯路,并且尽快与国际惯例接轨。

本书的特点是突出了理论性、系统性和实用性,力求既有理论深度,又有现实意义。本书不仅能适应高等学校有关专业教学的需要,而且能为从事社会保障事业的理论研究工作者和实际工作者提供参考;本书有其内在的科学体系,既追求内容的系统性,又突出体系的完整性,充分反映国内外有关的研究成果。

本书由辽宁大学副校长、人口研究所所长、博士生导师穆怀中教授担任主编,陈德君研究员协助主编承担了书稿初审和整理工作。辽宁大学人口研究所办公室主任苗红军硕士和社会保障专业硕士研究生许铁、邹明珈协助主编承担了书稿的文字校对和整理工作。

本书编写人员(以章为序):

第一章、第三章第二和第三节、第五章　穆怀中　教授　辽宁大学

第二章　武　萍　博士生　辽宁大学

第三章第一节　李　珍　教授　武汉大学

第四章第一和第二节　杨　玲　博士生　武汉大学

第四章第三和第四节　刘子兰　博士生　武汉大学

第六、第七、第十三章　杨燕绥　教授　清华大学

第八章　陈德君　研究员　辽宁大学

第九章　罗元文　副研究员　辽宁大学

第十章　刘珊珊　博士生　山西财经大学

第十一、第十二章　杨　刚　博士生　北京大学

编写提纲审定专家:

邓大松　教授　武汉大学

李　珍　教授　武汉大学

穆怀中　教授　辽宁大学

林　义　教授　西南财经大学
赵　曼　教授　中南财经政法大学
马培生　教授　山西财经大学
书稿审定专家：
邓大松　教授　武汉大学
郑秉文　教授　中国社会科学院
侯文若　教授　中国人民大学
郭崇德　教授　北京大学
林　义　教授　西南财经大学

由于社会保障制度面临的复杂性和制度本身的多变性，同时又囿于我们编写人员有限的水平，书中肯定还有许多缺点和不足，恳请专家和读者给予批评指正。

穆怀中
2001 年 7 月 15 日

# 主编简介

穆怀中，经济学博士，辽宁大学资深教授，博士生导师，长期从事国民经济收入分配、人口与社会保障、社会资源优化配置研究。创建理论主要包括：社会保障适度水平理论、社会保障梯度对接理论、三次分配中的生存公平理论、二元福利差及其养老补偿理论、国民财富人口结构收入分配理论等。

穆怀中教授是全国社会保障领域知名专家，国家"百千万人才工程"百人层次，享受国务院特殊津贴，是辽宁省高等学校攀登学者、辽宁省优秀专家、辽宁省高等学校创新团队带头人。获评辽宁省哲学社会科学成就奖，多次担任国家自然科学基金、国家社会科学基金、教育部重大项目管理学科评审专家。在《经济研究》《中国人口科学》等核心期刊发表论文90余篇，公开出版学术著作和教材20部；主持国家自然科学基金重点项目1项，国家自然科学基金面上项目4项（其中2项鉴定优秀），国家社会科学基金重大项目2项，国家社会科学基金项目3项（其中1项鉴定优秀），亚洲发展银行项目1项；研究成果获省部级及以上奖励17项。

# 内 容 提 要

本书以社会保障国际比较的价值定位、内容界定和方法选择为切入点，在全球化和区域一体化的视角下，将社会保障制度运行机制和社会保障项目内容作为两条研究主线，通过对比分析改革实践和制度运行数据，阐释世界各国社会保障改革动因、现状、趋势及经验教训。

本书分为上册和下册，上册以世界社会保障制度的形成与发展、模式类型、基金筹集、运行管理等社会保障制度运行机制为主线，对各国社会保障制度演变历程和运行效果进行归纳和分类，对制度改革依托的政治、经济、思想和文化背景进行总结凝练和比较，对各国社会保障立法改革实践进行梳理。下册以养老保障、医疗保障、失业保险、职业伤害保险、社会福利、社会救助等社会保障项目内容为并行的另一条主线，着重比较分析了各项目中的保障对象、享受条件、筹资模式、支付方式、保障水平、运行效果等内容。

本书尝试通过系统分析与比较分析、宏观分析与微观解剖、一般概括与典型分析、历史总结与现实分析等方法相结合，汲取世界社会保障制度完善和发展过程中的规律和经验，并结合中国的社会经济背景和社会保障制度基础，兼容并包、取其精华，不断完善中国社会保障制度体系，提高中国社会保障制度应对全球化经济和社会风险的能力。

# 目 录

## 上册

### 第一章 导论

一、社会保障国际比较价值定位 /001

二、社会保障国际比较内容界定 /005

三、社会保障国际比较方法选择 /014

案例分析 /017

深度阅读 /021

本章小结 /022

重要概念 /022

思考题 /022

### 第二章 世界社会保障制度形成与发展

#### 第一节 社会保障制度产生的标志 /023

一、社会保障制度的萌芽 /023

二、社会保障制度的诞生 /024

三、社会保障制度产生的经济条件 /025

四、社会保障制度产生的政治条件 /026

五、社会保障制度产生和发展的思想理论基础 /026

#### 第二节 社会保障体系的形成和发展 /029

一、社会保障体系形成的标志 /029

二、社会保障体系的基本内容 /029

三、社会保障体系的功能 /034

四、社会保障体系的发展阶段及其特征 /037

### 第三节　世界社会保障体系的改革和发展趋势　/042

一、社会保障体系改革的动因　/042

二、社会保障体系改革的成效　/044

三、社会保障体系改革的主要趋势　/046

案例分析　/048

深度阅读　/050

本章小结　/050

重要概念　/051

思考题　/051

## 第三章　社会保障模式国际比较

### 第一节　社会保障模式分类比较　/052

一、福利国家型　/052

二、自保公助型　/055

三、自我积累型　/058

四、东亚社会保障模式　/063

五、社会保障模式多元化发展　/064

### 第二节　社会保障模式背景条件比较　/068

一、理论基础比较　/068

二、经济条件比较　/071

三、政治条件比较　/074

四、文化条件比较　/076

### 第三节　社会保障模式的经济效应比较分析　/079

一、社会保障水平比较　/079

二、人均国民生产总值增长率比较　/081

三、失业率比较　/083

四、综合比较分析　/083

案例分析　/085

深度阅读　/087

本章小结　/087

重要概念 /088

思考题 /088

## 第四章 社会保障基金的筹集及运营管理国际比较

### 第一节 社会保障基金筹集模式比较 /089

一、现收现付制 /090

二、完全积累制 /091

三、部分积累制 /094

### 第二节 社会保障基金投资运营比较 /095

一、社会保障基金投资原则比较 /095

二、社会保障基金投资组合比较 /098

### 第三节 社会保障基金管理模式比较 /105

一、信托基金管理模式 /106

二、基金会管理模式 /107

三、商业经营性基金管理模式 /108

四、统账分离的多元管理模式 /110

### 第四节 社会保障基金筹集环节的其他重要问题 /113

一、基金筹集形式 /113

二、基金产权性质 /114

三、基金转制成本 /115

四、基金筹集的逆向选择 /117

案例分析 /117

深度阅读 /120

本章小结 /121

重要概念 /121

思考题 /121

## 第五章 社会保障水平国际比较

### 第一节 社会保障支出水平比较 /122

一、社会保障水平界定 /122

二、社会保障水平的理论价值 /124

三、社会保障支出水平统计口径 /125

四、社会保障支出水平比较 /125

五、中国社会保障支出水平比较 /133

### 第二节 社会保障适度水平比较 /136

一、社会保障水平的适度标准、测定模型和方法 /136

二、部分发达国家社会保障适度水平比较 /137

三、中国社会保障适度水平分析 /139

四、社会保障水平适度与超"度"的效果比较 /141

### 第三节 社会保障水平经济效应比较 /148

一、社会保障水平经济效应分项比较 /148

二、社会保障水平经济效应整体比较 /151

案例分析 /153

深度阅读 /157

本章小结 /157

重要概念 /157

思考题 /158

## 第六章 社会保障管理体制国际比较

### 第一节 社会保障管理体制概述 /159

一、社会保障管理体制的概念和特点 /159

二、社会保障管理体制设计的原则 /160

三、社会保障管理体制面临的共同问题 /162

### 第二节 社会保障管理体制国际比较 /162

一、社会保障管理机构与管理内容 /162

二、社会保障行政管理比较 /165

三、社会保障信息管理比较 /166

四、社会保障财务管理比较 /168

五、社会保障监督管理比较 /171

六、典型国家社会保障管理体制比较 /173

### 第三节 国外社会保障管理体制改革 /186

一、国外社会保障管理体制改革现状 /186

二、国外社会保障管理制度发展趋势 /187

### 第四节 中国社会保障管理制度改革及国外经验启示 /188

一、中国社会保障管理体制的现状与问题 /188

二、国际经验对完善中国社会保障管理体制的启示 /193

案例分析 /199

深度阅读 /200

本章小结 /201

重要概念 /201

思考题 /202

## 第七章 社会保障法制国际比较

### 第一节 社会保障立法体系的建立 /203

一、社会保障立法体系建立标志 /203

二、多元社会保障立法体系建立过程 /204

### 第二节 社会保障法基本理论的国际研究 /205

一、社会保障法概述 /205

二、社会保障法的基本原则 /206

三、社会保障法的基本理论 /208

### 第三节 社会保障立法实践的国际比较 /209

一、社会保障立法实践概述 /209

二、养老保障立法国际比较 /210

三、医疗保障立法（含生育）国际比较 /212

四、失业保险立法国际比较 /214

五、职业伤害保险立法国际比较 /215

六、家庭津贴立法国际比较 /216

七、社会保障法律责任国际比较 /216

### 第四节 社会保障争议处理机制的国际比较 /217

一、社会保障争议概述 /217

二、社会保障争议与劳动争议比较分析 /217

　　三、社会保障争议的诉权 /218

　　四、处理社会保障争议的方式 /218

第五节　中国社会保障立法和国际经验借鉴 /220

　　一、中国社会保障立法 /220

　　二、国际经验借鉴与启示 /223

第六节　国际社会保障立法 /224

　　一、国际劳工组织社会保障立法分析 /224

　　二、国际劳工组织社会保障公约的主要内容 /224

　　三、中国与国际社会保障最低标准 /226

案例分析 /226

深度阅读 /228

本章小结 /228

重要概念 /229

思考题 /229

主要参考文献 /230

# 下册

## 第八章　养老保障制度国际比较

### 第一节　养老保障的发展 /247

　　一、养老保障的概念及特征 /247

　　二、养老保障的演变 /248

　　三、养老保障的发展趋势 /250

### 第二节　养老保险模式的分类与比较 /252

　　一、养老保险责任主体模式分类与比较 /252

　　二、养老保险技术模式分类与比较 /255

　　三、养老保险制度运行比较 /258

### 第三节　国民年金模式及运行比较 /268

　　一、国民年金模式比较 /268

二、国民年金运行比较 /270

**第四节　国外养老保障制度改革及对中国的启示** /271

一、国外养老保障制度改革现状及趋势 /271

二、中国养老保障制度改革及国外经验启示 /277

案例分析 /279

深度阅读 /281

本章小结 /284

重要概念 /284

思考题 /284

## 第九章　医疗保障制度国际比较

**第一节　医疗保障模式比较** /285

一、国家卫生服务模式 /285

二、社会医疗保险模式 /287

三、商业医疗保险模式 /288

四、储蓄医疗保障模式 /289

**第二节　医疗保障运行机制比较** /291

一、医疗保障覆盖范围比较 /291

二、医疗保障筹资与支付方式比较 /293

三、医疗保障基金监管机制比较 /297

四、疾病防控和医药卫生体制比较 /299

五、医疗保障水平比较 /302

**第三节　长期护理保险国际比较** /304

一、长期护理保险运行模式 /305

二、典型国家长期护理保险比较 /310

三、中国长期护理保险现状及发展 /314

**第四节　医疗保障面临的问题和改革趋势** /319

一、国外医疗保障现状及存在的问题 /319

二、国外医疗保障制度改革面临的挑战及发展趋势 /324

三、中国医疗保障制度改革及国外经验启示 /330

案例分析 /334

深度阅读 /335

本章小结 /335

重要概念 /336

思考题 /336

## 第十章 失业保险制度国际比较

### 第一节 失业保险制度概述 /337

一、失业保险制度的类型及特征 /337

二、失业保险制度的发展趋势 /339

### 第二节 失业保险制度比较 /341

一、失业保险模式比较 /341

二、失业保险享受资格比较 /345

三、失业保险受益内容比较 /346

四、失业保险待遇水平比较 /347

五、失业保险筹资方式比较 /349

六、失业保险管理体制比较 /351

### 第三节 各国或地区失业保险制度对中国的启示 /353

一、各国或地区失业保险制度的成功经验 /353

二、中国失业保险制度的现状及存在的问题 /356

三、各国或地区失业保险制度发展对中国的启示 /359

深度阅读 /362

本章小结 /362

重要概念 /363

思考题 /363

## 第十一章 职业伤害保险制度国际比较

### 第一节 职业伤害保险制度类型及运行机制比较 /364

一、职业伤害保险制度的类型比较 /364

二、职业伤害保险范围和效果比较 /367

三、职业伤害保险筹资与给付比较 /370

**第二节 典型国家职业伤害保险制度 /380**

一、德国职业伤害保险制度 /380

二、英国职业伤害保险制度 /382

三、美国职业伤害保险制度 /384

四、新加坡职业伤害补偿制度 /386

五、职业伤害保险的历史演变和制度发展趋势 /389

**第三节 中国职业伤害保险及伤残军人保障现状和发展趋势 /391**

一、中国职业伤害保险制度的现状和发展趋势 /391

二、中国伤残军人保障制度现状和发展趋势 /398

案例分析 /406

本章小结 /407

重要概念 /407

思考题 /408

## 第十二章 社会福利制度国际比较

**第一节 儿童福利制度的国际比较 /409**

一、典型国家儿童福利制度 /409

二、中国儿童福利政策现状及发展趋势 /413

**第二节 家庭津贴福利制度的国际比较 /415**

一、典型国家家庭津贴福利制度 /415

二、中国家庭津贴福利制度现状及发展趋势 /419

**第三节 教育福利制度的国际比较 /423**

一、典型国家教育福利制度 /423

二、中国教育福利政策现状及发展趋势 /431

**第四节 老年福利制度的国际比较 /433**

一、典型国家老年福利制度 /433

二、中国老年福利政策现状及发展趋势 /443

**第五节 残疾人福利制度的国际比较 /450**

一、典型国家残疾人福利制度 /450

二、中国残疾人福利政策现状及发展趋势 /458

深度阅读 /462

本章小结 /463

重要概念 /463

思考题 /463

## 第十三章 社会救助制度国际比较

### 第一节 消除贫困理论与对策比较 /464

一、贫困与消除贫困的理论分析 /464

二、对贫困的界定方法和贫困人口现状 /466

三、贫困人口成因及消除贫困对策比较 /471

### 第二节 社会救助制度比较 /473

一、社会救助制度的历史演变与发展趋势 /473

二、社会救助制度类型及实施效果比较 /476

三、社会救助制度变革与发展趋势 /481

### 第三节 中国社会救助体系的完善 /484

一、中国社会救助制度现状与制度选择 /484

二、中国最低生活保障制度建立完善与标准设定方法 /490

深度阅读 /495

本章小结 /496

重要概念 /496

思考题 /496

## 主要参考文献 /498

# 第一章
# 导论

## 一、社会保障国际比较价值定位

社会保障是市场经济顺利运行的一个必要条件。随着市场经济的不断发展，世界各国的社会保障制度也在不断丰富和创新、不断改革和完善。在社会保障制度发展的过程中，留下了很多宝贵的经验，也存在一些亟待解决的难题。了解各国社会保障制度建立和完善的成功经验，分析其制度形成和发展的历程，并进行深入的比较研究，对完善中国社会保障制度具有重要的理论和实践价值。

### （一）经济全球化和区域经济一体化已成为一种世界趋势

进行社会保障国际比较的价值之一，即社会保障国际比较的价值基点，是通过这样的比较分析，可以使中国的社会保障制度在参与经济全球化的过程中更好地与其他国家的社会保障制度接轨。

经济全球化以及区域经济一体化，使生产网络化、贸易自由化、金融国际化、投资外向化、区域集团化以及经营跨国化的广度和深度不断加强。顺应这个大趋势，中国加入了世界贸易组织，努力使自己的经济运行机制与世界接轨。加入世界贸易组织以后，国外的许多企业要进入中国市场，随之而来的是有大量的国外劳动者在中国就业。在这种形势下，为了满足劳动力生产要素自由流动以及各国经济协调发展和公平竞争的需要，社会保障区域集团化、一体化趋势明显加强。以养老保险为例，目前欧盟成员国养老保险一体化趋势最明显，而且也是世界上率先探讨养老保险一体化的地区。早在2003年，欧盟就准备建立跨欧洲养老金计划，第一步就是使该养老金计划能够在欧盟成员国中得到认同。该计划在2005年生效，已经有一些雇主按照该养老金计划执行，但问题是是否会成为一个真正的跨欧洲养老金计划仍值得商榷。跨欧洲养老金计划最大的障碍是各个国家之间的体制不同。因为在一些国家中，雇主提供的养老金和国家提供的养老金有直接联系，同时雇主对不同国家的养老金缴费的税收优惠如何处理也十分关注。拉丁美洲的养老金体制改革主要包括实质性私有化模式、平行模式和混合制模式。美国和加拿大的养老金主要是三支柱模式。这两个地区的养老金虽然在模式上相对较一致，但要真正实现拉丁美洲地区或北美洲地区养老保险一体化还有很长的路要走。为了更好地适应社会保障区域集团化、一体化趋势，我们需要了解世界社会保障制度的整体状况和运行趋势。同时也需要通过社会保障制度国际比较分析，取其精华、为我所用。

### （二）国外一些国家已形成了比较系统的社会保障体系

进行社会保障国际比较的价值之二，是一些国家已形成了比较系统的社会保障体系，通过比较分析，可以从中发现与中国国情相适应的有关制度和政策，从而有选择地借鉴，为中国社会保障制度的改革和完善服务。

比较系统的社会保障体系多出现在一些发达国家，如美国、英国、德国和瑞典等国家。这些国家不仅经济上比较发达，而且社会保障建立的历史也比较长，它们的社会保障体系中至少都包括了有助于缓解贫困的最低生活保障制度，保障国民基本经济安全的养老、医疗、失业、职业伤害保险制度，有助于提高国民生活水平的社会福利制度这三方面的内容。其他一些国家也基本上建立了与上述国家大体一致的社会保障体系。

社会保障的最直接作用是保护劳动者的生存利益，其宗旨是保障全体国民尤其是低收入者的基本经济生活安全。因此，无论在什么体制下，它对社会进步的推动作用都是非常明显的。无论是发达国家还是发展中国家，其关于社会保障体系建立和发展的经验和教训，都是人类的共同财富，具有相互借鉴学习的价值。

现代社会保障制度建立至今已有130多年的历史。在一个多世纪的发展进程中，各国纷纷建立了自己的社会保障制度，并且根据不同的国情和历史条件，不断地改革和完善其社会保障体系，留下了很多有价值的社会保障理论和社会保障制度具体运行的实践经验。我们进行社会保障制度国际比较，就是从历史与现实相结合的角度，对世界社会保障制度进行分类研究，总结不同类型社会保障体系形成和发展的特点，分析其成功的经验和面临的问题，研究世界社会保障制度发展趋势，进而为中国社会保障体系的改革和完善提供一些有价值的理论和实践依据。

### （三）世界社会保障制度多有差别

进行社会保障国际比较的价值之三，是世界社会保障制度多有差别，具有分类比较的价值。有比较才会有鉴别，正是因为各国的社会保障制度不尽相同，它们在制度理念、保障项目、缴费水平、资金给付、管理体制等方面各有千秋，才为我们进行社会保障制度国际比较提供了可比较的具体内容，才使我们有必要并有可能进行不同体制的比较，发现其内在的共同规律和发展的必然趋势。

社会保障制度在其发展的历程中，有很多值得研究和总结的东西，但并不是以往留下的所有东西都是值得学习的。有些东西很有价值并代表着未来社会保障制度发展的趋势，应该研究和学习；有些体制和做法已不适应当今经济发展的客观要求，应该舍弃。什么应该研究和学习，什么应该舍弃，只能通过比较分析各种社会保障制度的利弊来做出判断。所以说，"一些国家已形成了比较系统的社会保障体系"是我们进行社会保障国际纵向比较的价值所在，而"世界社会保障制度多有差别"则是进行社会保障国际横向比较的价值所依。纵向比较与横向比较的结合，会使我们在社会保障制度发展的历史长河中发现一些有价值的闪光"段"和闪光"点"。

### （四）社会保障制度何去何从已成为国际争论热点

进行社会保障国际比较的价值之四，是通过比较分析，可以发现社会保障制度何去何从这一国际争论的焦点之所在，也可以发现世界社会保障制度的发展进程及其所取得的成就和存在的问题，以便清楚地知道世界社会保障制度改革的方向。

社会保障制度建立是社会进步的标志。至 20 世纪 60 年代末，社会保障制度在世界范围内得到了广泛发展，也受到了人们的广泛欢迎。可是到了 70 年代中期至 80 年代初，社会保障支出的持续增加导致一些国家的财政负担加重，"尤其随着 1973 年石油危机而出现的经济危机，使人们对社会保障的批评变得无所顾忌了……这在 10 年或 20 年前是不可想象的"[1]。由此开始了世界范围内有关社会保障制度何去何从的争论。一种观点是社会保障制度具有积极作用，是现代经济社会发展中不可缺少的因素；另一种观点是社会保障制度会对经济增长产生消极影响。

**1. 社会保障制度对现代经济社会发展具有积极作用的理由**

（1）社会保障制度保障了大多数人的最低经济要求和社会需求，使社会保持相对稳定，为社会经济发展创造了有利的环境，起到了一种"社会安全阀"的作用。

（2）社会保障制度可以适当调节社会需求，推迟或抑制消费，避免经济高增长与高通货膨胀并存，推动经济发展。

---

[1] 国际劳工局. 展望二十一世纪：社会保障的发展 [M]. 北京：劳动人事出版社，1988：3-4.

（3）社会保障制度可以提高人的生活质量，提高人的素质，促进社会文明发展。工业化国家社会保障制度的实行，扩大了教育投入，增强了医疗保健，对提高人的身体素质、文化素质进而提高国民生活质量和民族文明程度起了积极推动作用。

（4）适度合理的社会保障制度创新，有利于在数字经济时代有效促进新业态及相关行业的持续健康发展，有利于发挥数字经济新动能，激发新经济活力。

因此，有些人坚持主张社会保障是当代市场经济运行的必要组成部分，没有社会保障体系也就不会有社会经济的稳定发展。

**2. 社会保障制度会对经济增长产生消极影响的理由**

（1）社会保障制度支出太大，是导致公共支出高、预算不平衡的主要原因，也是导致高利率、低投资的重要原因。

（2）社会保障制度减少了可用于投资的资金储备。

（3）社会保障制度加剧了通货膨胀。因为高额的社会保障税费导致人们的收入所剩无几，不能按自己选择的方式生活，就会不断要求增加货币工资，其结果不仅造成通货膨胀。

（4）社会保障制度影响了就业。因为它的财政资金主要来源于雇主缴纳的高额税费，因而人为地增加了产品的劳动费用，影响了这类产品在世界市场上的竞争力。这就造成有些生产行业从本国逐步转到其他国家，减少了本国就业机会，提高了失业率。

（5）社会保障制度从两个方面破坏了人们参加工作的积极性：一是为社会保障制度付的钱增加了，实际上降低了工作报酬；二是将过分慷慨的补偿提供给没有工作的人们，从而创造了社会保障制度本欲防止的依赖和贫困。

社会保障制度的产生有其历史的必然性和历史作用，同时也有其负面作用，由此产生了关于社会保障制度利弊的争论，进而发展为社会保障制度何去何从的论争。这种论争不仅仅存在于理论界，而且发展到政府决策领域。进行社会保障国际比较研究，有助于我们了解世界社会保障制度的全貌，其中包括社会保障制度形成的经济、社会、文化历史条件，社会保障制度的不同类型及其作用，社会保障制度存在的问题及其改革发展趋势等。只有掌握了世界社会保障制度的全貌，我们才能准确地判断社会保障制度的利与弊，才会对社会保障制度的何去何从有合理的把握，才会有效借鉴和吸取世界社会保障制度建立和发展过程中的经验和教训，积极、稳健地改革和完善中国的社会保障体系。

### （五）建立健全社会保障体系是实现共同富裕的必然要求

进行社会保障国际比较的价值之五，是有利于促进中国社会保障制度的改革与完善。"十四五"时期，我国开启全面建设社会主义现代化国家新征程，站在新的历史起点，促进全体人民共同富裕成为新发展阶段的核心议题。社会保障体系是人民生活的"安全网"，是经济可持续发展的"调节器"、社会发展的"减震器"、实现经济效率与社会公平的"平衡器"，它对于促进全体人民共同富裕具有极其重要的作用。建立健全我国社会保障体系的任务十分艰巨和繁重。为了发展与共同富裕相适应的社会保障制度，应该坚持人民至上，建立统一的社会保障制度；完善以社会救助为核心的社会保障体系，完善养老保险制度，尽快构建覆盖全体社会成员的多层次医疗保障制度，解决城乡居民疾病医疗保障问题；要处理好社会保障与经济发展、社会保障与就业、社会保障制度中政府与市场之间的关系。

为此，进行社会保障国际比较，有利于我们弄清楚：

（1）哪种社会保障模式适合中国的经济、社会和历史文化条件，具有更强的借鉴性；

（2）哪些社会保障政策和法律制度值得直接或间接地学习并运用；

（3）哪些经验教训值得中国在社会保障制度改革和完善过程中加以吸收。

弄懂他国的过去和现在，有利于建设己国的未来。在比较分析的基础上，就可能更清楚地明确中国社会保障制度改革下一步怎么走。有了正确的学习和借鉴，必将有助于中国社会保障制度改革的决策，有利于促进中国社会保障理论和实践的发展。

## 二、社会保障国际比较内容界定

社会保障国际比较的内容界定，是要说明社会保障国际比较应该就哪些方面进行比较。

几乎所有发达国家和很多发展中国家建立了社会保障制度。社会保障制度的内容十分繁杂，这不仅因为各国的社会保障模式多有区别，而且因为每个国家的社会保障项目也十分庞杂。所以，要对世界各国社会保障内容无选择地进行比较是十分困难的，同时也没有必要这样做。我们要采取归纳分类方法，以社会保障主体内容为主线，以国别社会保障事实为案例，有选择地进行比较研究。

### （一）社会保障基本理论的国际比较

社会保障制度都是建立在一定的思想理论基础之上的。无论是社会保障项目的设立，还是社会保障资金供求标准的测算和制定，都需要有相应的思想理论作为依据。因此，进行社会保障基本思想理论的比较研究，是理解和把握社会保障制度形成的思想基础，也是实现对社会保障制度改革和发展趋势理性思考的基本前提。

社会保障制度的基本理论归根到底是社会保障制度中政府与市场、公平与效率、权利与义务的关系的理论。对社会保障基本理论的国际比较分为两种方式。一种方式是在第二章介绍和分析世界社会保障制度的理论基础（包括新历史学派理论、福利经济学理论、凯恩斯的有效需求理论、《贝弗里奇报告》的基本思想）。这里对社会保障理论基础的阐述，侧重于社会保障宏观经济理论的介绍和分析，这些理论主要说明为什么要建立社会保障制度，即社会保障制度存在的合理性。社会保障制度是现代市场经济运行的必要条件，它对增加社会福利、扩大消费、推动经济发展和促进社会稳定具有不可替代的历史和现实作用。另一种方式是在社会保障内容分项比较中介绍社会保障基础理论，即结合每部分的具体内容，如结合社会保障基金、就业、养老等内容，侧重从微观介绍世界有关的社会保障思想理论。这里的社会保障思想和理论，进一步说明每种社会保障具体模式产生的思想理论依据，每种具体的社会保障方式如养老保险、失业保险等形成的理论依据。这些思想理论的阐述分散在各章各节中，它的特点是针对性强，思想观点具体，突出了政策性和可操作性。

描述性比较和理论比较是进行比较研究的重要方面。在进行描述性比较的同时，注重理论比较，这有助于挖掘专业理论深度，增加社会保障知识的厚重感，使人们对社会保障制度的形成和发展，不但知其然，而且知其所以然。正因为如此，本书从构思到写作，非常注重社会保障基础理论尤其是社会保障经济理论的比较。

### （二）社会保障制度形成和发展的社会条件比较

每种社会保障模式的产生，每个社会保障项目的改革，都有其特定的历史条件和现实条件。理论比较是分析社会保障形成和发展的思想基础，历史条件和现实条件比较是分析社会保障制度形成和发展的物质基础。

经济条件、政治条件、社会条件是社会保障制度形成和发展的重要物质基础，也是社会保障制度得以产生和存在的历史条件和现实条件。随着工业化的发展和国家经济实力的增强，一些国家率先建立了社会保障制度，由此可见，工业化的发展和国家经济实力的增强是社会保障制度形成和发展的经济条件。

随着劳动者自主地位的提高和民主政治制度的相继建立，劳动者的利益保护变成了国家政治活动中的重要内容，与政治权力稳定有关联的社会保障制度因此产生并发展了起来。时至今日，很多国家领导人都把完善与改革社会保障制度列为其竞选的重要内容。可见，劳动者自主地位的提高和民主政治制度的建立，是社会保障制度形成和发展的重要政治条件。

社会稳定是经济发展的必要条件，贫困阶层的存在和社会分配不公的现象是导致社会矛盾和冲突乃至影响社会稳定的重要因素。实践证明，社会保障制度的建立的确在缓和社会矛盾和冲突、维护社会稳定方面起到重要作用。减少分配不公、缓和社会矛盾和冲突、维护社会稳定，是社会保障制度形成和发展的重要社会条件。

社会保障制度形成和发展的历史条件与现实条件的比较也采取两种方式进行。一种方式是在第二章分析世界社会保障制度形成和发展的历史及其经济条件、社会政治条件。这是从宏观和总体上描述世界社会保障制度形成的条件和发展的历史，研究其不同发展阶段的特征及其存在的条件，并在现实经济条件与社会政治条件的基础上展望世界社会保障制度发展的趋势。另一种方式是在每项社会保障具体内容的比较分析中，有针对性地阐述其产生的客观条件。新加坡中央公积金制度的形成有其特定的历史条件，智利社会保障制度的大胆改革与新的完全积累制社会保险模式的确立也有其特定的历史背景。对于这些特定社会保障内容形成的历史条件和现实条件，都以分散的方式在相应的章节里进行阐述。这种阐述有助于在微观上把握每项社会保障内容形成的具体条件和发展的具体脉络，便于有针对性地学习和借鉴不同国家社会保障制度建设和改革的经验。

### （三）社会保障管理体制比较

社会保障管理体制是社会保障制度顺利实施的重要保证，它包括社会保障行政管理、资金管理、法律制度建设等。由于经济、政治和文化差异，各国社会保障管理体制也呈现出各具千秋的态势，所以，社会保障管理体制国际比较，是了解和研究各国社会保障运行机制的重要方式。

社会保障基金管理是社会保障管理体制中的核心部分，它包括基金筹集管理、基金投资运营管理和基金支付管理等内容。目前世界主要的社会保障基金财务制度模式有三种：现收现付制、完全积累制、部分积累制（现收现付与完全积累制的结合）。在理论界和政府决策部门，有关现收现付制与积累制何种更适合现代社会保障制度发展要求的争论仍未结束。智利政府大胆创建了私营养老保险基金制度，尝试由私营基金管理公司对养老保险基金进行运营，它对20世纪90年代前期其他拉美国家从根本上改革养老保险制度产生了巨大的影响。此后，玻利维亚、墨西哥、萨尔瓦多、尼加拉瓜、多米尼加共和国、秘鲁、阿根廷、乌拉圭、哥斯达黎加、洪都拉斯、委内瑞拉、厄瓜多尔、危地马拉、巴拿马和巴拉圭在智利的影响下都对其养老保险制度进行了结构性改革，从而使拉丁美洲的养老金体制目前基本上形成了三种模式，即实质性私有化模式、平行模式和混合制模式。针对这场改革而引起的大讨论已经远远超出了拉丁美洲地区，而且越来越多的其他国家和地区正在从拉丁美洲养老保险制度改革中汲取经验和教训。这些模式起步阶段的效果良好，但运行至今存在以下几个方面的问题：第一，由于参保人过于集中或者基金管理公司数量不足而使基金管理公司之间缺乏必要的竞争；第二，基金管理公司的管理成本居高不下；第三，养老金积累大幅度增加，但是否增加储蓄仍然难以定论；第四，总回报率高，净回报率低，投资回报率的长期趋势还不太明显；第五，养老保险基金投资组合仍然缺乏多样性，大多数国家仍然将养老保险基金主要投资于政府债券，投资于股票的比例非常小；第六，劳动力市场中的性别歧视也延续在养老保险待遇上，女性在劳动力市场的弱势地位导致了其较少的养老保险账户积累，从而使女性的养老金水平普遍低于男性。

社会保障法律制度建设也是社会保障管理体制的重要组成部分。社会保障是涉及全体社会成员的社会事业，社会保障资金直接关系着老年人、失业者、病人、贫困者等群体的生存保障问题，因此，社会保障事业必须依法管理。这样，社会保障法治建设也就越来越成为现代社会保障体系运行的必要因素。从德国1883年颁布《疾病社会保险法》作为现代社会保障制度立法的开端，130多年来社会保障立法越来越多。社会保障法治建设的比较分析，必须包括社会保障立法的沿革、社会保障立法基本理论比较研究、社会保障争议处理机制的国际比较、中国社会保障立法与国际经验的借鉴、社会保障国际立法等。

此外，社会保障行政管理在世界上也各具特色，这方面的比较分析，会使我们了解政府在社会保障制度建立和发展过程中所处的历史地位、扮演的社会角色和所起的重要作用。

### （四）社会保障水平比较

社会保障水平是指社会成员享受社会保障经济待遇的高低。社会保障水平测定指标通常为社会保障支出占国内生产总值（GDP）的比重。目前，有不少西方国家由于社会保障支出占GDP的比重不断增长，导致预算赤字大幅度上升，政府被迫巧立名目增加税收，致使国民不满，社会不安定；与此同时，由于社会福利过多，增加了生产成本，相应地减弱了产品的市场竞争能力，因而制约了经济的发展。国外的实践提出了一个迫切需要研究和解决的重要理论和实践课题，即如何确立适度的社会保障水平。倘若社会保障水平的起点过高，就会处于骑虎难下的境地，使社会保障成为不堪承受的重负。因此，应借鉴国际经验和教训，中国社会保障制度的改革和完善应重视保障水平的适度性。

如上所述，社会保障水平的国际比较是为了有助于中国建立一个适度的社会保障水平。为此，我们不但对社会保障总支出水平进行比较，而且对社会保障分项支出水平进行比较；不但对发达国家社会保障适度水平进行比较，而且对中国社会保障适度水平进行分析；不但对社会保障水平整体的经济效应进行分析，而且对社会保障水平分项的经济效应进行分析。对社会保障总支出水平进行比较是为了说明各国在GDP这个大盘子中有多少用于社会保障支出；对社会保障分项支出水平进行比较是为了说明各国在社会保障总支出水平一定的情况下社会保障支出的结构，有利于发现国民财富分配和收入再分配的某些具体过程，发现其内在的运行规律。对发达国家社会保障适度水平进行比较是判断不同发达国家社会保障水平在不同发展阶段的适度状况，以便为中国社会保障适度水平选择提供直观的国际经验和教训；对中国社会保障适度水平分析是为了在借鉴国际经验的基础上，通过对不同阶段社会保障水平适度性的分析，以便为中国选择一个适度的社会保障水平。对社会保障水平整体的经济效应进行分析是为了判断不同国家社会保障水平适度状况和整体经济效应之间的关系，对社会保障水平分项的经济效应进行分析是为了判断不同国家社会保障水平与不同经济指标之间的关系。通过这种比较分析，可以发现社会保障运行的经济效应和经济规律，以便为中国选择一个与社会经济发展水平相适应的社会保障水平提供有益借鉴。

### （五）社会保障主要项目运行比较

养老保障、医疗保障、失业保险、职业伤害保险、社会福利、社会救助等是社会保障体系构成的核心要素，这些核心要素的展开及其在各国的不同实施状况的比较研究，是社会保障国际比较的重点内容。

养老保障发展至今，已逐渐由家庭养老向缴费型养老保险制度和非保险特征的国民年金制度转变。以1889年德国颁布的《老年和残障社会保险法》为界，人类进入现代养老保险历史时期。经过130多年的发展，类似的制度已经推行到160多个国家或地区。20世纪末，世界养老保障制度呈现出了比较明显的改革趋势。养老保障制度改革的直接动因是人口老龄化问题通过养老保障制度对公共财政支付造成了巨大压力。公共财政用于养老保障支出的增加有可能导致财政赤字的增加，这会引起一系列不良后果。因此，许多国家不得不对其现行的养老保障制度进行改革。世界范围内养老保障制度改革趋势可以简单地概括为：逐步扩大养老保障覆盖面；减轻国家负担，但是国家为年老退休者提供贫困保护；养老金支付由依据工资指数调整转向依据物价指数调整；提高法定退休年龄，但是增加退休年龄的弹性；为补充养老保障制度创造良好的发展环境；养老保险的财务模式由给付确定型转向缴费确定型，并倾向于采取税收的方式筹集资金；养老保障一体化趋势加强。养老保障的这些改革有的是结构性改革，有的是参数改革，但参数改革一般是在养老保障制度结构比较成熟的基础上进行的。因此，虽然目前许多国家养老保障改革并不同步，但参数改革代表了养老保障制度改革的基本发展趋势，拉丁美洲一些国家在进行结构改革的同时也在考虑进行参数改革。参数改革的立足点是开源节流、增收节支，寻求国家、企业、个人和社会责任的适当分配。同时，养老保障改革还必须适应经济全球化和区域经济一体化的发展要求。我们对世界养老保障制度进行比较分析的内容包括：养老保障的历史沿革及模式形成比较研究；养老保障模式的运行实践比较分析；多层次养老保障体系的国际比较；国外养老保障制度的发展趋势及其对中国的启示。

医疗保障是保证国民身体素质的重要措施，它在人类社会发展中起了显著作用。自1883年德国制定了世界上第一部医疗保险法——《疾病社会保险法》以来，医疗保险已有130多年的发展历史。由于历史背景的不同，各国的医疗保障模式也不尽相同。许多国家根据本国政治、经济、文化和民俗等因素，建立了各具特色的医疗保障制度，包括国家卫生服务模式（又称全民保险制度模式）、社会医疗保险模式、商业医疗保险模式以及储蓄医疗保险模式等。最近几年来，世界范围内医疗卫生费用占GDP的比重呈现出长期的、持续的上升趋势。造成世界范围内医疗卫生费用负担加重的主要原因是国民对健康的日益重视、人口老龄化程度的加深、高技术医疗产品的广泛使用、疾病流行模式的变化以及医疗保障制度安排本身的一些漏洞等。针对这种状况，许多国家也对本国的制度进行了改革，改革的趋势主要表现在：以多种制度模式来构建多层次、多形式的医疗保障体系是各国医疗保障发展的基本共识；建立以社会医疗保险制度模式为主体制度的医疗保障制度体系越来越成为绝大多数国家的共同选择；将医疗保障制度与预防保健和公共卫生服务相结合，从疾病保险向健康保障过渡是发展方向；加强政府的责任，充分利用市场机制的作用来提高医疗保障制度的运行效率是各国普遍的成功经验。[①]造成世界范围内医疗卫生费用负担加重的主要原因同样也发生在中国。中国早在1999年即经济刚刚开始起飞阶段就进入了老龄化社会。而且，老年人口基数大的人口老龄化对实行现收现付制的基本医疗保险制度形成了巨大的财政压力。由于经济利益的差异及严重的信息不对称，中国目前基本医疗保险制度中的三个直接行为主体使这种第三方付费制度产生了巨大的道德风险，有可能产生不合理的医疗消费。因此，对各国医疗保障模式及其发展趋势进行比较分析，是我们全面了解世界医疗保障状况并进行更深入研究的必要途径，必将对进一步改革和完善中国医疗保障制度提供非常有益的经验和启示。

市场经济的竞争使劳动力市场非常活跃，不断有失业者产生。因此，失业已成为市场经济的一种正常现象。失业的存在，使市场经济有了劳动力的"蓄水池"。失业者可以在失业期间进行学习和培训，提高自己的劳动技能，使自己更适应产业结构调整等新形势的需要，进而找到新的就业岗位。同时，失业使用人单位也有了更大的选人用人空间。为了促进劳动力市场的健康发展，保障失业者的基本生活，失业保险制度产生了。在劳动过程中，难免会产生一些职业伤害，为了保障受到职业伤害的劳动者的基本生活，职业伤害保险制度也随之产生。比较分析世界就业保障理论、失业保险制度以及职业伤害保险制度，是我们更深入地了解世界劳动力市场状况及研究人力资源开发的重要方式。

社会救助是社会保障的最低层次，社会福利是社会保障的最高层次。社会救助是为了解决贫困阶层的生存问题，社会福利是为了提高全体社会成员的生活福利水平。这两个层次的社会保障是社会保障体系中比较特殊的内容。人类的社会保障雏形是从最简单的社会救助开始的。时至今日，社会救助仍然是社会保障不可缺少的项目。在社会保障支出不断上升和财政压力越来越大的形势下，有些专家曾建议削减社会保障其他项目，尤其是社会福利项目，只保留社会救助，即社会保障只负责最低生活保障线的基本生活保障。为了全面了解世界社会保障制度的状况和发展趋势，我们需要对世界社会救助和社会福利制度的基本内容、历史作用和现实问题进行比较研究。

---

① 乌日图.医疗保障制度国际比较[M].北京：化学工业出版社，2003：前言.

### （六）社会保障发展趋势比较

20世纪80年代以来，由于社会保障支出水平不断上升，给政府带来的财政压力越来越大，引发了世界性的社会保障制度改革。各国政府根据自身的主客观条件，都在不同程度地改革原有的社会保障内容，由此出现了与改革潮流相伴随的世界性社会保障制度发展的几大趋势。

**1. 社会保障制度面临六大难题**

进入21世纪之后，随着全球化进程的加快加深和互联网技术的快速发展，全球经济社会环境发生了巨大变化，社会保障制度面临六大难题。

（1）全球面临人口老龄化的难题。《世界人口展望2019》数据显示，2019年，全球65岁及以上人口约占9%，预计到2030年，全球老年人口比重将达到12%，到2050年将达到16%。人口老龄化程度的持续加深，意味着老年人口抚养比增加，依靠养老金生活的人越来越多，而参与生产的人口越来越少，这将给养老保险、医疗保险、残疾人保障和长期照护保险等制度带来压力和挑战。（2）社会保障支出占GDP的比重呈现出快速上升的趋势，这将是全世界共同面临的问题。以美国为例，1997年美国公共养老金支出占GDP的比重大约为9%，这一比重2050年将达到20%左右。[①]（3）医疗费用膨胀，财政补贴增长。例如，近年来德国联邦财政对法定医疗保险的转移支付快速增加，2019年达到980亿欧元，2023年预计达到1 140亿欧元。[②] 日本公共医疗保险支出大量来自财政经费，呈现持续增的趋势，2018年财政负担占公共医疗保险支出的比例超过40%，占GDP比重约为3%。[③]（4）失业率提高，失业保险金入不敷出。数据显示，受经济危机的持续性、深层次影响，全球劳动参与率呈下降态势，全球共有20亿工作年龄人口未进入劳动力市场，成为非经济活动人口。[④] 2017年，全球失业率为6.6%，失业人数为1.927亿人[⑤]，这将给失业保险和失业救助带来巨大的压力和挑战。（5）政府在社会保障中的职能受到新的挑战。（6）疫情给世界各国造成了巨大冲击，其导致的全球经济衰退显著区别于以往金融危机，波及范围更广、时间更长，应对难度也更大，导致社会保障制度的改革与发展更加复杂。

---

[①] 张栋.全球养老金结构性改革反思与中国镜鉴[J].经济体制改革，2021（5）：158-164.
[②] 数据来源：德国联邦财政部官网。
[③] 数据来源：日本国立社会保障·人口问题研究所官网。
[④] 莫荣.国际人力资源社会保障报告2016[M].北京：中国劳动社会保障出版社，2016：3-4.
[⑤] 莫荣.国际人力资源社会保障报告2018[M].北京：中国劳动社会保障出版社，2018：20.

**2. 社会保障制度改革的四大趋势**

面对一系列难题，社会保障制度的改革呈现出四大趋势。（1）在公平与效率的选择上，福利国家开始更多地注重效率即更注重社会保障的激励功能。例如，发达国家在不断改革公共养老金的同时，更加重视私人养老金的发展，试图在保障老年人生活和控制财政支出方面寻找平衡点，根据经济合作与发展组织（简称经合组织，OECD）统计数据，2009年OECD国家私人养老金资产占GDP的平均值为60.10%，2019年增加到了91.50%。同时，私人养老金资产超过GDP的OECD国家从2009年年底的6个增加到2019年年底的8个。中国的私人养老金资产占GDP的比重也由2009年的0.72%上升到了2019年的1.88%。（2）社会保障资金来源由单一支柱走向多支柱制度。例如，经过多年的发展变革，OECD国家养老保险制度已由过去单一支柱发展转型为建设三支柱的养老保险体系建设，各支柱之间相互补充、分担风险。（3）养老保险等基金由完全的公共管理转向公共管理与私人管理并存，并且私人管理的比重逐渐加大，私营化趋势日趋明显。（4）扩大对失业者的支持。近年来许多高收入国家通过将失业保险津贴与诸如技能开发、培训及其他积极劳动市场政策等相结合，实施了一系列措施扩展失业保险并扩大失业保险制度的保护范围。数个低收入国家也出台了保护失业与就业不足的劳动者免受贫困与收入不安全影响的制度。

社会保障发展趋势的国际比较，可以使我们发现各国社会保障发展的共同规律和必然趋势，也可以发现各具特色的社会保障制度发展的具体道路，同时还可以了解社会保障制度波浪式前进的历史进程。

**（七）社会保障制度国际比较与中国社会保障体系的改革与完善**

国际比较的目的是学习他国成功的经验，为我所用，为中国社会保障体系建设服务。由于各国的国情及福利制度存在差异，面对经济全球化以及人口老龄化带来的挑战，有的缩减福利并引入更多的市场机制，有的强调家庭、社会和非营利组织的多元化福利提供，有的则增加公共社会投资并强化国民的社会参与。

具体问题具体分析是辩证唯物主义活的灵魂。学习他国的经验要结合中国的实际。因此，社会保障国际比较，要注意每种社会保障模式具体内容形成和发展的历史条件，这样便于我们具体问题具体分析，有针对性地学习和借鉴其他国家在社会保障体系建设过程中对我国有用的东西。

中国要改革开放，要向世界学习，同时也要融入世界。因此，社会保障国际比较分析也应该包括对中国社会保障制度形成和发展的研究以及中外对比分析。中国原有的现代社会保障制度是在计划经济体制下建立的，现在正向与市场经济体制相适应的社会保障制度即社会化的社会保障制度发展，有很多问题值得探讨，有很多政策需要科学论证，尤其是如何把国外的经验同中国的实际很好地结合起来，建立一个科学、完善的社会保障体系等问题更有待认真地对比分析和深入研究。

### 三、社会保障国际比较方法选择

现代社会保障制度是社会化大生产的产物，它的产生是市场经济发展到一定阶段，为稳定经济、稳定社会、兼顾公平和效率的需要。它的本质是社会收入的分配与再分配。社会保障制度自诞生至今，在世界各国建立和发展的模式尽管有许多差异，但它在反映市场经济和现代社会制度的本质方面，会有一些共同的规律值得我们探索；各国也产生了一些带有普遍性的问题，值得我们研究；各国社会保障制度实践的成功经验值得我们借鉴；各国改革中的教训同样值得我们吸取。同时，我们还应该探索这项制度在21世纪演变的基本趋向和走势。

为此，我们必须以马克思主义为指导，力求做到马克思主义世界观和方法论的统一，用马克思主义的立场、观点和方法分析比较不同社会保障制度模式、社会保障理论、社会保障体系、社会保障政策和立法、社会保障实践及其与社会经济条件的关联。通过分析比较，为中国健全社会保障制度和完善社会保障体系服务。

在本书中我们着重运用了比较的方法进行论述。这种比较方法，就是从国际社会保障和各国实际出发，以分析的方法进行归类，以比较的方法进行研究。具体来讲，在本书中，我们通过运用纵向比较方法、横向比较方法和理论与实际比较方法，对国际社会保障制度不同模式中的各国社会保障理论、社会保障政策和社会保障实践进行分析和比较研究，力求在比较研究中，厘清他国的社会经济背景和社会保障运行状况，从中找出规律性的东西，为我们提供准确判断的思路。

为更好地运用比较方法，在具体分析研究中还应做五个选择。

#### （一）宏观分析与微观解剖相结合

宏观分析是指从国际社会保障制度和社会保障体系的角度来研究社会保障社会经济关系，它包括两个方面。

一是从国际社会保障制度来进行分析比较，即回顾社会保障在世界范围内发展的历史,比较社会保障制度在不同国家中的不同模式,分析各国社会保障制度的改革及其对我们的启示,预测社会保障制度在21世纪的演变趋势。

二是从社会保障体系中各个社会保障项目来进行分析比较,即分析社会保险(养老保险、医疗保险、失业保险、职业伤害保险),社会福利和社会救助等在世界范围内发展演变的历史依据和理论依据及形成条件,研究其不同模式及改革举措,探索其不同模式的发展演变趋势以及对我们的借鉴意义。要对国外社会保障的四种模式,即对福利国家型、自保公助型、自我积累型、国家保险型进行比较分析。探讨其社会经济制度、经济发展水平和文化历史背景,以及社会保障目标、水平和范围的异同。要分析不同筹资模式(现收现付制、完全积累制、部分积累制)的理论依据和形成条件,各种模式的优势和不足,以及改革的趋势和供我们借鉴的经验教训,使我们少走弯路。

微观解剖是指从社会保障不同模式和社会保障体系不同项目在各国的运行状况的角度来研究国际社会保障社会经济关系。以医疗保障为例,与社会保障的自保公助型、福利国家型和自我积累型模式相适应,国际上的医疗保险制度,大致可以划分为社会医疗保险模式、国家卫生服务模式、储蓄医疗保险模式。在微观解剖分析上,我们就要比较分析上述各种医疗保险模式运行中的医疗保险对象及享受条件、筹资方式、医疗费用支付方式、医疗服务体制和卫生政策、医疗保险水平、医疗保险运行效果。从中可以看出各医疗保险模式在公平性、费用控制、资源分配和利用效率、医疗服务质量等方面的差异。

总之,把宏观分析与微观解剖相结合,就能既考察整体又考察个体,因而能全面地揭示社会保障社会经济关系的本质联系及其发展变化规律。

### (二)一般概括和典型分析相结合

一般概括与典型分析的关系是一般与个别、森林与树木的关系。当今世界绝大多数国家建立了社会保障制度,并持续致力于扩大社会保障覆盖面、提高待遇水平。[①] 按社会制度分,有资本主义国家社会保障与社会主义国家社会保障;按经济体制分,有市场经济型社会保障和计划经济型社会保障;按实施范围分,有普遍型社会保障、与就业联系的社会保障以及以经济状况调查为依据的社会保障;按制度模式分,有福利国家型、自保公助型、自我积累型和国家保险型等。它们既具有各自特色,又有一定的区别。我们坚持一般概括就是要对各国建立社会保障的指导思想、建立原则、筹资方式、支付办

---

① International Labour Office. World social protection report 2017 - 2019: universal social protection to achieve the sustainable development goals. Geneva: ILO, 2017.

法、管理体制、运用效果等方面进行由表及里的研究，从中探求出一般规律和发展趋势，从而为我们能够客观评价和正确选择提供依据。

没有树木就没有森林。因此，在研究社会保障制度的一般规律时，还要注重典型个体的实证分析，即要了解各国社会保障实践的真实情况、基本数据、历史背景、文化传统、一事物与他事物的区别和联系，目的是给科学抽象和逻辑加工奠定事实、材料、数据、信息等实践基础。社会保障在国际比较中无论是原理、概念、公式、图表的确定，还是计量模型和结构体系的建立，都离不开大量的历史和现实的资料和数据。因此，全面收集、整理资料和正反两面的经验，进行理论升华和科学总结，都是非常必要的，否则社会保障国际比较就会成为经院式的无源之水、无本之木。

### （三）历史总结与现实分析相结合

社会保障是政府为解决弱势群体基本生活保障的一项正式计划安排。这一制度自产生以来尽管经历了百年以上的历史实践，但至今仍然是各国政府不断探索和改革的一项重要社会政策内容。我们要以对社会弱势群体保护的责任为主线，运用大量历史资料和文献来分析保障的家庭机制、互助机制、政府机制各自的产生与主要机制、原理和作用规律，分析各自优劣，特别是分析市场机制的"逆向选择"问题，政府机制的"道德风险"问题，以及家庭机制的现实意义等。

历史是现实的一面镜子，总结历史的目的是服务现实。通过总结历史，我们看到，在现代社会条件下，作为亲情基础的家庭保障、作为经济手段的市场机制以及劳动者之间的互助机制，都无法承担社会成员中弱势群体保护的主要责任，这是至今世界绝大多数国家政府不可回避地建立、发展并不断寻求完善社会保障制度的根本原因之一。但与此同时，从历史经验总结中，又要承认政府机制的能力有限性。许多国家的政府都在对社会保障制度进行重大改革、探索，其政府计划方案的设计都必须从本国的基本国情出发，谨慎从事，避免过多地包揽责任。

总之，历史要为现实服务，特别要注重对当代世界社会保障领域新情况、新问题的研究，揭示其发展的新趋势，从而为今天的决策提供依据。

### （四）经验总结和教训分析相结合

我们要站在21世纪的高度来审视20世纪，特别是近二三十年来的发展变化特点，提出和分析人类在20世纪中存在的主要问题，提出其在21世纪将如何演变，要顾及历史、现实、未来三者的联系。要从面向世界、面向未来、面向人类发展的最根本的前途和命运的大视野来进行经验总结和教训分析，目的是使我们借鉴各国的经验和教训，博采众长，少走弯路。

例如，在公平与效率的关系上，社会保障是因为政府更多地关注了社会公平问题而产生，但公平又必须建筑在保证效率的基础之上，对经济欠发达国家尤其如此，在政府选择上亦然。社会保障是典型的政府行为，但众多国家，特别是发达国家的社会保障实践证明，作为政府行为的社会保障也有其严重的失效成分，往往与低效率联系在一起，正因如此，有的国家（如智利及其他拉美国家）不得不另辟蹊径，选择了运用市场机制运行的尝试。

历史发展的经验和教训告诉我们，政府机制的缺陷是明显的，这是以往常常被忽视的重大问题之一。对此，我们必须有充分的认识。政府在社会保障上不仅不能包揽过多，而且必须切实创造条件，给其他多种保障方式留有必要的发展空间。多国实践证明，过度依赖政府机制的计划与方案，夸大它们的作用，都将使政府在社会保障方面背上沉重的包袱。

### （五）国际比较与国内借鉴相结合

130多年来，西方国家总结出了很多社会保障运行方面的经验，这是我们研究完善社会保障制度和健全社会保障体系改革中值得借鉴的有价值的参考材料，它有利于我们通过国际比较，取其精华、为我所用。当然，由于国情和国力不同，我们应从中国实际出发，以大量的国内材料为基础，总结和概括适合中国国情的社会保障原则和规律，而不能照搬西方国家的社会保障模式。

在21世纪，社会科学教育工作者的一项重要的历史任务，就是要以敏锐的职业触角去捕捉所面临的课题。要研究新形势，探讨新问题，为人类形成新的方法、新的思路、新的规则、新的观念、新的模式和新的战略等做出应有的贡献。

## 案例分析

### 新冠肺炎疫情下的欧洲社会保护措施

2020年突发的新冠肺炎疫情给欧洲各国造成了巨大冲击。特殊时期，欧洲各国完善的社会保护制度发挥了关键作用，织就了一张庞大的社会保护网，给企业、家庭与个人及时提供了必要的帮扶，增强了他们的抗打击能力，基本保障了各国的社会稳定和经济安全。

**1. 以保就业为第一要务**

（1）鼓励以部分就业取代裁员。2020年疫情暴发后，特别是在疫情最为严重的3—5月，由于需求骤降，企业被迫通过大规模裁员来自救。在此背景下，欧洲各国的失业率和失业人数双双大幅度攀升，多国刷新了自第二次世界大战以来的历史纪录。面对这一严峻局面，欧洲各国纷纷将保就业列为第一要务，并普遍采用了"部分就业"（或曰"部分失业""短时就业"）的方式，以此来避免大规模失业及由此引发的贫困和社会动荡。

早在2008年全球金融危机期间，德国就使用了"部分就业"方式来防止企业大规模裁员并取得了显著成效，即允许企业适当缩短雇员的工作时间，以此代替裁员，从而降低企业用工成本和经济压力，由此产生的雇员收入损失由政府予以一定程度的补偿，例如，将原先的每周32小时就业缩减为20小时，其余12小时的收入损失由政府承担。在疫情期间，该做法被欧洲各国普遍借鉴。

德国从2020年3月中下旬起允许施行更加宽松的短时工作即"部分就业"制，政府为"部分就业者"提供60%的替代工资，有子女的"部分就业者"该比例增至67%；同时政府还为其支付"部分就业"期间的各种社会保险费。法国政府借鉴了德国的做法，鼓励企业以"部分就业"取代裁员，雇员损失的工资由政府以"半失业保险"的形式予以补偿，补偿比例为净工资的84%到100%，大致是收入越低、受疫情冲击越大、补偿比例越高，如领取最低工资者的替代率是100%。在疫情最为严峻的几个月，全法共有2/3的雇员从这项措施中受益。英国政府为全国所有因疫情影响而不能正常工作的雇员提供金额最高可达2 500英镑/月的收入（替代率最高可达80%）。

北欧各国也采取了类似措施。丹麦为避免大规模裁员而给予就业者每人每月最高可达3万丹麦克朗的工资补偿，替代率相当于正式就业雇员工资的75%或非正式就业雇员的90%；在2020年4月疫情最严重期间，丹麦政府出台了紧急工资援助计划，为受危机打击最严重的近25万名雇员提供类似的紧急工资补偿。挪威采取了类似法国的措施，允许全职雇员每周工作两天，其余三天的收入损失由国家以失业救助的方式补偿。冰岛规定从2020年5月1日到9月30日，允许企业以"部分就业"的方式来保持和雇员的雇佣关系，国家为雇员提供替代率达75%的工资补偿，从而将企业的用工成本降低了25%～50%。

南欧国家类似，如意大利也以"部分就业"的措施来抑制裁员，政府为"部分就业者"提供的工资替代率最高可达80%，全国平均替代率超过70%，多达700万雇员从中受益。

概言之，大多数欧洲国家采取了"部分就业"措施，区别只在于补助的程度。通常情况下，经济越发达的国家补助金额越高。

（2）为自我雇佣者、自由职业者和小微企业提供收入支持。自我雇佣者、自由职业者和小微企业是受疫情冲击最严重的群体之一，因此保就业、保收入的第二项措施是确保这部分群体的收入安全。

德国在疫情肆虐期间为受冲击最严重的自我雇佣者、自由职业者和小微企业提供每月9 000～15 000欧元不等、为期3个月的补助；法国创建了名曰"团结基金"的帮扶基金，为受疫情影响、符合一定条件的自我雇佣者和自由职业者、小微企业提供从几千欧元到上万欧元的救助；英国为自我雇佣者提供收入补偿，金额根据过去3年报税额的平均值来确定；芬兰政府为自我雇佣者提供2 000欧元的一次性补贴；丹麦政府同样对于营业额大幅度下降的自我雇佣者提供了补偿，以确保其维持基本生存。

（3）减免税费或允许缓缴税费。德国政府返还企业缴纳的社会保险金的比例从50%提至100%；法国允许符合条件的企业缓缴或免缴社会保险分摊金、企业所得税和个人所得税；冰岛给企业免税并允许企业缓缴社会保险金；挪威允许亏损公司延期纳税。包括法国在内的一些国家还减免或延迟了部分困难企业的房租、水电等费用，力争最大限度地减少企业的经营成本，帮助企业渡过难关。

尽管欧洲各国在疫情时期普遍实施了"部分就业"的措施，即通过国家财政补贴来保就业、稳经济，但由于经济发展水平和经济结构的不同，各国在财政能力、受疫情冲击程度和失业人数等方面均存在较大差异。在此背景下，欧盟于2020年4月及时出台了一项新的社会政策工具，即"紧急状态下缓解失业风险援助计划"（简称SURE计划），发行债券在国际金融市场融资，以优惠条件向成员国提供总额1 000亿欧元的贷款，以确保各国特别是受疫情冲击最为严重的成员国能顺利施行"部分就业"措施，从而实现保就业的目标。东欧、南欧等国家已率先获得支持。

**2. 对弱势群体予以救助和帮扶**

疫情期间，欧洲各国充分发挥社会保护制度的兜底作用，给予包括儿童、困难家庭、残疾人、老年人、失业者在内的脆弱群体以必要的帮扶救助，确保这些人能够维持基本生活，不因疫情而陷入无以为生的悲惨境地。

（1）救助儿童和困难家庭。儿童和困难家庭是各国救助帮扶的首要对象。德国针对疫情期间因失业、"部分失业"而出现收入困难的家庭重新设计了儿童津贴政策，以满足他们在疫情期间的新需求；对于疫情期间因学校和托幼机构关闭，家长被迫在家看护残障儿童、无法外出工作的家庭给予补助；为符合一定条件的低收入家庭提供住房补贴、供暖补贴等补助，减轻其经济压力。法国在疫情最严重的时期为 400 万低保家庭每月增发 150 欧元的补助，有子女家庭在此基础上每个子女增发 100 欧元；为近 2 万人提供紧急住宿；为 6.4 万无家可归者提供生活必需品；为符合一定条件的贫困青年发放每月 200 欧元补助；为符合条件的人群提前支付家庭津贴等社会福利；允许困难家庭缓缴房租和煤气、水电费。

北欧国家也在原有福利制度的基础上，通过额外出台儿童津贴等方式来帮助低收入家庭，提高其抗风险能力。冰岛政府在 2020 年 6 月向有 18 岁以下儿童的所有家庭一次性发放儿童津贴，对低收入家庭和儿童提供相应的津贴，提高求职者的子女抚养津贴。瑞典政府 2020 年 12 月出台包括临时育儿津贴和停课看护补贴等在内的一系列有针对性的临时补贴，对有子女家庭予以支持。

（2）救助老年人、残疾人和失业者。老年人是新冠肺炎疫情的高危人群，感染率和死亡率均远超平均水平，特别是在养老院和老年公寓等老年人聚集的场所，针对这部分人的救助也成为欧洲各国的施政重点：德国给予老年人、残疾人等暂时或永久性失去收入的人群更多更便捷的生存保障；法国计划将助听器、假肢和牙科治疗等此前老年人需求量大但未列入医疗保险的项目列入医疗保险，由国家全额报销，并提高低收入老年群体的补助金额；瑞典政府决定投 3 000 万瑞典克朗用于发展智慧养老和数字护理，以减少老年人到医院的就诊次数，降低疫情的传播风险。各国还纷纷通过延长失业保险金领取时间、提高失业保险金额度等方式给予失业者基本的生活保障，如法国暂停了此前以收紧领取资格为主的失业保险改革，延长了失业保险金的领取时间。除此以外，各国还针对奋战在一线的医护人员给予了专门的援助，提供劳动津贴、加班津贴、风险津贴等，从政策上免除这部分人的后顾之忧，确保他们安心工作、正常工作。如瑞典给从事公共卫生和护理工作的人员提供总计 5 亿瑞典克朗的支持。

**3. 应对危机需要更好的社会保护**

持续发挥作用的可靠的社会保障制度是欧洲各国在疫情期间能够基本维持社会稳定的利器。但是在上述共性之外，不同的福利体系导致各国在具体的政策上有差异。具体而言，以法国、德国为主的欧洲大陆国家和北欧各国，有较好的普惠性的社会保障制度，能够给广大民众提供基本的生活保障，使之在疫情面前能够维持生存，因此可以集中救助受疫情冲击最严重的两大群体——停工停产的企业雇员和低收入者。针对这两大群体出台临时性救助措施，确保大多数人的就业安全，确保经济不陷入崩溃。相比较之下，英国的自由主义色彩浓厚，其在疫情期间侧重于保就业，一开始就采取了经济发展与疫情控制平衡的对策，大多数措施针对保就业展开，尽管也有对贫困群体重点人群的直接救助，但是力度不及欧洲大陆国家。

社会保护是一个宽泛的概念，不仅关涉社会，更关涉经济；不仅仅是被动的亡羊补牢式救助，也是积极主动去保护或创造就业，从收入安全着手，确保其他安全。从这个意义上看，稳定的就业是最好的社会保护。新冠肺炎疫情表明，社会保障历史悠久、经验丰富、保障全面的国家面对危机的时候能够比较从容地应对，最大限度地减少危机造成的经济社会损失。这值得后来者借鉴学习，从而更好地完善社会保障制度，发挥社会稳定器的作用。

资料来源：彭姝祎. 新冠疫情下的欧洲社会保护措施［J］. 中国社会保障，2021（4）：40-41.

讨论题：

1. 新冠肺炎疫情下欧洲主要采取了哪些社会保护措施？
2. 新冠肺炎疫情下的欧洲社会保护措施和经验对我国有何借鉴意义？

## 深度阅读

1. 金维刚. 中国社会保障改革与发展［M］. 北京：社会科学文献出版社，2020.

改革开放40余年来，我国逐步建立了与社会主义市场经济体制相适应的统筹城乡、覆盖全民、保障项目齐全的社会保障制度体系。该书分别从职工养老保险制度改革与发展、失业保险制度改革与发展、医疗保险制度改革与发展、工伤保险制度改革与发展、生育保险制度改革与发展、社会保险经办服务体系建设、机关事业单位养老保险制度改革研究、个人养老金制度研究、城乡居民基本养老保险待遇确定机制、医疗保障监管制度建设、全民参保计划实施效果评估研究等方面对我国社会保障制度的发展历程、发展成就进行了回顾、梳理与总结。

2. 郑功成，沃尔夫冈·舒尔茨. 全球社会保障与经济发展关系：回顾与展望［M］. 北京：中国劳动社会保障出版社，2019.

社会保障与经济发展的关系有怎样的演变规律，如何面对当下的挑战，又如何把握社会保障与经济发展的未来之路？该书从历史视角和全球层面全面阐释了社会保障与经济发展的相互作用，不仅展现了西方国家验证过的历史经验，也为世界了解中国的社会保障与经济发展提供了权威读本，寻求能够实现中国与世界良性互动、共同发展之路。在历史与社会保障的目光互视中重新发现社会保障，即重新全面审视国家转型与发展中的制度结构变迁，是贯穿全书的研究特色。

## 本章小结

随着市场经济的不断发展，世界各国的社会保障制度也在不断丰富和创新，不断改革和完善。了解各国社会保障制度建立和完善的成功经验，分析其制度形成和发展的历程，并进行深入的比较研究，具有重要的理论和实践价值。

社会保障制度的内容十分繁杂，要对世界各国社会保障内容无选择地进行比较是十分困难的。因此，在对社会保障国际比较的内容进行界定时，要采取归纳分类方法，以社会保障主体内容为主线，以国别社会保障事实为案例，有选择地进行比较研究。

在进行社会保障国际比较分析时，为更好地运用比较方法，在具体分析研究中还应做以下选择：宏观分析与微观解剖相结合；一般概括和典型分析相结合；历史总结与现实分析相结合；经验总结与教训分析相结合；国际比较与国内借鉴相结合。

## 重要概念

社会保障制度　经济全球化　老龄化

## 思考题

1. 对世界社会保障体制进行比较研究的理论和实践价值有哪些？
2. 社会保障国际比较应该就哪些方面进行比较，为什么？
3. 为更好地运用比较方法，在社会保障国际比较具体分析中，还应做哪些选择？

# 第二章
# 世界社会保障制度形成与发展

## 第一节 社会保障制度产生的标志

### 一、社会保障制度的萌芽

现代社会保障制度发祥于最早实现工业化的英国，它是以社会救助的形式出现的。16—17世纪，英国地主贵族通过大规模圈地运动剥夺农民土地，使大批农民离乡背井沦为乞丐和流浪者。许多人被迫同自己的生产资料分离，成了不受法律保护的无产者而被抛向劳动力市场。为了缓和被剥夺土地的农民的反抗，英国先后颁布了一系列有关救济的法令防止骚乱。1601年，英国政府正式颁布《济贫法》("旧济贫法")。它的主要内容有：建立地方行政和征税机构；为有劳动能力的人提供劳动场所；资助老年人、盲人等丧失劳动能力的人，为他们建立收容场所，组织穷人和儿童学艺；提倡父母和子女履行社会责任；从比较富裕的地区征税补贴贫困地区。当时英国政府所提供的保障，主要是就业保障和财政补贴，兼有强迫劳动和福利救济的性质。这种保障形式是与其工业化社会结构和当时的生产力发展水平相适应的。

18世纪，圈地运动经议会批准合法化，使贫农大量增加。1723年，为减轻教区救济金负担，英国政府正式颁布法令要求各地设立救贫院，同时也进行院外救济。19世纪初，随着产业革命的深入，工业资产阶级政治力量不断壮大，终于在1832年掌握了政权。由于济贫费用逐年增加，财政不堪重负。为此，英国议会根据1817年和1832—1834年《济贫法》调查委员会的报告，于1834年通过了《济贫法修正案》。这就是英国社会保障史上重要的"新济贫法"。"新济贫法"的主要原则是，保障公民生存的义务，认为救济不是消极行动，而是一项积极的福利举措，并由经过专门训练的社会工作人员从事此类工作。

"新济贫法"对贫民实行社会救济，安定了社会秩序，对英国在19世纪的大发展做出了贡献，也为欧洲其他工业化国家建立社会保障制度提供了制度借鉴。欧洲的济贫法采取了由政府出面强迫贫民劳动与救济相结合的原则，使社会团体实施的慈善救济转化成以国家为责任主体的政府救济，其实质是慈善救济的发展，是宗教团体区域慈善救济的扩大化，是国家对全国范围内的普遍慈善济贫。国家被推进了承担社会保障责任的历史阶段，并为社会保障制度确立了国家承担最终责任的原则。

## 二、社会保障制度的诞生

19世纪80年代，伴随着工业革命生产社会化的发展和市场经济的建立，社会保障制度进入质的飞跃阶段，其标志是作为社会保障制度的基本项目——社会保险制度出台。从此，社会保障开始制度化。

德国是第一个建立社会保险制度的国家。19世纪80年代，当时执政的俾斯麦政府颁布了一系列法令：1883年颁布了《疾病社会保险法》，1884年颁布了《工伤事故保险法》，1889年颁布了《老年和残障社会保险法》。德国先于其他走上工业化道路的国家制定并实施社会保险制度，有其深刻的历史原因。

原因之一是德国工人运动的迅猛发展。19世纪下半叶，马克思主义在工人群众中传播开来，德国工人阶级为了争取自己的经济利益和劳动利益，与资产阶级展开了不屈不挠的斗争。德国统治阶级为了缓和工人斗争，也为了瓦解工人群众的各种自发组织（包括互助互济的基金会在内），被迫推出带有强制性的社会保险制度。可见，工人运动成了社会保险法律出台的催化剂。

原因之二是为了加快工业发展和对外扩张。德国首相俾斯麦认为，若要达到加快发展和谋求欧洲霸主地位的目的，必须安抚好国内的工人群众，调和好劳资关系，实施一整套社会政策，其中包括社会保障政策。

原因之三是德国新历史学派的出现。新历史学派又称讲坛社会主义学派，它主张劳资合作和实行社会改良政策。

德国社会保险法律的诞生，使得奥地利、瑞典、匈牙利、丹麦、挪威、英国、法国、罗马尼亚、卢森堡等欧洲国家也先后实施了单项或几个项目的社会保险制度。其中，资本主义发展最早的英国于1911年颁布的《国民保险法》，是第一部社会保险立法。这样，在20世纪初，德国、英国以及其他欧洲国家普遍实行了社会保险制度，表明社会保障制度在欧洲大陆已经确立。

社会保障制度在社会救助中萌芽，以社会保险为主干，继续向外扩展，它以美国20世纪30年代颁布世界上第一部《社会保障法》为标志，终于使社会保障形成了比较完整的经济社会制度。

### 三、社会保障制度产生的经济条件

#### （一）社会化生产

在社会化过程中，由于机械化程度的提高，劳动方式的转变，工人的伤残、事故、职业病等事件时有发生。工人患病或伤残后，靠本人工资无力医治，失去劳动能力后连基本生活都难以维持。现代化生产过程中专业化分工和协作的劳动组织也促使劳动力过早地退出生产领域，因而产生了疾病、伤残、事故、养老等社会保险问题。同时，由于技术的进步和机器的普遍采用，资本的有机构成提高，对劳动力的需求相对减少，导致了劳动力的相对过剩，造成工人失业、暂时失去生活来源。市场经济的发展必然会扩大分配上的差距，这些都需要社会保障发挥其特殊的作用。

#### （二）家庭保障职能退化

在农业社会中，家庭既是消费单位，也是生产单位，同时又有教育、养老和生育功能。在社会化大生产条件下，家庭由生产实体转变为消费实体，家庭的保障功能缩小了。家庭功能的变化，使传统的主从保障与家庭亲属保障在不同程度上逐渐失去了存在的基础。同时，社会化生产的发展，也意味着劳动力的再生产必须社会化，生活社会化的组织程度也在逐步提高，教育、卫生、城乡生活服务等都逐步成为社会公共事业，走上了社会化发展的进程，个人需求往往成为一种社会的需求，于是便产生了保障社会化的要求。

#### （三）社会财富大量增加

社会生产力的发展带来了物质财富的丰厚，人们的需求呈现出内容多样化和水平不断上升的趋势。基本生活需求已不仅仅是生存活命的要求，"温饱"也在不断地改变着它的标准。社会成员的保障，从对象、内容到标准等各方面都必须置于全社会的水平来衡量和决定，每个人需要满足的程度和生活水平必须和社会平均的水平相近。只有这样，才能保证个人与社会的需求结构大体平衡，需求水平合理提高。社会财富的增加不仅为社会成员的社会保障奠定了物质基础，也规定了必须采取社会保障的形式来利用这些社会资源。

## 四、社会保障制度产生的政治条件

社会保障制度的产生是无产阶级长期斗争的结果。可以说,工人的坚决斗争是把社会保障制度产生的可能性变为现实性的决定性因素。随着机器生产的进一步扩大,工人为争取社会保障权益的斗争日益激烈。19世纪80年代,无产阶级为争取自己的经济政治权益,形成了一支独立的政治力量。最先实行比较全面的社会保障制度的国家是俾斯麦执政时期的德国。19世纪的德国无论是在工业化的规模还是在社会对于现代社会保障的需求方面都不能和英国相比拟,但此时的德国,无产阶级组织力量相当强大,成为以俾斯麦为代表的容克资产阶级必须正视的政治力量。当然,社会保障具有缓和阶级矛盾,维护社会安定,并在一定程度上保证为资本主义生产提供数量和质量上合乎社会化生产要求的劳动力的作用,所以资产阶级政府在政治上支持社会保障的发展。

---

**专栏2-1　政治理论:国家和社会公平**

福利国家的根本问题不是经济问题,而是道德问题。其问题在于人们是否对他们所管理的事务负有责任感。事实是这样的:当成年人管理收入时,孩子们的口袋里却装满了钱。福利国家的运作趋势就是把成年人的地位与孩子们等同起来。

彼得·鲍尔(Peter Bauer)

传统的社会主义非常重视传统的资本主义的罪恶,并认为有推翻它的必要。可是在今天,传统的资本主义已经被改造得面目全非,因而,社会主义者现在必须关注另一种社会形式。

安尼·克罗斯兰(Anthony Crosland)

资料来源:尼古拉斯·巴尔.福利国家经济学[M].郑秉文,穆怀中,译.北京:中国劳动社会保障出版社,2002.

---

## 五、社会保障制度产生和发展的思想理论基础

社会保障制度是市场经济发展的需要,有它存在的理论基础。此处做简单介绍,第三章将详细分析此问题。

基础之一,德国新历史学派提出的福利国家理论,是社会保障制度赖以产生的直接理论基础。

19世纪末,面对资本主义社会矛盾日益尖锐、工人阶级反对资产阶级的斗争日益高涨的形势,社会改良思潮兴起,一些学者提出了在不改变资本主义生产关系的条件下,由政府通过立法,实行某些社会政策,提高工人的物质文化生活水平,以缓和阶级矛盾、维护现存统治的主张。在这种情况下,施穆勒、布伦坦诺等德国新历史学派的代表人物提出了福利国家理论。新历史学派所谓的福利,就是通过国家的活动,举办一些公共福利事业,间接地对收入实行再分配,以缓和、协调当时的经济矛盾。

基础之二,阿瑟·塞西尔·庇古(A.C.Pigou)的《福利经济学》,为社会保障制度提供了公平化原则。

英国经济学家阿瑟·塞西尔·庇古在《福利经济学》一书中,特别强调两个基本观点:国民收入总量越大,福利越大;收入越平均化,福利越大。两者都会使社会福利得到增进。凡能增加国民收入总量而不减少穷人在国民收入中所占的份额,或者增加穷人在国民收入中的份额而不减少国民收入总量,都意味着社会福利的增进。为使国民收入总量达到极大值,就要进行资源最优的配置。为此,他提出了国家采取最适度的配置措施。

基础之三,凯恩斯经济理论,是第二次世界大战后西方国家制定经济政策和重建社会保障制度的理论依据。

英国经济学家约翰·梅纳德·凯恩斯(John Maynard Keynes)于1936年发表了《就业、利息和货币通论》,他的基本观点是:社会就业量取决于包括消费需求和投资需求在内的有效需求。有效需求是指商品总供给价格和总需求价格达到均衡时的总需求,而有效需求的大小又主要取决于三个基本心理因素,即"消费倾向"、对货币的"灵活偏好"和对"资本未来收益的预期"。资本主义社会之所以存在失业、萧条和出现"富裕中贫困"的现象,就是这些心理因素作用而造成的有效需求的不足。凯恩斯从"有效需求"不足的观点出发,认为必须抛弃传统经济学的自由放任原则,提出通过国家干预、扩大公共福利支出和公共基础设施建设等措施刺激需求增长,实现充分就业;还提出了建立累进税制和最低工资制等观点。凯恩斯的理论取代了经济自由主义的理论,对社会保障的发展具有深远的影响。

基础之四,贝弗里奇的《贝弗里奇报告》,是社会保障思想发展史上的一个里程碑。

1942年,英国的威廉·贝弗里奇(William Beveridge)勋爵着眼于重建战后和平、使英国永获安全感的长远安排,经过周密的调查研究,提出了一份关于社会保险和社会服务的长篇报告——《贝弗里奇报告——社会保险和相关服务》(即《贝弗里奇报告》),

制定了一整套对英国全体公民实行福利制度的指导原则，设计了"从摇篮到坟墓"的福利措施。《贝弗里奇报告》建议社会保障计划应包括：社会保险——满足居民的基本需要，社会救济——满足居民在特殊情况下的需要，自愿保险——满足那些收入较多的居民较高的需要。《贝弗里奇报告》对英国、欧洲乃至整个世界社会保障的思想发展和制度建设具有重要意义。

基础之五，马克思主义思想体系是社会主义国家社会保障制度建立和发展的指引。

马克思主义的诞生及其指导下的工人运动催生了社会主义国家的现代社会保障制度。卡尔·马克思（Karl Marx）在《哥达纲领批判》一书中对费迪南德·拉萨尔（Ferdinand Lassalle）的"在共产主义社会，劳动生产创造的社会财富应该平等属于社会全体成员"的观点进行了批判，并提出了著名的"六项扣除学说"，建立社会保障后备基金。

列宁（Lenin）是马克思主义科学社会主义理论的实践者，在社会保障问题上开创了社会主义社会保障实践的先河。列宁在剖析资本主义社会保障实质的基础上，将争取社会保障权利同争取工人阶级的解放事业紧密联系起来，探索了社会主义社会保障的模式。列宁提出国家保险是最好的工人保险形式、社会主义国家最基本的任务是满足和保障人民的基本生活要求、社会保障发展水平受生产力水平的制约等观点，是马克思主义社会保障思想和理论的重大发展，为社会主义国家的社会保障制度的发展做出了重要贡献。

---

**专栏 2-2　社会保障相关社会理论**

一个社会就是为了其成员的共同利益而去冒险的合作团体。它包含两个方面，即在个体和群体之间，既有利益的认同，又有利益的冲突。社会理论的目的就在于提供一些原理，使我们在不同的社会安排之间做出选择。在对福利国家进行分析时，能够区别开三种主要类型的理论，即自由意志理论、自由主义理论和集体主义理论，下面对后两种进行介绍。

自由主义理论是从"新自由主义"发展而来的。这个理论有三个至关重要的特征。第一，社会是以个体成员为分析单位的。第二，私有财产就生产力、分配和交换而言，其财产的处理本身并不是目的，而是把它作为达成政策目标的手段。第三，自由主义理论包含一条分配原则——平等，且它以某种事实假设为前提。也就是说，在某些情况下，收入的再分配是国家的适当功能。

集体主义理论也是不断变化的，这一理论把工业社会看作由社会阶级组成的，根据它们与生产力手段的关系被狭义地下一定义。私有财产的作用是有局限性的。

> 按照个体的需要，对资源进行配置和分配是国家主要关心的问题之一。民主社会主义者提供了一个间接案例。从某种程度上而言，民主社会主义者带有马克思主义的平等主义色彩，但他们对问题的分析普遍带有浓重的自由主义的思想。
>
> 资料来源：尼古拉斯·巴尔.福利国家经济学［M］.郑秉文，穆怀中，译.北京：中国劳动社会保障出版社，2002.

## 第二节 社会保障体系的形成和发展

### 一、社会保障体系形成的标志

社会保障体系是指国家通过立法对社会成员给予物质帮助所采取的相互独立而又相互联系的各项社会保障子系统的总和。各国普遍建立社会保障体系的阶段是在20世纪40—60年代。

在社会保障发展史中，第二次世界大战可以作为一个分水岭。社会保障在战前往往是各国为了缓和劳资矛盾的一种应急措施，而战后则变成各国政府稳定经济和社会的一种战略性的长远政策。第二次世界大战结束后，美、英等主要资本主义国家在凯恩斯理论的影响下，纷纷宣告以实现充分就业作为制定经济政策的目标，同时实施扩大社会保障支出的政策。战后为了医治战争创伤、恢复经济、安置伤残人员、促进社会稳定，欧美国家进一步以政府名义加强了社会保障制度，并作为长期发展战略的重要组成部分。

苏联认为沙俄时期建立的工伤保险和疾病保险范围太窄、待遇太差，于是在列宁的领导下建立了以国家保障为主体的社会保障体系。此后，东欧、中国及其他亚洲社会主义国家纷纷仿效苏联模式建立了社会保障体系。与此同时，亚非拉发展中国家也普遍建立了社会保障体系。社会保障已成为全世界各国共同采取的社会经济基本制度之一。

### 二、社会保障体系的基本内容

各国社会保障体系的内容千差万别，但从其项目的划分和组合来看，还是万变不离其宗。社会保障体系就社会保障内容来界定，大致可分为社会保险、社会救助、社会福利、优抚安置等子项目。

## （一）社会保险

### 1. 社会保险的特征

社会保险是以国家为主体，对有工资收入的劳动者在暂时或永久丧失劳动能力，或虽有劳动能力而无工作亦即丧失生活来源的情况下，通过立法手段，运用社会力量，给这些劳动者以一定程度的收入损失补偿，使之能继续维持基本生活水平，从而保证劳动力再生产和扩大再生产的正常运行，保证社会安定的一种制度。

社会保险是社会保障体系中的核心，保障劳动者能够抵御在全部生命周期中发生的使他们失去工资收入的生、老、病、伤、残、失业等风险，社会保险基金占社会保障基金的极大比重。

（1）普遍性。对于劳动群体来说，不可避免地要面对生、老、病、伤、残、失业等风险，因而针对这些风险的社会保险带有普遍性。

（2）强制性。社会保险通过国家立法推行，要求符合一定条件的劳动者必须参加。

（3）互济性。参保人定期缴纳保险费，建立社会保险基金，当其中有人遭遇风险而受到经济损失时，可以按规定领到一定数量的保险金，实现风险分担、互助共济。

（4）补偿性。社会保险的给付不与工资相等，从社会保险那里得到的收入损失补偿，只能保障参保人的基本生活需要。

（5）储蓄性。就个人而言，从参加社会保险开始便按规定长期缴费，等于为自己储蓄了一笔费用，供遭遇风险时使用，以渡过难关；就社会而言，也是一种储备基金。

（6）自我保障性。按照社会保险的本质，保险津贴给付应当完全取决于保险供款，只有当资金实在不敷给付之际，政府才予以最后补助，以自我保障为基本原则。

### 2. 社会保险的内容

社会保险主要包括养老保险、医疗保险、失业保险、职业伤害保险等内容。本书除某些具体项目的论述外，将生育保险纳入医疗保险范畴。

（1）养老保险。养老保险是指按照法律规定，参保的劳动者达到一定年龄，即依法认定其进入老年阶段，解除其劳动义务，由社会给予工资补偿保障其安度晚年的制度。养老保险是社会保险中最重要的项目，因为与其他保险项目相比，它的覆盖面最广，参保人享受待遇的时间最长，可能是10年、20年，甚至更长。但是，一个国家在经济和社会发展水平不高时，不可能把老年人都包括在社会保险范围之内，只有经济和社会发展到一定水平时，才有可能把养老保险扩展到城乡全体居民。养老保险必须贯彻切实保障老年人基本生活的原则，因此，养老金水平要适度，并且要随着物价的上升不断调整，还要贯彻让退休的老年人分享社会经济发展成果的原则，在社会平均消费水平提高时，养老待遇也要相应提高，以避免他们的待遇相对下降。

（2）医疗保险。医疗保险是指劳动者乃至全体国民在患病、生育时期，可以从社会组织（企业、社区）和国家获得医疗服务、休假、费用报销和收入补偿。医疗收入补偿与工资呈正相关关系，即工资越多、缴费越多，劳动者获得的费用支持也越多。这里，十分明显地贯穿着一种贡献大、收入补偿多的原则。但在任何情况下，医疗收入补偿也不应高过原工资水平，最多与原工资标准持平，后者可视为上限。此外，医疗收入补偿有一定的期限，超出规定期限不再置于医疗保险范围之内，而是转入社会救助领域，改领社会救助费。

（3）失业保险。失业保险是指对那些由于非本人原因暂时失去工作的劳动者给予物质补偿的制度。在现代市场经济条件下，失业不可避免。失业者享受保险待遇是有条件的，即失业前必须工作过或缴纳过一定时间的保险费；失业后立即到职业介绍机构登记，表示有劳动意愿等。领取失业保险金有一定期限，超过这个期限，就失去领取资格，否则不利于失业者再就业。若到期仍未找到工作，则转入社会救助领域，改领失业救助金，救助金的水平要低于失业保险金。

（4）职业伤害保险。职业伤害保险是指劳动者因工（公）导致伤、亡、病、残而被给予的医疗救治、经济补偿和职业康复服务保障。职业伤害不管出于什么原因，不管责任在个人还是企业，负伤者均有权享受社会保险待遇，即"补偿不究过失"原则；同时，职业伤害保险个人不缴费，资金都来自雇主，政府只在特殊情况下给予资助。这样规定，目的是促使雇主改善工作条件，加强职业安全管理。

### （二）社会救助

社会救助是国家通过国民收入再分配，对因自然灾害或其他经济、社会原因而无法维持最低生活水平的社会成员给予救助，以保障其最低生活水平的制度。

**1. 社会救助的对象**

社会救助的对象与社会保险不同，主要有三类。

第一类是指无依无靠又没有生活来源的国民。这类国民绝大多数属于长期救助对象，多半是孤儿、无社会保险的劳动者、长期患病者、未参加社会保险且又无子女和配偶的老年人。

第二类是指有劳动能力并有收入，但意外灾害降临，遭受沉重的财产甚至人身损失，一时生活困难的人。这类救助起因于突发性和损害程度很大的灾害，难以预测和预先加以防护。既然生活困难源于客观因素，给予社会救助是完全应当、合情合理的。

第三类是指有收入来源，但生活水平低于或仅相当于国家法定最低标准的国民。这里包括的国民类别很多。例如，工资收入过少，不能使家庭达到法定最低标准生活水平的劳动者；有失业保险金的失业者，在享受津贴期满之后仍未找到工作；有养老金的老年人，或是因为要供养配偶和未成年子女，或是因为长期患病而入不敷出。残疾人也属这类救助对象。

从国际上看，最不发达国家属于需要国际组织给予救助的对象。按照联合国规定，凡人均国民生产总值低于750美元、人力资源薄弱以及经济多样化程度低的国家，均属最不发达国家，由联合国给予一定救助。这类国家绝大多数集中在非洲和亚洲地区，可以说是国际社会的"贫困户"，需要国际社会的帮扶。

**2. 社会救助的内容**

社会救助的内容可以归结为两大类。

（1）贫困救助。救助对象主要是突遭疾病、死亡以及因工作单位破产倒闭而影响基本生活的城乡困难户，包括一些因季节性用工而收入不稳定的人员。对他们的救助，主要是解决贫困问题，保障他们享有最低生活保障。

（2）灾难救助。灾难救助是指对因为受到洪水、地震、台风、火山爆发等自然灾害的侵袭而失去生活来源的人员的救助，也包括对发生战争地区的人民的救助。

救灾工作的主要形式有三种：第一，紧急救助行为，一般是紧急赠送食品、衣物、医疗、住房和资金；第二，灾害预防，这是积极的手段，防患于未然；第三，灾害预警服务。

## （三）社会福利

社会福利与社会保险、社会救助相比，是社会保障体系的最高层次。它有三种类型。第一，公共福利事业，这是国家或社会团体兴办的以全体社会成员为对象的公益性事业，如教育、科学、环境保护、文化、体育、卫生等设施。第二，特别的、专门性的福利事业，主要是民政部门为残疾人、孤儿、生活无着的老年人等具有特殊需要而又无力自理的人举办的疗养院、教养院等；此外，政府对突发性的传染病或其他灾害拨付的救助款项也属于这一类。第三，局部性或选择性的福利措施，主要是国家为照顾一定地区或一定范围内的国民对部分必要生活资料的需要而采取的优惠措施。

**1. 社会福利的特征**

（1）在权利义务方面，它与社会救助一样是单向型的，甚至更强调国家和社会对国民的直接责任。

（2）在资金来源方面，它与社会救助一样是单一型的，但它更重视用人单位和社区在资金供给方面的作用。

（3）在保障手段方面，它与社会保险、社会救助不同，更突出服务性，尤其重视提供服务和设施。

（4）在保障获取方面，它有别于社会保险、社会救助，强调普及性，"人人有份"。

（5）在保障标准方面，与社会保险、社会救助不同，它强调一致性，无论贫富贵贱都是一个标准。

**2. 社会福利的形式**

任何国家施行的任何一种社会福利，都摆脱不了四种形式，即现金、实物、社会服务和教育培训。

（1）现金形式的给付。例如，鼓励生育的国家实行的按月向多子女家庭提供的子女补助。法国向生育第一个孩子、原本有工作的母亲在生育后两年内没有工作，会发给特殊补贴；日本对无父儿童提供无须偿还的义务教育贷款；美国若干行业实行"补充失业津贴"，作为失业保险待遇的补充等。

（2）实物形式的给付。例如，英国中小学学生免费午餐；丹麦向残疾人提供免费假肢等。

（3）社会服务的提供。例如，丹麦对体弱多病的老年人提供电话传呼服务——"老年人电话服务网"；发达国家对失业工人实行免费就业咨询；日本设立专门收容6岁以上受虐待儿童少年的"儿童之家"等。

（4）教育培训项目的提供。如大学生奖学金、大学生贷款、学龄前儿童教育、残疾儿童教育、在职者的业务培训等。

**3. 社会福利的内容**

（1）未成年人福利。未成年人泛指劳动年龄或学校毕业年龄以下的婴儿、幼儿、学前儿童、青少年；若继续就读于职业高中、高等学校，年龄可一直延伸到18岁、21岁，甚至25岁。

未成年人福利包括：第一，普遍的未成年人福利，如国家和集体组织举办的托幼事业、学前教育、儿童健康指导、娱乐活动、学生免费午餐、妇幼保健、优生咨询、免费体格检查、儿童卫生中心服务、早产儿照顾、家庭看护、营养示范教育、义务教育、大众传播工具发展、未婚母婴照顾，以及未成年人福利专业人员培训等；第二，不幸未成年人福利，如领养未成年人的监护人津贴、未成年人死亡补助等；第三，生活困难家庭的未成年子女补助。

（2）老年人福利。老年人福利的提供不以有无退休收入为依据。老年人福利包括：老年人优待旅行和娱乐、老年人免费检查健康状况、敬老院和托老所、老年人电话服务、老年人家庭服务、老年人俱乐部服务、长寿老年人补助等。

（3）残疾人福利。残疾人福利包括：向残疾人免费提供假肢、康复服务、就业训练、福利生产，以及与不幸未成年人福利难以截然分开的盲童学校、聋哑学校、特殊教育等福利项目。

（4）劳动者福利。劳动者福利指在职者和失业者享受到的社会福利服务，如冬季取暖补贴、探亲补助、交通费补贴、集体福利设施营建、农副产品补贴、文娱体育宣传补助、生活补助，以及企业举办的种种集体福利事业、房租优待等。

一般来说，一国经济发展水平越高，它的社会福利所包括的内容越广泛；在经济欠发达的国家，社会福利的内容不可能太多。

### （四）优抚安置

优抚安置属于社会保障中的特殊保障，其保障对象包括现役军人及其家属，退伍、复员、转业军人，军队离退休人员，牺牲或病故军人家属，革命伤残军人及特殊时期的特殊对象。他们是社会上最受尊敬的人，因为他们对国家和社会做出了重大贡献，所以提供的保障基金较高，服务也较多。

## 三、社会保障体系的功能

### （一）社会保障体系的社会功能

社会保障体系的社会功能在于为整个社会经济的正常运行创造良好的环境，维持社会经济的有序运行，使国民经济和整个社会有机体得以持续、稳定、均衡、协调发展，主要表现在以下四个方面。

**1. 社会保障体系是保持社会稳定和经济发展的必要手段**

无论是英国的"旧济贫法"和"新济贫法"，还是德国的社会保险体系，虽然都隐含着维护社会稳定、缓和劳资矛盾的目的，但只有到1935年美国根据凯恩斯理论制定了《社会保障法》后,才真正将社会保障体系作为保持社会稳定和经济发展的必要手段。

第二次世界大战后,美、英等主要资本主义国家将实现充分就业作为制定经济政策的目标,推动了其社会保障体系的发展与完善。这也在一定程度上缓和了资本主义社会的内在矛盾,有利于西方国家保持其社会的稳定并获得经济发展。因此,可以说社会保障体系是资本主义制度实现"自我完善"、延长其生命周期的主要因素之一。

**2. 社会保障体系促进社会文明进步**

从整体上讲,社会保障基金的来源是国民收入的再分配,但就参保人个体而言,则是由全体社会成员缴纳劳动成果形成的共同基金。当某一参保人从社会保障中得到的利益大于其缴纳金额时,实质上他就得到了其他社会成员的资助;而当某一参保人从社会保障中得到的利益小于其缴纳金额时,他就对获得社会保障资助的其他社会成员提供了帮助。社会保障在横向上是各社会成员间的彼此互助互济;在纵向上则是不同年龄劳动者的代际赡养、抚育,是代际互助互济。这种互助互济有利于社会成员间的团结,有利于代际的沟通,有利于社会体制、道德观念的维护和延续,促进社会成员、社会各阶层为共同的利益而努力工作。

**3. 社会保障体系维护社会公平**

从社会保障体系本身的内容和性质上看,它表征的关系和对人的意义主要体现为公平。公平从本质上讲就是分配的正义问题,是社会各种资源、利益以及负担在分配上的正义,表现为"给每一个人他所应得的"[①]这种基本的形式。

具体而言,社会保障体系的公平价值主要表现在两个方面。第一,社会保障对机会公平的保障作用。完善的社会保障制度是面向全体社会成员的,任何社会成员只要符合法律规定的条件,不论其地位、职业、民族、性别、年龄等,均被强制性地纳入社会保障范围,因此,每一个社会保障项目对于其适用范围的社会成员而言,是一种机会公平的保障。第二,社会保障对起点公平和结果公平的促进作用。社会保障具有补偿功能,避免社会成员因先天不足或某些社会风险的侵害而陷入生存困境,导致起点的不公平,通过为社会成员提供基本生活保障,恢复社会成员的基本生存能力,使他们重新投入社会生活之中。社会保障实质上也是一种再分配政策,通过社会保障基金在高收入者和低收入者之间的转移支付,使国民收入分配向低收入者倾斜,具有调节收入分配、缩小贫

---

① A.J.M·米尔恩.人的权利与人的多样性—人权哲学[M].夏勇,张志铭,译.北京:中国大百科全书出版社,1995:58.

富差距的作用，减少社会成员在分享社会发展成果中的不公平。

**4. 社会保障体系是影响人们消费、就业等行为的政策工具**

社会保障体系作为一项政策工具，可以影响人们的消费、就业等行为，从而影响经济的发展。

社会保障体系对消费行为的影响可以这样来分析。它将人的一生分为儿童、成年和老年三个阶段。假定一个人只有在成年阶段才工作并有收入，那么他必然要在工作期间把他的收入分成三个部分，一部分用于即期自身消费，另一部分要储蓄起来用于其老年退休后的消费，还有一部分要在即期或将来用于抚养下一代。这三个部分的比例既取决于他的消费偏好和选择，也取决于环境（包括社会保障体系）的影响。

社会保障体系对就业行为的影响主要表现在人们对工作与闲暇的偏好及对职业和退休时间的选择上。对于偏好闲暇的人们，社会保障体系越完善，就越容易诱使其自愿失业；而对于偏好工作的人们也可能会影响其对职业的选择，即宁愿失业也拒绝从事某些职业。高养老金及宽松的享受条件往往会诱使人们提前退休，从而会增加社会保障的负担。此外，还应注意到过高的社会保障费用会促使雇主减少其雇用的员工人数，从而减少就业机会，进一步增加社会保障的负担。由此可见，当社会保障"过度"时，就会对就业乃至经济发展产生不利的影响。

## （二）社会保障体系的经济功能

社会保障的产生和发展与经济增长密切相关，是国民经济的重要组成部分。一方面，社会保障受经济发展水平的影响，另一方面，社会保障的发展对经济发展具有促进作用，主要体现在三个方面。

**1. 社会保障能够调节社会总需求，熨平经济波动**

当经济下滑或者发生经济危机时，失业率上升，家庭收入水平下降。这时对失业和经济困难人员给予物质帮助，有助于恢复社会购买力，进而助推经济复苏；当经济过热时，失业率下降，家庭收入上升，社会购买力提升。此时社会保障支出适当缩减，适度扩大社会保障基金规模，一定程度上抑制社会需求的膨胀。因此，社会保障以支出为手段，调节社会总供给与总需求的关系，有效抑制经济过热或过冷现象，熨平经济波动，促进经济良性发展。

**2. 社会保障能够改善就业结构，有利于稳定就业**

现代社会保障体系中的失业保险包括失业保险金待遇和再就业职业培训等内容，劳动者因产业结构调整或因知识陈旧、技术过时而被排挤出劳动队伍,除享受失业保险金待遇以外,还能以各种方式进入社会保障就业机构接受劳动技能培训与教育。以英国为例,英国建立了人力服务委员会,该委员会下设就业服务部、培训服务部和特殊项目服务部。其中,就业服务部管辖全国各地上千个职业中心或就业办公室。三个机构的主要任务是对失业者进行就业指导,组织他们参加"积极的就业行动",为转换工作进行专业训练等。

**3. 社会保障能够积聚发展资金,完善资本市场**

社会保障体系的一些保障项目,如社会保险的各险种从收取税(费)到组织保险金给付,中间相隔十几年甚至几十年,在这一段时间内,社会保险主管部门掌握着巨额社会保险基金,这笔基金在尚未发生给付前,事实上都以各种形式成为经济发展资金的重要组成部分。从某种意义上来说,没有社会保险基金的投入,西方发达国家既不可能形成完整的资本市场,也不会有持续增长的繁荣经济。此外,社会保险基金的运用,使其投资者成为资本市场的稳定力量和竞争对手,打破了资本市场保持的原有平衡,给市场增添新的竞争活力,这不仅能增加经济增长所必需的资本投入,增大长期资本投入的比例,而且有助于投资者实行稳健的投资策略、适时调整投资结构、加强投资管理、提高投资质量和效益。

### (三)社会保障体系的政治功能

社会保障制度最早在西方资本主义国家建立,建立的主要原因是缓和社会矛盾、维护社会稳定、巩固统治阶级的利益。以德国为例,在19世纪70年代,德国工人阶级和资产阶级的矛盾日益尖锐,为维护政权稳定、巩固资本主义生产方式,社会保障制度应运而生。

在社会主义国家,其本质是解放生产力,发展生产力,消灭剥削,消除两极分化,最终达到共同富裕。社会保障制度促进了国民财富的收入再分配,有利于实现缩小社会贫富差距、增进社会整体福利的目标,是社会主义国家实现共同富裕目标的一项重要手段,能够从根本上维护社会的和谐稳定。在中国,建立和完善社会保障体系是中国共产党坚持以人民为中心的发展思想、让广大人民群众共享改革发展成果的具体体现,深刻彰显了中国共产党执政为民的理念。

## 四、社会保障体系的发展阶段及其特征

社会保障实践事实上存在并发展了几千年,并且呈阶梯状上升趋势。科学划分社会保障的不同发展阶段,考察不同阶段的社会保障发展实践,目的在于了解社会保障制度

的客观发展规律,并正确认识我们今天所处时代所需要的社会保障制度。具体来说,社会保障体系可以划分为以下三个发展阶段:一是社会救助型发展阶段,二是社会保险型发展阶段,三是社会福利型发展阶段。

## (一)社会救助型发展阶段

国家的建立,使社会保障成为一种必要的稳定机制。但在漫长的农业社会里,社会保障始终处于社会救助型发展阶段。在这一阶段,东方国家主要是封建王朝或政府承担着救灾济贫责任,而西方国家多由各种宗教组织开展救灾济贫事务,政府在社会救助中的作用则是逐渐介入的。

社会救助型发展阶段的特点可以概括为五个。

**1. 性质上是居高临下的施舍型**

无论是西方的宗教慈善事业,还是东方所采取的救灾济贫措施,由于统治者与被统治者的不平等,加之并没有相应的法律制度来规范这种行为,从而都是统治者对被统治者居高临下的施舍。因此,接受救助者不得不对给予救助者感恩戴德,两者处于极不平等的地位。

**2. 根本目的是防止被统治者反抗**

社会救助型社会保障的根本目的,既不是为了真正解决社会成员中的贫困现象,也不是真正保障社会成员的生存权利,而是为了防止被统治者在因灾或因不幸事件陷入生存困境时发生与统治者直接对抗的行为。因此,社会救助型社会保障是统治者的"灭火器",这与现代社会保障制度有根本区别。

**3. 保障项目极端有限**

基于社会救助型社会保障的施舍性质和"灭火"职能,加之受当时经济发展水平的局限,这一阶段的社会保障项目在世界各国都是极为有限的,并集中体现在救灾济贫以及对军人的优抚项目上。救灾项目也仅限于赈款救灾、赈谷救灾、以工代赈等内容;与救灾措施相比,济贫措施显得更为薄弱,基本上限于对部分无家可归、无力生存的孤老残幼进行有限的临时救助,它只能看作是对救灾措施的补充;优抚则是较为制度化的一个社会保障项目,它面向服役军人及家属,包括死亡抚恤、伤残抚恤及对军人家属的有关照顾等内容。由此可见,社会救助型社会保障的项目是十分有限的。

**4. 保障水平极端低下**

由于社会救助型社会保障事实上并不是一种必行的社会政策,加之受当时财力的局限,其保障水平是极端低下的。例如,多数情况下的救灾是采取赈谷救灾的方式,但赈谷也不过是临时的应急之策,从而反映了社会救助型社会保障水平的极端低下。

**5. 保障效果较差**

由于项目太少、水平太低,社会救助型社会保障的实施效果较差,不仅不能解决全体社会成员的生存保障问题,而且也不能真正解决得到救助的社会成员的生存问题。

从上述分析可见,社会救助型发展阶段只是社会保障制度发展进程中的初级阶段,它虽然是现代社会保障制度的渊源所系,但又不能与现代社会保障制度相提并论,只是一种结构单一、水平极端低下、未能制度化的社会保障措施。在这一阶段,社会救助与社会保障几乎是范围相近甚至可以等同的概念,而在现代社会,社会救助除性质、目的发生变化外,只是社会保障体系中一个起基础作用的子系统而已。

## (二)社会保险型发展阶段

18世纪的工业革命,敲开了人类社会由农业社会进入工业社会的大门。由于劳动者的城镇化与职业化,使其真正成为无产者,如果发生年老、疾病、失业、工伤、生育等事件,便意味着失去了收入来源和生活保障,而无法生存的社会成员是社会不稳定的最大致因。因此,各国执政者不得不在继续对贫民、灾民进行救助的同时,把建立面向劳动者的社会保险制度提到重要位置来考虑。随着工人队伍的迅速壮大,直接面向劳动者的各种社会保险项目作为工业化与市场经济的产物,就成了全体社会成员最迫切、最普遍需要的保障,这种需求与各国政府致力于社会保险制度建设的共同作用,使社会保障制度完成了由社会救助型向社会保险型进化的转变。

社会保险型发展阶段的特点可以概括为五个。

**1. 性质上是权利与义务结合型**

以这一阶段社会保障体系中的主体内容——社会保险为例,尽管政府与企业均承担着一定的保障职责,但劳动者要享受社会保险待遇,仍须承担相应的缴费义务。因此,权利与义务相结合是社会保险型社会保障的基本特征。

**2. 根本目的是解除社会成员的后顾之忧**

在社会保险型社会保障中,社会救助仍然面向陷入生存困境的贫民和灾民,而社会保险则面向劳动者,它保障的不是劳动者已经发生的生存危机,而是其可能发生的收入丧失或剧降的风险,其目的在于解除劳动者的后顾之忧,并通过对劳动者的保险保障来解决其家庭生存危机。因此,社会保险解决的是社会成员的未来或可能风险,而社会救助解决的则是社会成员的现时和现实风险,社会保险型社会保障显然较社会救助型社会保障产生了质的飞跃。

**3. 保障项目是膨胀型**

社会保险的内容包括了对劳动者的年老、疾病、工伤、失业、生育事件的保险,项目膨胀是这一阶段的重要特征。在这一阶段,除原有的各种社会救助项目、军人优抚项目外,社会保险成了社会保障体系中的一个独立的子系统,其项目有养老保险、医疗保险、工伤保险、失业保险、生育保险等。这些项目虽然不一定同时出现,但对于市场经济体制而言,却是缺一不可的。因此,项目膨胀是社会保险型发展阶段的重要特征。

**4. 保障水平是基本保障型**

社会保险是工业化和市场经济的产物,与社会救助型社会保障相比,社会保险显然具备了为全体社会成员提供基本生活保障的经济基础。在社会保险型发展阶段,社会救助水平得到了相应的提高,而社会保险项目的保障水平更是普遍高于社会救助项目,从而使社会成员的基本生活得到保障,如养老金就能够保证退休老年人的基本生活而不是仅仅维持其生存。因此,社会保险型发展阶段提供的基本生活保障,是社会保障进入新发展阶段的重要标志。

**5. 保障过程强制化和规范化**

由于提供社会保障成为国家和社会的重要责任,而享受社会保障成了社会成员的基本权利,社会保障便进入了强制化和规范化阶段。例如,各种社会保险项目的保障范围、保险水平、实施程序以及社会救助等,无一不以相关的法律法规、政策为具体依据,并严格依照法律法规、政策的规定来运作。因此,社会保险型社会保障是强制化和规范化的社会保障制度。这一特征表明,社会保障不再是统治者对被统治者的恩赐与怜悯,而是国家和社会一项应尽的职责,社会保障的提供者与社会保障的享受者在法律上处于平等地位。

总之,社会保险的出现及普及化,标志着近代社会保障进入了现代社会保障阶段,即社会保险型发展阶段,它是保障项目较多、水平适度并制度化发展的社会保障制度,从而属于社会保障制度发展的中级阶段,也是最为重要的阶段。

**(三)社会福利型发展阶段**

当生产力水平得到了高度发展和社会经济发展到相当的阶段后,在社会保险已经普及化的基础上,社会成员便必然要求不断地通过社会保障项目来提高生活质量,从而使社会福利逐渐成为社会成员最关注和整个社会最重视的社会保障问题，并开始进入社会福利型发展阶段，这是社会保障发展的最高阶段，也是社会保障发展的最后阶段。

社会福利型发展阶段的特点可以概括为四个。

**1. 性质上是全民福利社会**

社会福利型社会保障可以使全体社会成员享受到多方面的社会保障，除社会成员按有关条件分别享受社会保险、社会救助、军人保障等待遇外，社会福利项目的多样化使之真正成为全民共享的保障待遇。因此，国家和社会提供社会保障的责任进一步加重，而社会成员享受社会保障的权利进一步得到加强。

**2. 根本目的是提高社会成员的生活质量**

在这一阶段，社会成员的基本生活因为有普及化的社会保险和规范化、适度化的社会救助等，得到了国家和社会的保障。因此，在保持原有的社会保险、社会救助等社会保障措施的基础上，国家和社会设置各种社会福利项目的根本目的，是使社会成员的生活状况得到进一步的改善、生活质量得到提高。这一特点表明，社会福利型发展阶段是高水平的社会保障阶段。

**3. 保障项目实现完备化**

在社会福利型发展阶段，原有的各种社会保险、社会救助等保障项目不可能被取代，仍将持续得到发展，而社会福利项目则不断增加，并逐渐发展成为一个包括老年人福利、妇女福利、残疾人福利、儿童福利、福利服务等多种福利项目在内的新型社会保障子系统。因此，社会福利系统的建立及完善，使社会保障成为一个由多个子系统和若干具体项目组成的庞大的"保障家族"，它们共同构成了完备的社会保障体系，既从各个方面保障着全体社会成员的基本生活权益，又能够使社会成员的生活质量从多个方面得到真正提高。因此，社会福利型社会保障是项目、内容完备化的社会保障制度。

**4. 实施过程进一步社会化**

社会福利在许多发达国家的实践中，所表现出来的实施规律是官民结合实施。一些国家甚至主要依靠各种社会公益团体、民营组织来实施社会福利，从而使社会保障进一步走向社会化。从世界范围来考虑，一些西方发达国家事实上已经进入了这一时期。例如，被誉为西方"福利国家的橱窗"的瑞典以及英国等福利国家，均是高福利、全民福利国家。因此，社会福利型发展阶段是保障项目众多且日趋复杂化、保障水平较高且日益上升、制度化的同时实现规范化和社会化的社会保障时期。

# 第三节 世界社会保障体系的改革和发展趋势

## 一、社会保障体系改革的动因

20世纪60年代，现代社会保障制度经历了一个辉煌时期。1973年石油危机爆发，西方发达国家经济发展停滞不前，经济危机导致社会保障收入紧缩，社会保障体系持续发展的经济基础不再牢靠，各国纷纷踏上了改革之路。

### （一）社会保障财政支出压力沉重

20世纪60年代后，社会保障制度得到空前的扩展，发达工业化国家为年老、抚养儿童、生育、失业、患病、长期丧失工作能力者或残疾人提供现金津贴，在必要时甚至提供免费或实际上免费的医疗保健照顾，而且经常把医疗保健扩大到包括牙科、眼科、伤残康复以及特种预防等康复项目。另外，提供现金津贴的期限也在不断延长，特别是对于长期丧失工作能力者和残疾人更是如此；一些国家还为失业者提供较长期的保护。过于慷慨的社会保障承诺一旦遭遇普遍性经济危机，其缺陷便暴露无遗，各国财政不堪重负。以英国为例，1970—1979年，国民年金支出77.19亿英镑，社会保障支出占公共支出总额的50%。受社会保障支出刚性影响，只得动用财政进行填充，造成政府财政负担沉重。[①]

### （二）全球面临人口老龄化的难题

据世界银行的调查与预测，1990年世界60岁以上人口总数为5亿人，占世界总人口的9%；到2030年60岁以上人口数将增加到14亿人，约占世界总人口的18%。这些新增老年人口有一半将来自亚洲，1/4来自中国。

随着全球人口的老龄化，全球范围内的养老保险制度面临着严峻的挑战。非正规的以社区和以家庭为基础的保障方式正在趋于衰落。正规的养老保险制度则被日益增长的费用所困扰。全球人口寿命延长导致养老负担日益沉重。据统计，发达国家平均预期寿命已在80岁左右。另外，很多国家正面临出生率下降的困扰。所有这些原因，结果都必然形成庞大的被赡养人口，这将增加劳动人口的负担，出现了"超负荷的压力"。因此，21世纪三四十年代，养老金和医疗费用的增加，使财政预算逐渐吃紧，财政开支面

---

[①] 杨燕绥. 社会保障[M]. 北京：清华大学出版社，2011：48.

临极大的压力，政府在社会保障体系中艰难实现对国民的承诺。

### （三）福利扩张的速度快于经济增长

在西欧和北欧，福利扩张在 1960—1975 年达到了顶峰，扩张的速度明显快于经济增长的速度。英国、法国、德国、意大利、比利时等国，这期间国内生产总值增长率为 26%～46%，而社会保障开支增长率为 56%～91%，后者比前者快一倍左右。1982 年比 1972 年英国福利性支出增长 46 倍，而经济只增长了 32 倍。据统计，1960—1990 年，经合组织成员国的政府总开支占国内生产总值的比重从 281% 上升到 438%，其中开支最大的份额是社会保障基金和各种福利费用。这 30 年中，经合组织成员国社会保障开支占国内生产总值的比重上升一倍多，从 7% 上升到 15.4%，保健开支占国内生产总值的比重也翻了一番，从 39% 上升到 78%。养老金是资金规模最大的预算项目，在政府公共开支的增量中，有 1/4 用于支付养老金。总之，社会保障费用负担过重是形成庞大预算赤字的主要原因之一，特别是在经济不景气的时期，政府财政更是不堪重负。

### （四）福利依赖严重带来高失业率

20 世纪 90 年代，除东亚和东南亚诸国失业率稍低（只有 2%～3%）之外，其他地区如西方发达国家普遍都在 10% 左右。

在社会保障水平很高的西方发达国家，政府对失业者较丰厚的福利待遇以降低工作报酬和劳动者工作积极性为代价，一些失业者不再积极地寻求新的就业岗位而长期依赖社会福利。福利国家制定普遍的高标准福利待遇的初衷是为了稳固执政党的政权以及战后社会的稳定，但带有"社会民主主义"性质的福利模式在一定程度上削弱了资本主义市场这只"无形的手"的自我调控能力。在北欧一些国家，劳动者的收入与不劳动者的福利补贴没有太大差别，劳动者甚至还要缴纳较高的税额，这样带来的结果便是失业率居高不下，没有适当的激励机制来提高劳动者的积极性，进而出现掉入"贫困陷阱"和"失业陷阱"的社会现象。

### （五）社会保障制度自身存在问题

在发达国家，随着现代科技水平和管理能力的提高，人们对社会保障事务的管理也提出了进一步的要求。一直以来，政府承担着国民社会保障的主要责任，因而社会保障被想当然地视为政府的职责，忽视了社会保障的个人责任。同时，随着发达国家的劳动力市场发生变化，如妇女就业率的提高，社会保障对象的规模和群体发生了变化，但社会保障制度并没有随即进行调整。

此外，由于公共部门的运营效率低下，使政府管理的社会保障体系机构臃肿，服务欠佳。而20世纪70年代兴起的金融自由化浪潮使各类私人保险和投资基金发展迅速，这又加剧了人们对社会保障体系的误解。

## 二、社会保障体系改革的成效

### （一）改革使福利国家经济回暖，失业率下降

西方资本主义国家20世纪70年代出现经济滞胀现象，社会保障制度由此陷入困境。20世纪80年代开始，社会保障体系改革的大幕逐步拉开，其中改革力度较大的有丹麦、荷兰、瑞士和英国等国家，这些国家的经济增长率在改革后十年平均增长了0.5%；社会保障体系不改革或改革力度较小的国家如奥地利、比利时、法国、西班牙，改革后的十年间经济增长率平均下降了1.1%。1994—1997年对社会保障体系改革力度较大的国家，失业率平均为5.5%，比例有所下降；对社会保障体系改革力度较小的国家失业率平均为11.8%，失业率高于社会保障体系改革力度较大的国家（见表2-1）。

表2-1　　　　　　欧洲8个国家失业率比较（1994—1997年）

| 不改革或改革力度较小的国家 | 失业率（%） | 改革力度较大的国家 | 失业率（%） |
| --- | --- | --- | --- |
| 奥地利 | 5.3 | 丹麦 | 5.4 |
| 比利时 | 9.0 | 荷兰 | 5.5 |
| 法国 | 12.3 | 瑞士 | 4.1 |
| 西班牙 | 20.6 | 英国 | 7.1 |
| 平均 | 11.8 | 平均 | 5.5 |

资料来源：杨燕绥.社会保障[M].北京：清华大学出版社，2011：50.

### （二）改革使欧洲国家财政赤字问题得到缓解

在社会保障高福利和人口老龄化等因素共同作用下，不少欧洲国家社会保障支出迅速上升，进而需要政府财政弥补，这使公共支出居高不下，由此引发的财政赤字问题通过社会保障体系改革得到了一定程度的缓解。

以英国和瑞典为例。英国改革的理论基础是主张发挥市场机制作用的新右派理论，其中最有代表性的是哈耶克和弗里德曼。哈耶克提倡自由体制，反对以牺牲效率换取平等的政策。撒切尔政府信奉新右派理论，强调发挥市场机制的作用，减少国家对经济的干预和调控，对社会福利制度进行改革。英国是欧洲第一个对养老保险制度进行改革的

国家，改革从总体上削减了政府养老金的给付总量，其国家基本养老金在国内平均收入水平中所占的比重下降，从1976年的26%到2005年的15.5%，提高了个人在养老保险体系中的作用，一定程度缓解了政府财政压力。20世纪90年代，瑞典进行了社会保障体系改革，建立名义账户的同时进一步严格养老金领取标准并降低给付水平，其中包括降低了健康保险的津贴、延迟获得养老金的年龄等。同时严格控制和压缩社会保障行政管理机构的费用，加强对公共开支的限制，减少国家对于个人的补贴。1993年瑞典社会福利支出与公共支出分别占国内生产总值的38.6%与67.3%，1999年该比例分别为32.7%与55.4%，比例都有所下降，使得财政收支缺口逐步缩小，于1998年消除了财政赤字。可见，英国和瑞典在社会保障体系改革之后缩小了国家财政收支缺口，减轻了政府的财政压力。

### （三）改革推动了欧洲个人养老储蓄账户和职业年金起步

从20世纪末到21世纪初，为减轻沉重的社会保障财政负担、过高的社会保障水平对经济发展产生的不利影响以及应对人口老龄化，欧洲国家推行多支柱的养老保险体系，相继引入了个人养老储蓄和职业年金计划。瑞典引入个人养老储蓄计划、爱尔兰推出PRSA个人养老金计划、波兰引入个人退休账户计划、德国推出第三支柱"里斯特"养老金、比利时同期推出养老储蓄基金等。2005年，欧洲基金与资产管理协会出台"建立欧洲个人养老金账户立法建议报告"，主张推动个人养老金账户的发展，建立欧洲各国养老金转移接续的具体办法。欧洲各国也相继推出职业年金计划，2005年，职业养老金计划的覆盖率（占雇员的百分比）奥地利为16%、比利时为33%~50%、丹麦为90%、法国为100%、爱尔兰为38%。

与此同时，各国养老金支出占GDP的比重在一定程度上都有降低，波兰由2003年的13.84%降到2008年的11.59%，克罗地亚由2001年的12.04%降到2008年的9.8%。各国的失业率在2000年之后也有较明显的下降，尤其是克罗地亚失业率从20.5%下降到8.4%，保加利亚从19.9%下降到5.6%等。

在2021年《全球养老金指数报告》中，从个人养老金计划、公共养老储备金、受保护的账面储备金以及养老保险计划所持有的养老金资产占GDP比重情况的得分（满分10分）来看，爱尔兰约为2.2分，瑞典约为7.4分、比利时约为2分，德国约为1.2分。从个人养老金计划占退休福利比重情况的得分（满分10分）来看，瑞典约为7.5分，芬兰约为7.5分，法国约为5分，德国高达10分。不难发现，通过推行多支柱养老保险体系，提高了欧洲国家在国际金融市场上的竞争力，缓解了福利国家传统的福利制度难以维持、养老保险面临严峻挑战的压力，同时推动着欧洲国家个人养老金和职业年金的发展。

### 三、社会保障体系改革的主要趋势

社会保障制度的发展是一个动态的、不断完善的过程。诞生于19世纪德国的现代社会保障制度，已经经历了一个多世纪的发展演变，其所涉及的诸多领域都已经趋向成熟。但随着经济的不断发展，人口结构、就业结构、贫富差距拉大等内外部因素的变化，社会保障制度正面临许多新的问题。如前所述，福利国家为了解决这些问题，纷纷对本国的社会保障体系进行改革，从而使其发展呈现出多种变化，归结起来有四大趋势。

#### （一）在公平与效率的选择上，福利国家开始重视社会保障的激励功能

公平与效率是对立的矛盾关系，任何一方的增加都要以对方的损失为代价。社会保障本身是社会公平的产物，是社会的稳定器和安全网。西方福利国家在社会保障制度设计之初并没有太多地考虑效率因素，以至于社会保障支出迅猛增长，进入20世纪70年代以后，福利国家先后陷入危机。庞大的社会保障支出日益成为国家财政的沉重负担，导致财政赤字迅速增加；同时，较高的社会保障水平使社会成员过分依赖于社会保障制度，自愿失业率迅速上升，从而不利于社会的经济发展。于是，人们开始对公平提出质疑，认为不能牺牲效率去追求公平。在这方面采取的措施之一就是实行个人缴费，并且使个人缴费与社会保障待遇水平相挂钩。所以个人更愿意多工作、多缴费，以获得较高的待遇水平，从这个意义上说，社会保障的激励功能得到了加强。近年来，由于人口老龄化问题日趋严重，社会保障水平持续攀升，各国纷纷提高个人缴费的比重，这就导致工资水平上升，进而劳动力成本上升，于是雇主开始解雇雇员，这使得失业率上升，又损失了效率。所以，我们在提高个人缴费问题上一定要慎重，切忌过快过猛，应适时、逐步地提高。

社会保障体系改革不仅要注重经济效率，更要侧重社会目标，提高对个人、行业和地区保障不足的应对能力，促进社会公平。

#### （二）养老保险体系由单一支柱走向多支柱

西方福利国家面临的危机使得仅依靠单一支柱的养老保险模式已不可行，迫切呼唤

多支柱养老保险体系的建立。这主要因为传统的现收现付的公共养老金制度的正常和有效运行依赖于人口结构的稳定。而目前的人口结构发生了很大变化，主要表现为低出生率、人口寿命延长和退休人口增长。随着人口老龄化进程的加快，在不久的将来，社会保障制度的资金将全部耗尽，因为现行的现收现付的公共养老金制度没有积累资金来应对老年人口的增长。另外，单一支柱的养老保险模式忽略了个人的自我保障责任，容易助长个人依赖政府的倾向；在基金不足时经常靠提高缴费比例增加资金，缺乏保值增值的手段；基金运营的成本高，效率低下。由此可见，单一支柱已无法承担社会保险的重荷，多支柱的养老保险体系开始浮出水面。

职业年金计划和个人养老储蓄计划是养老保险体系的另外两个重要支柱。职业年金计划是公共养老金制度的重要补充和扩大，它分散了老年收入的风险，提高了保障的功能。职业年金计划主要是建立在效率基础上的，无论是给付确定型，还是缴费确定型，都与个人工作年限及收入紧密相关。公共养老金制度与职业年金计划的结合恰恰体现了公平与效率的结合。个人养老储蓄计划尽管目前还不普遍，但它也是养老保险体系的一个重要支柱。个人养老储蓄计划完全根据自愿原则，它可以使个人获得更高的福利水平，是养老保险体系的一个重要补充。随着养老保险体系改革的进一步深化，它也必将从弱小走向成熟。多支柱的养老保险体系显然更易于分散风险、提高效率，也更适合日新月异的经济、人口等因素的变化，所以必将成为养老保险体系的主流。

### （三）养老保险体系开始由给付确定型向缴费确定型转变

从给付确定型向缴费确定型转变这一趋势主要发生在职业年金上。给付确定型是给付额确定，在此基础上计算出雇员在职期间缴费的数额，给付水平一般以工资替代率表示，目前国际上的工资替代率一般为60%，即给付额占在职期间工资总额的60%。给付确定型的优点是收益额明确，但如果在发生经济波动、通货膨胀的情况下，给付额届时可能难以兑现。给付确定型实质上是雇主对雇员的一种给付"充分性"的承诺，所以从给付确定型向缴费确定型的转变基本上意味着福利国家收回了这种承诺。而缴费确定型一般是先确定缴费比例，由雇员或雇主或只由雇主缴费，到雇员退休时，根据缴费的积累额定期支取养老金。缴费确定型有以下几个优点：第一，预先积累的资金多，有利于克服人口老龄化带来的影响，并且对资本市场运作有积极的影响；第二，雇主的负担减轻，有利于扩大再生产；第三，基金投资更具多样性，雇员也能获得更多的收益。但缴费确定型在起步时需要大量资金，而且风险要更高一些，因此基金保值增值的压力很大。尽管如此,给付确定型向缴费确定型转移是必然的趋势。

### (四)养老保险基金由完全的公共管理转向公共管理和私人管理并存,并且私人管理的比重逐渐加大,私营化趋势日趋明显

养老保险基金原来都是实行公共管理的,政府出于公共利益和降低风险的考虑,主要把养老保险基金用于购买政府债券或投资于公共事业,收益率非常低。在养老压力不大的情况下,这种管理不会有太大的问题。但随着人口老龄化的到来,养老问题变得越来越突出,这种单一的公共管理模式产生了大量的债务,而要解决这些债务,就只能靠增加缴费和降低养老金给付的方法,这显然不是长久之计。另外,公共管理还存在管理效率低下、成本较高的问题。于是,私人管理开始受到青睐,但公共管理并没有消失,甚至在一些国家仍然居主要地位,尤其在公共养老金的管理上主要采取公共管理的手段。职业年金和强制性个人养老储蓄的养老保险基金大多选择私人管理,其基金投资的方式很多,也很灵活。私人管理的目的很明确,就是利润或收益最大化。在利润的驱使下,私营部门竭力选择最佳的风险投资组合。事实证明,私人管理下的年金收益率很高,从而使得基金能够实现增值的目的。大量的基金投入资本市场,必将对资本市场的发展产生积极的影响,从而有利于一国的经济发展。因此,尽管私人管理存在许多问题,如收益率不稳定、风险过大、盲目竞争造成资源的浪费等,但私人管理和年金私营化的趋势是不可阻挡的。

## 案例分析

### 案例1 福利国家思想对我国社会保障改革有何启示?

第二次世界大战以后,福利国家论开始在西方国家广为传播,进一步由资产阶级经济学家的思想主张变为政府的行动计划,由少数资产阶级社会改良派的主张变为几乎所有资产阶级政党都赞同的主张,并且逐步成为各资本主义国家的国策。

福利制度从英国1942年提出的《贝弗里奇报告》,到第二次世界大战后建立"从摇篮到坟墓"各项保障的福利国家,再到20世纪80年代以来福利支出膨胀开始进行反思和改革。第二次世界大战后,出现建立福利国家的热潮,而五六十年代的经济繁荣为福利国家的建设提供了经济基础,且当时的人口年龄结构较年轻,老年人口比重较小,使福利制度较容易实现。20世纪70年代后,由于经济增长势头放缓及人口老龄化加剧,

福利制度受到冲击，资金平衡难度很大，因此不得不实行市场化改革。

福利国家思想的影响在20世纪六七十年代达到鼎盛时期，它在一定程度上改变了传统资本主义社会的面貌，但也带来通货膨胀、政府机构庞大、生产效率低下的弊端。如今很多国家针对福利国家思想所带来的问题都着手进行相应的改革。

## 案例2　国际视野下的社会保障发展规律

在人类社会发展史上，无论是社会保障思想还是社会保障实践，均源远流长。2 000多年前中国孔子的大同社会论、墨子的兼爱思想和西方柏拉图的理想国、宗教教义等，其实都构成了当代社会保障思想的历史渊源。

从国家发展纵向角度考察，可以发现当一个国家处于低收入国家行列时，社会保障通常是维护社会安定和补救国民生计的工具，它虽然在一定程度上调节着收入分配，但调节的范围与程度却十分有限；当进入中等收入国家行列后，社会保障便不再是雪中送炭式的补救性制度安排，而是在保障民生的基础上肩负着越来越重要的收入分配调节功能，国民福利与国民经济同步增长很自然地成为国家发展的追求目标；当进入高收入国家行列后，社会保障的核心使命则升华到促使社会财富得到合理分配，让国民享有平等、自由和尊严的生活。

从国际横向比较角度考察，可以发现凡是追求社会公平并想获得持续、健康、和谐发展的国家，必定高度重视社会保障制度建设；凡是社会保障制度健全、完备的国家，通常都是能够获得持续、健康发展的国家。反之，凡是不重视社会保障制度建设或者社会保障制度残缺的国家，通常也是社会矛盾相对尖锐、社会排斥与社会对抗相对严重的国家。尽管也有个别国家例外，但上述现象确实在发达国家与新型工业化国家中具有普遍性，在一些发展中国家也日益呈现出这种普遍性。

资料来源：中国人民大学学报。

讨论题：

1. 福利国家最近几年出现了什么问题？这些问题对我国的社会保障制度改革有什么启示？

2. 考虑到我国的具体国情和经济发展水平，你认为我国的社会保障制度改革能否选择福利国家的道路？

3. 综合上述现象，揭示了哪些社会保障制度发展的客观发展规律？

4. 中外社会保障制度的发展实践对我国社会保障制度建设有何启示？

## 深度阅读

1. 郑秉文，和春雷. 社会保障分析导论［M］. 北京：法律出版社，2001.

该书是社会保障系列丛书中的一本，主要内容涉及现代社会保障制度的内涵、结构、发展历程、主要理论基础以及各个险种的发展基本状况，是对现代社会保障制度较为全面的介绍。

2. 卡特琳·米尔丝. 社会保障经济学［M］. 郑秉文，译. 北京：法律出版社，2003.

该书以20世纪六七十年代以来法国和其他欧洲国家围绕经济危机、人口危机和社会保障制度调整问题而展开的经济、社会政策大辩论为中心，系统地分析了社会保障制度对于资本主义经济结构转变，特别是走出历次经济危机过程中所起到的巨大作用；对法国和其他欧洲国家，以及美国、日本等经合组织国家的社会保障制度结构性危机及其改革做了剖析，探讨了走出经济危机、人口危机以及社会保障制度本身的功效危机的新模式；同时，对21世纪法国社会保障制度的创新做了展望。

## 本章小结

现代社会保障制度萌芽产生于英国，是以社会救助的形式出现的。19世纪80年代，德国社会保险制度出台标志着社会保障制度化。20世纪30年代，美国颁布《社会保障法》，标志着社会保障形成了比较完整的经济社会制度。

社会保障制度的产生有其经济、政治条件和思想理论基础。正是由于这些条件和基础的存在，才使社会保障制度的产生成为必然。社会保障的发展经历了社会救助型发展阶段、社会保险型发展阶段和社会福利型发展阶段。

社会保障体系是指国家通过立法对社会成员给予物质帮助所采取的相互独立而又相互联系的各项社会保障子系统的总和。社会保障体系大致可分为社会保险、社会救助、社会福利、优抚安置等子项目。

世界社会保障体系改革的动因：社会保障财政支出压力沉重；全球面临人口老龄化的难题；福利扩张的速度快于经济增长；福利依赖严重带来高失业率；社会保障制度自身存在的问题。

世界社会保障体系改革的趋势：在公平与效率的选择上，福利国家开始重视社会保障的激励功能；养老保险体系由单一支柱走向多支柱；养老保险体系开始由给付确定型向缴费确定型转变；养老保险基金由完全的公共管理转向公共管理和私人管理并存，并且私人管理的比重逐渐加大，私营化趋势日趋明显。

## 重要概念

社会保障体系　社会保险　社会救助　社会福利　养老保险　医疗保险　失业保险　职业伤害保险

## 思考题

1. 简述社会保障制度产生的经济条件。
2. 简述社会保障制度产生的思想理论基础。
3. 简述社会保障体系的基本内容。
4. 简述社会保障发展的几个阶段及其特征。
5. 论述社会保障体系改革的几大动因及其改革趋势。

# 第三章
# 社会保障模式国际比较

## 第一节 社会保障模式分类比较

世界各国的社会制度不同,经济发展水平不等,文化历史各异,社会保障制度的实施有先后之别,因此,社会保障的目标、水平与范围方面存在着差异。依据社会保障资金筹集和给付方式的不同,我们主要分析国内外社会保障四种模式:福利国家型、自保公助型、自我积累型[①]以及东亚社会保障模式。最后对社会保障模式多元化发展的情况进行总结。

### 一、福利国家型

#### (一)福利国家型的含义及特征

福利国家型社会保障制度来源于福利国家的福利政策,由英国初创,而后在北欧各国实行。这种社会保障制度是指在立法基础上,国家充分体现社会保障制度的主体角色,由财政负担主要资金来源,是保障范围广泛、保障项目齐全、保障水平较高、充分体现公平的一种制度安排。

福利国家型社会保障制度的主要特征有六个。

(1)实行收入所得再分配,用累进税办法使社会财富不集中于少数人手里。

(2)努力实现充分就业,使人人都有机会就业,消灭各种导致失业的因素。

(3)实行全方位社会保障制度,保障对象为全体社会成员。普遍性和全民性是福利国家型社会保障制度的原则,其目标不仅是使国民免遭贫困、疾病、愚昧、肮脏和失业之苦,而且在于维护社会成员一定标准的生活质量,加强个人安全感。

---

① 侯文若.现代社会保障学[M].北京:红旗出版社,1993:140.

（4）社会保障制度依法实行，并设有多层次的社会保障法律监督体系。

（5）个人不需要缴纳或低标准缴纳社会保障费，福利开支基本上由企业和政府负担。

（6）保障项目齐全，一般包括"从摇篮到坟墓"的各项福利保障，标准也比较高。

福利国家型社会保障制度实行的全方位社会保障政策，使其社会保障支出占国内生产总值的比重比较大，社会保障水平在世界上最高，由此给我们留下值得汲取的东西也比较多。

与福利国家型社会保障相近的还有国家保险型社会保障制度，又称社会主义国家社会保障制度，其理论基础是马克思主义的社会主义公有制理论，即社会保障扣除理论和列宁提出的"最好的保险是国家保险"。苏联社会保障模式属于此类型。

国家保险型社会保障制度的主要特征有四个。

（1）社会保障事业由国家统一制定法律、统一领导、统一收支标准、统一管理。

（2）社会保障费均由国家和单位负担，个人不负担任何保险费。

（3）实行低工资、高福利政策，实行公费医疗、低房租，没有失业保险等。

（4）社会保障目标是追求社会公平。

## （二）典型国家运行情况

### 1. 英国的社会保障制度

英国是第一次产业革命的发源地，是亚当·斯密、庇古、凯恩斯的故乡，是古典经济学、福利经济学和福利国家的发源地，加之基督教在英国有长远的历史和影响，所以，在英国形成和发展起来的社会保障制度特色显著，而且在世界上有重大影响。

（1）英国社会保障制度的内容。英国社会保障制度是一个全方位、高福利的发展模式，其社会保障支出占国内生产总值的比例大、增长快。英国社会保障制度所包括的项目有40多种，国民保险包含七个方面：儿童补助、残疾津贴、失业救助、失业生活来源救助、医疗保险、养老保险和家属津贴。政府财政支出中，社会保障支出占27.7%（2018年）；财政收入占国内生产总值的36.56%（2018年）。

（2）英国社会保障制度的弊端可以总结为两点。

一是为求得"平等"，牺牲了一些"效率"。一些人由于享受保险和救助而达到相当生活水平后，不愿意再勤奋工作。近年来，英国经济增长缓慢，2019年国内生产总值增长率为1.7%，2020年国内生产总值甚至出现了负增长（−11.0%），在经合组织七个最发达国家中是最低的。

二是税收加重，政府财政困难，对外竞争力减弱。随着人口老龄化的加重，英国养老金的支出有增无减，医疗保健费用也大幅度上升。英国社会保障支出占国内生产总值的比重由1960年的13.9%上升到2019年的20.6%，其中养老金支出占国内生产总值的比重由1960年的3.4%上升到2019年的4.9%。目前，英国领取养老金的老年人占全国人口的1/5，这必然导致财政支出加大和财政困难（2021年英国政府财政赤字为2 710亿英镑），2018年的社会保障支出已占政府财政支出的27.7%，国防开支占政府财政支出的4.9%，社会保障支出是国防开支的五倍有余。为了平衡财政收支和解决财政困难，政府不得不又加大税收。据统计，英国纳税人与养老金领取者的比例1985年为2.3∶1，预计2035年将上升到1.6∶1。税收的加大使一些企业家转向投资国外，从而使国内投资减少、储蓄率下降、对外竞争力减弱。在这种情况下，1986年首相撒切尔夫人宣布国家应停止当"保姆"，并以"绿皮书"的形式提出了一项关于改革福利制度的建议。这项建议要求取消多种福利津贴，减少补助，但由于反对党和全国范围的抵制，这项建议最终夭折。

**2. 瑞典的社会保障制度**

英国被认为是福利国家的创始国，但瑞典后来居上，以其完整的社会保障制度和最高的社会保障水平取得"福利国家典型"的称号。

瑞典自1913年建立养老保险制度以来，社会保障体系不断扩大和完善，现已形成了一个比较完备的保障系统。瑞典把生、老、病、死全部纳入社会保障体系，其基本内容为生育补助、儿童津贴、免费教育、养老保险、医疗保险、工伤保险、住宅服务等。瑞典推行的福利国家型社会保障制度，其社会保障支出占国内生产总值的比重在世界上最高。

（1）瑞典社会保障制度有五个特点。

一是社会保障是建立在国民普遍的权利之上。瑞典制定福利政策的基本点是侧重于国民福利分配、全民一律享受，由政府税款拨出建立福利基金。例如，规定年满65岁的国民不论其经济地位和职业状况，都可以获得同一金额的基本养老金与退休前收入相关的附加养老金，如退休前收入较低或工龄较短而影响附加养老金的数额，政府将给予补贴。

二是较为广泛和优厚的公共补贴制度与社会保障相结合，构成了平等程度较高、标准亦较高的社会保障。这一模式反映了瑞典政府重视公共经济，以其强大的社会福利刺激需求，推动经济发展。

三是享受人一般不需要直接缴纳社会保障费。在瑞典，社会保障费大部分由政府负担，个人缴费很少，最大缴费者是雇主。他们需要将雇员工资总额33%以上的一部分作为社会保障费上缴。

四是社会保障法治化。瑞典所推行的社会保障制度是通过立法付诸实施的。每一个国民所应享受的福利待遇和所应负担的义务都是非常明确的。法律对国民的权利给予保障，否则可向法院起诉。

五是失业保险非强制性。瑞典一直将劳动力市场的充分就业当作一个优先目标。瑞典的失业保险不是由政府直接管理的，而是分别由两个机构负责管理：一个是由工会自愿建立的失业基金会管理，政府给予大量补贴；另一个是劳动市场委员会举办项目，专门为那些未参加失业保险的人设置劳动力市场现金救助，由各地劳动委员会或就业办事机构管理和具体实施。

（2）瑞典社会保障制度的缺陷是国家包揽得太多、负担太重。

一是政府维持这一制度所遵循的高税收、高消费、高福利原则与人口老龄化加重的情况不相适应，造成福利支出拮据。2022年瑞典65岁以上老年人口占全国人口的比重为20.3%，高于世界上绝大多数国家，预计2025年将上升到22.2%。老年人口增加必然导致养老、医疗和护理等方面的费用大幅度增加。

二是提高税率，加重了劳动年龄人口的负担，使代际矛盾突出，劳动积极性下降。1981年所得税的最高边际税率已达81%。[①]1988年瑞典的税收占国民生产总值的55%，2021年瑞典的税收占国内生产总值的42.6%，高于经合组织国家的平均值（34.1%）。据统计，一个年收入为3万克朗的年轻劳动者缴纳的各种税款总和超过1.5万克朗。

## 二、自保公助型

### （一）自保公助型的含义及特征

自保公助型社会保障制度起源于德国，随后为西欧、美国、日本所仿效。这种类型的社会保障制度是指在立法基础上，遵循效率与公平相结合的原则，在资金筹集方面多体现自我保障，辅助以国家补偿机制，为国民提供一系列基本生活保障。

自保公助型社会保障制度的主要特征有五个。

---

① 十国社会保障改革课题组.瑞典福利制度及其改革的若干问题[J].经济学动态，1994（5）：71.

（1）政府进行有关社会保障立法，作为社会保障实施的依据。

（2）社会保险为强制性保险，一般由雇主、雇员共同缴纳社会保险费，各国政府以不同标准拨款补助。国民只有在履行缴费义务并取得享受权利后，才能依法领取各种社会保险津贴。对国民来说，社会保险是权利与义务的统一。

（3）社会保险的覆盖面大，几乎包容了全体社会成员。

（4）保险项目有多有少，在一定程度上解决了人们生、老、病、死、失业、伤残的后顾之忧。

（5）资金来源以雇主、雇员缴费为主，同时争取社会各界的资助。资金来源多元化，有利于形成社会保险基金，增强保障的经济实力。

### （二）典型国家运行情况

**1. 德国的社会保障制度**

第二次世界大战后，德国为了医治战争创伤和恢复国力，决定以实现国民经济复兴、政治稳定、社会均衡发展为目标，在过去社会保险制度的基础上，发展起效率与公平并重、自助与公助相结合的社会保障制度。

（1）德国社会保障制度的内容。德国社会保障制度的内容包括：养老保险、工伤事故保险、失业保险、医疗保险、儿童津贴、供养战争受害者、社会救助。社会保险资金的筹集一般是雇主和雇员各承担50%，特殊项目由国家财政资助。20世纪90年代以来，养老保险资金缴纳占工资总额的18.5%，雇主和雇员各承担9.25%；医疗保险资金缴纳占工资总额的15%，雇主和雇员各承担7.5%。

（2）德国社会保障制度有四个特点。

一是贯彻"资金自助"原则。德国的社会保障项目除工伤保险费由雇主负担外，养老保险、失业保险和医疗保险所需资金，均由雇员和雇主分担。政府只对以上项目亏空时部分地给予财政补助，社会福利和社会救助所需的经费则全部由政府提供。

二是公平与效率两大目标兼顾。参保人自己缴纳保险费，只要符合规定的条件，均可享受相应待遇。政府禁止滥用保险基金，并采取一系列措施限制和推迟某些社会福利待遇的享受时间。

三是社会保障管理高度自治。德国社会保障的主体是由一系列行业和地区组织分开管理的基金组成，包括由不同的保险机构、基金会或部门所属地方机构管理和实施。除失业保险外，保险机构均由劳资双方共同参与，实行自治管理，不隶属于政府部门。

四是国家社会关照原则。凡是没有被社会保障项目覆盖的地方和领域,无论是什么原因,只要国民陷入困境,就应得到国家的关照和社会的帮助。

**2. 美国的社会保障制度**

1935年由美国总统罗斯福签署的《社会保障法》,是在德国社会保险制度基础上建立的第一个完整的社会保障制度。

(1)美国社会保障制度的内容。自《社会保障法》实施后,美国的社会保障制度又经过多次修订和补充,已形成内容比较广泛的社会保障体系。主要包括老年、遗属和残障保险,医疗保险,失业保险,工伤保险和福利补助等。社会保障基金的筹集由雇主和雇员各承担50%左右,特殊项目由政府财政资助。

(2)美国社会保障制度有四个特点。

一是强调"自助"。美国社会保障一开始就强调"财务自理"原则,即劳动者在就业期间必须缴纳保险费,专款专用于退休后的收入,基金纳入政府财政预算,但要独立于预算之外。

二是资金来源多渠道。社会保障基金由联邦政府、州和地方政府、雇主、非营利组织和个人共同支付。有的项目由联邦政府支付,如退役军人津贴和低收入家庭的补充保险收入以及食品津贴;由州和地方政府支付的项目有公共救助、医疗补助、对抚养儿童家庭的补助等;由雇主支付的项目有失业救助金、私营企业养老金、补充失业津贴和伤残津贴等。此外,社区组织、工会组织、慈善机构、宗教组织等也承担一些小规模的局部社会保障和社会服务项目。

三是实行以社会组织和州政府管理为主、联邦政府支持的管理方式。美国社会保障工作存在多层次,即联邦政府、州和地方各级政府、社会组织分层次设有管理机构,并尽可能把权限下放到地方和基层,以提高效率。

四是实行差别化社会保障。由政府财政资助的社会保障项目主要倾斜保两头,即保儿童和老年人。而对劳动年龄人口,仅提供伤残津贴和失业救助金。

**3. 日本的社会保障制度**

(1)日本社会保障制度的内容。日本是亚洲地区第一个推行社会保险的国家。从20世纪20年代到50年代,日本逐渐建立以厚生年金和国民年金、健康保险制度为核心的社会保障体系。日本社会保障体系主要包括社会保险(养老保险、健康保险、失业保险、工伤保险等)和社会扶助(公共援助、儿童津贴等)。具体实行的是以社会保险为主、社会扶助为辅的模式。

日本社会保障所需资金由雇主和雇员各承担50%左右，特殊项目由政府财政资助。目前的厚生年金费由雇主和雇员各缴纳工资总额的9.15%，合计为18.3%；健康保险费由雇主和雇员各缴纳工资总额的4.55%；失业保险费占工资总额的1.35%，雇员缴纳工资总额的0.5%。政府财政支出占社会保障支出的33.8%。

（2）日本社会保障制度有四个特点。

一是日本的社会保险制度是以不同职业为基础进行区分的。例如，养老保险就分为三个系统：1）以雇用5人以上的私营企业和事业单位的雇员为对象的厚生年金（包括船员保障）；2）以公务员为对象的共济年金（由国家公务员、地方公务员、私立学校教职员及农业、渔业团体职员等不同职业年金构成），覆盖全国约10%的家庭；3）国民年金，所有不进入上述两种保险计划的人都要参加国民年金，主要是以个体劳动者和农民为对象的年金。

公共性年金直接由政府掌管，其他分别由厚生劳动省（厚生年金和国民年金）、大藏省（国家公务员共济年金）、自治省（地方公务员共济年金）、文部省（私立学校教职员年金）和农林水产省（农业和渔业团体职员共济年金）管理。

二是重视内部互助作用。日本企业实行终身雇佣制，工资随年资而增加，强调雇员对雇主的忠诚，所以政府没有制定以全体国民为对象的整体福利政策，而是鼓励雇主制订发展雇员的企业福利计划，自行负责保险计划的行政事宜。

三是推行社会保障法治化建设。日本社会保障方面的立法有《厚生年金保险法》《国民年金法》《健康保险法》《国民健康保险法》《老年人保险法》和《失业保险法》等；社会福利方面有《生活保护法》《儿童福利法》《残疾人福利法》《母子及寡妇福利法》《社会福利事业法》和《老年人福利法》等。

四是行政与业务分开、管钱与管事分开，层次与责任分明。日本社会保险分别由立法机构、行政管理机构、监督执行机构、社会保障基金管理运营机构分管。立法由参议院负责，中央一级行政管理由厚生劳动省等机关负责。

### 三、自我积累型

一些新兴工业化国家和发展中国家实行自我积累型社会保障制度，其中新加坡和智利比较有代表性。自我积累型社会保障制度体现效率和激励原则，由国家立法强制规定雇主、雇员的一方或双方必须缴费形成积累基金，以应对养老、医疗等支出的一种制度安排。

实行自我积累型社会保障制度的国家吸取其他国家社会保障制度的经验和教训，形成独特的保障模式，为世界社会保障制度的发展提供了新的思路。

### （一）中央公积金制度

**1. 中央公积金制度的基本内容**

新加坡中央公积金的筹资方式为强制性储蓄，所有雇员及其雇主都必须按期缴纳中央公积金。这项储蓄连同储蓄利息，存入政府为每位参保人设立的个人账户中。可随本人工作调动而转移，也可以继承，但退休前不准变现，只有符合政府规定时才允许提前支取。个人账户被划分为普通账户（Ordinary Account，OA），保健储蓄账户（Medisave Account，MA）和特别账户（Special Account，SA），见表3-1。

表3-1　　　　　新加坡不同年龄雇员三类个人账户的计入比例　　　　　%

| 年龄 | 总缴费率 | OA | MA | SA |
| --- | --- | --- | --- | --- |
| 35岁以下 | 37.0 | 23.0 | 8.0 | 6.0 |
| 35～45岁 | 37.0 | 21.0 | 9.0 | 7.0 |
| 45～50岁 | 37.0 | 19.0 | 10.0 | 8.0 |
| 50～55岁 | 37.0 | 15.0 | 10.5 | 11.5 |
| 55～60岁 | 26.0 | 12.0 | 10.5 | 3.5 |
| 60～65岁 | 16.5 | 3.5 | 10.5 | 2.5 |
| 65岁以上 | 12.5 | 1.0 | 10.5 | 1.0 |

资料来源：新加坡中央公积金年报（2018）。

注：55岁以上雇员的个人账户会变更为退休账户和保健储蓄账户两种。

普通账户（OA）创建于20世纪70年代，其账户储蓄可以用于住房、保险和投资，储蓄额约占中央公积金存款的75%；特别账户（SA）创建于1977年7月，其账户储蓄主要用于老年和退休相关的金融产品，储蓄额约占中公积金存款的10%；保健储蓄账户（MA）创建于1984年4月，其账户储蓄用于住院开支和获得批准的医疗保险等方面，储蓄额约占中央公积金存款的15%。

参保人年满55岁以后可以享受老年补助，金额为参保以来本人和雇主所缴纳的全部公积金和利息，一次性支付。工作30年退休时，一般可领取公积金20万～27万新加坡元，相当于月收入金额（中等收入水平月收入1 500新加坡元）的13.8～18倍。如果购买住宅约支出6万～10万新加坡元，所余部分足够退休后生活开支。

新加坡实行国民有限保健制度，由卫生部主管，政府通过医院向国民提供门诊、住院治疗和药剂处方费。另外，可以从中央公积金的个人存款中提取一部分用于本人和家属的医疗费用。雇主每年为雇员支付14天的病假工资。

工伤保险补助全部由雇主承担。永久残疾补助标准最高为 6 万新加坡元，最低为 2 万新加坡元。

新加坡没有失业保险，这与它的就业率很高有关。据统计，2021 年 15～24 岁的青少年就业率为 37.2%，25～64 岁的居民就业率为 81.8%，65 岁及以上年长者的就业率为 31.7%。同时，不设失业保险与其社会保障原则有关。他们认为，社会保障不过是对贫困者和遇到不测风险者所提供的一种福利。如果风险是可以预见的，就应该由自己负责，中央公积金制度就是依靠自己应对风险的做法。

**2. 中央公积金制度的特征**

新加坡中央公积金制度就是完全积累型社会保障制度，该制度是因新加坡社会保障基金由中央公积金局管理，每个国民都有属于自己的公积金账户而得名。新加坡中央公积金制度建立于 1955 年 7 月，其最初目的在于积累资金解决人们的急难问题。积累的方式实际上是一种强制性储蓄。这样既消灭了贫穷，又充分激发了人们的劳动积极性。

新加坡社会保障制度的主要特征有六个。

（1）强调自食其力、自力更生、自我保障，强调统一的个人储蓄而不是分散的个人储蓄。资金来源于雇员工资收入的一部分，它是按政府政策规定强制征收的。

（2）资金的筹集全部由雇主和雇员按规定的比例支付。随着经济的发展、工资收入的增加，公积金的储蓄比例既能随经济增长不断提高，也能随经济波动做适时调整。

（3）中央公积金制度是以福利为主、社会保障为辅，不具备再分配和互助调剂功能。公积金具有积累财富的功能，对促进经济发展、实施政府经济调控和实现国富民安起到积极的作用。

（4）激励功能比较强。雇员缴纳的公积金计入个人账户，透明度高，监督和约束机制强。养老金金额与个人劳动贡献或劳动报酬挂钩，更有利于调动个人的积极性。

（5）从单一功能发展到多功能（综合功能），从而使公积金走向一种以自我保障为主、辅之以社会保险的综合性自我保障体系。

（6）公积金的使用和管理规定有严格的法律程序。

新加坡社会保障制度的经验：一是政府积极介入，但不包办代替；二是国民的事由国民自己掏钱解决；三是社会保障由全社会来办，鼓励社会团体和民间组织捐款。

但是，新加坡中央公积金制度缺乏社会保障的完整性和全面性，对收入再分配所起的作用不大，同时不具备全社会共担风险的机制，这是中央公积金制度发展中需要进一步解决的问题。

### （二）储蓄积累制度

**1. 储蓄积累制度的内容**

智利是自我积累型社会保障制度的代表国家，目前推行储蓄积累制度。

智利原有社会保障制度建立于1924年，首先建立的是职工保险计划，主要为从事体力劳动的工人提供养老、医疗和伤残方面的资助。1925年，这一保险形式又推广为私人企业白领职工保险计划、公共部门职工保险计划和记者保险计划。但是，在这一系列保险组织及保险计划的建立过程中，由于缺乏国家的总体规划，产生了很多弊端：制度分散，缺乏统一管理，国家和用人单位负担沉重，运行效率及服务功能差。20世纪80年代初，智利进行了社会保障制度改革，于1980年推出了《养老金法》，其主要特点是将养老保险由现收现付制改为完全积累制，并主要交由私营机构经营运作。

**2. 储蓄积累型制度的特征**

智利现行的养老保险制度的主要特征体现在四个方面。

（1）建立个人账户。参保人缴费建立养老金个人账户。个人要将所要缴纳的养老保险费存入一家自己选择的养老金基金管理公司（Pension Fund Administrators，AFP），雇主不缴费；养老金基金管理公司为其建立个人账户，并负责将此账户中积累的资金投资于资本市场。参保人退休后根据个人账户积累额决定养老金领取额。个人账户中积累资金的基本用途是在参保人具备法律规定的受益条件后为其支付养老金，参保人也可以用这笔资金做担保申请住房贷款或提现，但条件是必须保证账户余额不低于本人退休前10年平均工资的70%。除这个强制性储蓄的个人账户外，智利还设有自愿储蓄计划、自愿缴费计划、赔偿储蓄账户、合同储蓄计划以及家属受益、失业补偿、工伤补偿和职业病补偿等储蓄计划。

（2）私营机构运作。智利在改革后设立的上述储蓄计划的收缴、支付、投资等具体工作均由养老金基金管理公司统一进行管理。养老金基金管理公司性质为私营机构，是专门为运作养老金基金而成立的股份公司，除养老金基金管理公司以外的任何企业均不得从事养老金基金投资管理业务。按照智利的规定，只要能够吸收到足够数量的参保人

（至少在 4 000 人以上），并拥有最低约为 12 万美元的资本金，就可以成立一个养老金基金管理公司。参保人可以自由选择养老金基金管理公司托管自己的养老金个人账户，并可以在不同的管理公司之间转移账户。智利目前共有 18 家养老金基金管理公司，股东大多数为商业银行。

（3）养老金支付方式。参保人在具备养老金领取条件时，有三种支付方式可供选择。一是计划提款。参保人可将个人账户储存的养老金继续存在养老金基金管理公司，并由该公司为其制订领取计划，按月领取养老金。二是终身年金。由养老金基金管理公司负责将个人账户中储存的养老金转入一家人寿保险公司购买终身年金。三是临时提款加终身年金。参保人可以将个人账户中的养老金储存额在养老金基金管理公司保留一部分，然后将余额转入一家人寿保险公司购买终身年金，再由人寿保险公司支付终身年金。

（4）养老金基金投资。养老金基金由养老金基金管理公司负责收支运营，其中最重要的就是运用个人账户中的养老金基金进行投资。虽然养老金基金投资由养老金基金管理公司实际操作，但智利政府对养老金基金投资制定了严格的规定。一是限定投资范围。养老金基金可投资于政府债券、金融机构及公司债券、可转换公司债券、公司股票等项目。二是对风险进行分类。智利资本市场上由私营机构发行的债券、股票必须经政府认可的私营风险评估公司进行风险分类后，才能成为养老金基金管理公司的投资对象。三是设置投资上限。智利政府规定养老金基金对一种项目的投资不能超过养老金基金总投资额的 30%。四是对投资市场加以限制。养老金基金投资必须在规定的市场上进行，并且要符合最低要求。五是保证最低收益。养老金基金管理公司每月的投资收益率不得低于过去 12 个月全部养老金基金平均实际收益率 2 个百分点。六是政府财政承担最后风险。养老金基金管理公司投资失败，收益波动准备金和现金准备金均不能保证最低收益时，政府财政予以弥补。

**3. 对智利社会保障制度改革的评价**

智利的社会保障制度改革特别是养老金制度的改革因其在 20 世纪 80 年代确实取得了令世界瞩目的成就，加上世界银行的提倡，引起了世界各国和国际组织的高度关注。但与此同时，智利模式也存有很多的争议，国际劳工组织就认为其背离了社会保障的基本规律对其持否定态度。

智利养老保险改革受到肯定的主要理由：（1）养老金基金由公共部门管理改由私营机构运营，大大提高了服务和管理水平以及投资回报率；（2）将过去杂乱无章的各类制度整合为统一的养老保险制度;(3)促进了储蓄率(积累率)的提高和资本市场的发育;(4)减轻了国家和用人单位的负担。

持否定和谨慎接受态度的主要原因:(1)新制度着重强调养老金基金的储蓄功能,弱化了再分配功能,偏离了社会保障的互助共济方向;(2)养老金基金投资的商业化运作形成了社会资源的虚耗,很多养老金基金管理公司将大量的人力、财力用于促销活动;(3)参保人缴纳的管理费用过高;(4)私营机构管理数额巨大的养老金基金,容易形成金融垄断;(5)政府承担了巨大的责任和风险。

智利的养老金私营化改革并不代表智利整个社会保障制度的私营化,诸如社会救助的给付仍然由政府直接提供,并且在养老保险领域,政府也不是完全放任不管,也在监管立法等方面发挥作用。2008年智利开展的第二轮养老保险改革在保留原有个人账户制度特点的基础上,建立了"新团结支柱"项目,在私营养老金体系的基础上增加了一个社会互济养老金计划,扩大了制度的覆盖面,将更多人群纳入制度。2021年3月智利总统宣布全新的养老金改革方案,旨在全面提高退休人员养老待遇,并缩减不同职业退休人员之间待遇差距。可见,智利20世纪80年代的改革不意味着政府在社会保障方面的责任终结,不过需要强调的是,任何一种社会保障模式都需要经历实践的检验才能验证是否具有持续发展潜力,因此现在还不能对智利模式下定论。

## 四、东亚社会保障模式

由于文化传统与地理位置等因素的影响,东亚地区逐渐形成了不同于西方国家的社会保障体系,把日本、韩国和中国港台地区及内地(大陆)的社会保障制度统称为东亚社会保障模式。东亚地区的经济发展深刻影响着全球发展进程,但东亚地区的社会保障模式受西方世界固化的思想理论与实践的影响,且研究起步较晚、水平低,并未引起足够重视。东亚国家或地区在借鉴欧美社会保障制度基础上,依据实际创造出有自身发展特色的运行模式。

对东亚社会保障模式的评价可以从三个方面进行概括。

### (一)文化理念具有共性

不同于西方各国受到基督教等主流思想的影响,东亚地区的社会保障制度模式受儒家文化、传统佛教文化等思想的影响更为深远,普遍强调的集体主义与国家主义,以及长久以来形成的家国同构的社会结构与传统的孝道文化,间接影响了东亚地区社会保障制度模式的选择。①

### （二）家庭保障占据着重要地位

尽管经济社会高速发展，东亚地区家庭结构也随之发生变化，但由于历史文化理念的深刻影响，家庭保障仍旧在社会生活中发挥着重要作用。在韩国，孝敬父母的传统观念同样深厚，韩国和中国台湾至今在法律上确认家庭系统仍然是赡养老年人的主要来源，新加坡政府鼓励家庭成员通过中央公积金计划相互提供支持帮助。正是基于前述相同的文化价值观念，东亚地区对于家庭内部的自我保障作用十分重视，即使社会政府处于主导地位，社会保障制度更多的也是体现出补救性的特征。②

### （三）社会保障制度以缴费型制度为主

与西方国家通行的现收现付制模式不同，东亚地区的社会保障制度均以积累制为主，注重权利与义务的对等并且与收入就业有密切联系。例如，中国城镇职工基本养老保险所采取的社会统筹与个人账户相结合的模式，以及日本缴费型与非缴费型并存的制度设计。

总之，东亚社会保障模式有利于东亚的历史传统和文化观念在现代社会中延续与发展，但与此同时我们也应明确东亚的国家或地区之间存在发展差异，不同的经济发展程度会直接影响到制度模式的发展进程。在借鉴学习欧美社会保障制度的同时，应不断增强自身的文化自信。对于东亚社会保障模式的深入研究与完善成熟仍需要漫长的探索。

## 五、社会保障模式多元化发展

在福利国家型、自保公助型和自我积累型的社会保障制度中，不同的社会保障主体（国家、单位和个人）体现了不同的保障责任。单一的社会保障模式无法适应多层次的社会保障需求；相反，考虑各类社会保障制度的优点，结合不同社会保障模式的经济背景，彼此利用，才能整合整个社会保障制度，实现社会保障制度的多重目标，有效应对普遍存在的多重风险。针对这一问题，多元化的社会保障模式应运而生。

### （一）社会保障模式多元化的含义和理论建议

社会保障模式多元化，是指在一个国家内存在多种社会保障制度安排、多元化保障主体、多渠道资金来源、多层次保障水平、多样化管理方式的社会保障制度变化趋势。

---

① 林义.关于东亚社会保障模式的理论思考［J］.中国人民大学学报，2012，26（2）：10—17.
② 郑功成.东亚地区社会保障模式论［J］.中国人民大学学报，2012，26（2）：2—9.

**1. 三支柱体系的形成与实施**

1994年世界银行出版了《防止老龄危机——保护老年人及促进增长的政策》一书，这本重要的社会保障著作第一次向各国政府推荐建立三支柱养老保险模式的思想和建议，提出了建立包括公共养老金、强制性养老金和自愿性养老金在内的三支柱养老保险模式。

从三支柱养老保险模式可以看出，三支柱体系主要是指在社会保障制度中基于效率和公平、储蓄和再分配的不同功能，将社会保障模式设计成三个支柱。在第一支柱中，体现现收现付、代际转移，利用社会统筹，确定给付并对应实行公共管理。在第二支柱中，体现完全积累、收入关联，利用个人账户，确定缴费并对应实行私营管理。第三支柱用于满足更高层次的社会保障需要，体现自我积累、完全积累和个人自愿原则。

**2. 五支柱体系的提出**

世界银行推行的三支柱体系，对世界各国改革社会保障制度起到了重要的作用。三支柱体系已经成为各国改革所坚持的一条基本经验。

2005年，世界银行在参与了80多个国家或地区的改革和对60多个国家或地区提供资助之后，发布报告《21世纪的老年人收入保障——养老金改革国际比较》。这份报告在总结了1994年出版《防止老龄危机——保护老年人及促进增长的政策》以来，各国或地区社会保障制度实践经验的基础上，提出了五支柱体系。在这份报告中提到因为五支柱方案具有灵活性，能更好地解决不同养老金制度面对的不同风险，因而五支柱的设计方案是社会保障制度改革的最佳方案。

世界银行将三支柱体系的建议进一步扩展到五支柱体系的建议，包含以下内容：零支柱为社会援助性方案，即社会保障制度内非缴费型的最低保障支柱；第一支柱为缴费型保障制度和与个人收入水平挂钩的社会保障模式；第二支柱为体现强制性且形式多样的个人储蓄账户；第三支柱为雇主自愿、多样形式的企业年金制度，它既可以是DC模式，也可以是DB模式；第四支柱，是建立在家庭和代际基础上的非正规保障形式。

五支柱体系的划分依然秉承世界银行三支柱体系划分的原则。世界银行同时提出政府可以根据各自情况在改革的进程中保持各支柱之间适当的平衡。社会保障制度的多元化构成要根据实际需要予以确定，甚至保障水平的确定也可以视情况而定。考虑各国或地区的初始基础和社会保障模式涉及的理念，可以对五支柱模式进行"量身定做"，或者分步实施。[1]

---

[1] 郑秉文.世界银行养老金改革观点的重要变化：从三支柱到五支柱[EB/OL].(2008-07-21)[2024-09-24]. https://www.aisixiang.com/data/10999.html.

## （二）国际社会保障模式多元化实践

### 1. 福利国家型

福利国家在社会保障方面所形成的"福利病"，经过多年的改革逐步有所缓解。改革体现在各种社会福利给付水平的降低和给付条件的严格，更多地依靠个人缴费上；政府的角色由过去的大包大揽变为更多地依赖市场化的运作，将过去单一的国家出资保障福利的局面改变为多主体参与、多层次相结合的制度。

英国社会保障制度改革的多元化特点表现在以下几个方面：保持或提供最低层次的保障水平，提供基本生存保障，只强调政府在低层次保障中的主体地位，这一点同五支柱体系中的零支柱相对应。对于高层次福利需求，通过社会保险实现，以劳动为手段获得基本保障，而这又与其他多元化保障模式相符。

瑞典社会保障制度改革的多元化特点表现在各个社会保障项目上，形成了多层次保障的趋势，具有多元化的特点。包括：在养老保险领域，树立多层次保障概念；在医疗保险领域改变由政府财政全面负责的局面，注入效率、竞争和私营化等市场因素；逐步减少中央政府责任，调动地方政府发展社会保障事业的积极性。

福利国家型社会保障制度，在认识到制度本身所带来的高福利危机之后，及时采取了改革措施。将原来单一的"从摇篮到坟墓"、国家大包大揽的福利政策，转换为政府、雇主和雇员多主体参与的机制。

### 2. 自保公助型

自保公助型社会保障制度对比福利国家型社会保障制度，在经济运行的许多方面体现了良性运行。避免了福利国家的"英国病"和"瑞典病"。但是，伴随着经济发展和社会进步，自保公助型社会保障制度也开始注重调整和改革，从而力求避免走上福利国家型社会保障制度的老路。改革的过程也呈现了减少国家财政投入、将国家投入向低层次保障倾斜、加大个人保障力度等特点。

德国社会保障制度的改革措施主要有：提高退休年龄，鼓励提前退休的人继续参加工作；从医患双方入手，压低医院的过度医疗，患者自己支付少量的住院费用和药费，进行药费改革等；参保人可以自由选择基金会，带动基金会之间的竞争。通过多届政府的调整，德国社会保障制度同其他国家一样，走上多层次保障、多主体参与、政府和市场并行的道路。

美国对社会保障制度的调整可以追溯到20世纪70年代的尼克松政府。在经济滞胀的背景下，当局提出改变政策，将救助性福利改为工作性福利。在此之后的卡特政府继续进行社会保障制度的调整探索，推行"更好的工作与收入计划"（Program for Better Jobs and Income），把工作与福利紧密结合，以求缓解失业和减少福利开支。里根政府随后紧缩社会保障规模并逐步将社会保障项目转入私营轨道，以减轻联邦政府的沉重负担，削减了部分社会保障项目，强调地方政府对联邦政府社会保障责任的替代，推动私营化社会保障进程。克林顿政府将社会保障改革的重点转移到医疗保险领域，试图改变人口老龄化和现代医疗技术进步带来的费用上涨压力。

**3. 自我积累型**

智利等为代表的自我积累型社会保障制度国家，对全球的社会保障模式改革产生了深刻的影响。拉美地区国家纷纷以智利为楷模进行养老金等多项制度的改革，减轻国家负担，引进个人模式。

但是，这种模式在许多方面也同时受到了质疑。例如，低收入水平群体缴费困难导致覆盖面狭窄、缴费积累数额少，而高收入群体积累多，由于缺乏再分配机制，形成了巨大的收入差距。这种收入差距体现了制度设计欠缺、资产种类单一、完全的市场管理竞争模式带来的恶性竞争问题，以及向单一的自我积累型社会保障制度转变所需要的转制成本过高等问题。

考虑到缴费确定型完全积累制的一些局限性，智利于2006年实施新改革方案：在现有的制度框架不变的前提下，加上一个非缴费性的基本养老保险金，每人100美元左右，资金来自一般税收。智利新方案的这个思路无疑与世界银行"零支柱"的建议不谋而合。①

**（三）多元化社会保障模式的启示**

社会保障制度在中国建立的时间尚短，结合目前中国经济发展水平，制度建立初期还有很多不完善的地方。这要求中国社会保障制度的设计要具有长期性和持续性，完善已初具规模的制度雏形。改革的目标在于建立多元化的社会保障制度，实施多支柱的保障，并在此过程中吸收国际社会的经验教训。

**1. 社会保障权利与义务的兼顾**

社会保障不仅仅是政府一方的责任，也是每一位社会经济参与者的责任，每一方既是权利主体，又是义务主体，这种权利与义务的相对性应由法律确立。对于政府方，要

---

① 郑秉文. 世界银行养老金改革观点的重要变化：从三支柱到五支柱［EB/OL］.（2008-07-21）［2024-09-24］. https://www.aisixiang.com/data/10999.html.

依法行政，依法组织社会保障事宜，对社会保障制度执行状况实施监管，保障经济主体的社会保障权益等；对于单位方和个人方，要履行相应义务，如缴费，支持和维护社会保障制度，同时具有享受社会保障的基本权利。

**2. 公平与效率相结合基本原则**

社会保障制度既是一种社会手段，又是一种经济手段；既是实现公平的一种社会稳定机制，又是发展生产力的一种经济动力机制，两者相辅相成。社会保障制度的发展既要考虑制度本身的可持续发展，又要考虑对经济的外部推动效应，这本身就是公平与效率目标的抉择。既要给予社会成员最基本的工作和生活保障，以体现公平原则；同时又要打破各种壁垒，鼓励竞争，促进生产力发展，坚持讲求效率原则。

**3. 社会保障水平与经济发展水平的兼顾**

建立和完善社会保障制度体系，要依据中国的经济发展水平和社会发展阶段。这就要求不同层次的社会保障制度在经济发展的不同阶段担当不同的角色。在经济发展水平较低的时期和地区，以普遍性的低层次保障为主；反之，则可以建立较高层次的保障制度。

**4. 加强社会保障体系中基础保障制度建设**

通过建立类似零支柱的基础保障制度，集中社会保障资源，解决弱势群体的生存保障，体现社会保障制度社会稳定器职能。以新型农村合作医疗和农村最低生活保障制度为重点，推进农村社会保障事业发展。解决失地农民和进城农民工的社会保障问题，推进城乡社会保障统筹发展。社会救助制度建设是解决困难群体社会保障问题的关键，同时应通过完善社会保险制度作为配合。

## 第二节 社会保障模式背景条件比较

世界各国社会保障制度都经历了一个建立、实施、发展和改革的阶段。回顾建立之初的状况，可以对各种社会保障模式以后的发展作出基本判断。各国社会保障制度建立的时期不同，经济条件、政治条件和文化条件也存在较大的差异，才会形成各自的保障特点。各种模式的选择都是历史发展的必然性和偶然性的结合。通过条件的对比，可以对各国社会保障制度的建立条件和未来发展提供有益的借鉴。

### 一、理论基础比较

不同类型的社会保障模式是建立在不同的理论指导之上的。在第二章曾提到社会保障制度在全世界范围内的建立受以下四种主要理论或作品的影响：福利国家理论、福利经济学、凯恩斯经济理论和《贝弗里奇报告》。历史相对悠久的福利国家型和自保公助型社会保障制度就深受这四种理论或作品的影响，除此之外，新兴国家的自我积累型社会保障制度多受生命周期假说理论的影响。

### （一）福利国家型

**1.《贝弗里奇报告》**

对福利国家的理论指导最为深刻的是《贝弗里奇报告》。1942年，英国经济学家贝弗里奇着眼重建战后和平，从英国人民获得安全感的长远安排出发，经过周密调查，提出了《贝弗里奇报告》，全面阐述了一整套对英国全体人民适用的福利国家指导原则。《贝弗里奇报告》所提出的未来社会保障发展计划在历史上具有里程碑式的意义。

《贝弗里奇报告》主要有四个特征：第一，战略性，报告本身并不是一堆杂乱无章的建议的拼凑，而是一个统一的战略整体；第二，普遍性，强调对所有就业人员实行强制性保险计划；第三，加强保险精算，计划的制定尽可能以私人缴费为主，提议为国家养老金计划建立统一的基金；第四，节俭，贝弗里奇指出，补贴的给付应限定在贫困线或贫困线之上，所以不需要再对领取者进行家庭收入调查。

**2. 福利经济学**

福利经济学也是影响福利国家建设的重要理论基础。福利经济学作为现代经济学的一个分支，在20世纪初形成于英国，后来在瑞典、美国、法国得到传播。福利经济学的代表人物是经济学家庇古。庇古的福利经济学被称为旧福利经济学。旧福利经济学的理论是建立在基数效用论和不同个人效用的可比性基础上的。庇古定义经济福利是能够计量的与经济生活有关的那种福利，也就是能够直接或间接同货币量杠杆有关的那部分福利。经济福利将随着国民总收入的增加而增大，也将由于收入分配均等化而增大。因此，如果将富人收入一部分转移给穷人，经济福利就会增大，而收入转移的途径就是由政府向富人征收累进税和遗产税，举办社会保障事业补贴穷人，即发放失业津贴、社会救助、养老金、医疗保险，以及房屋供给等。庇古提出了一系列社会保障的策略和措施。

20世纪30年代后，产生了建立在序数效用论和无差异曲线分析方法上的新福利经济学，对福利的概念进行了进一步界定，其中最具代表性的是意大利经济学家维尔弗雷多·帕累托（Vilfredo Pareto）的理论。帕累托理论中的福利标准是：任何变革使部分人受益而没有人受损，这就是福利增大；否则，就无法判断福利是否增大。但尼古拉斯·卡尔多（Nicholas Kaldor）和约翰·希克斯（John Hicks）认为这在实际上是不可能的。他们认为，在一种变革中部分人受益难免会使另外的人受损，不过政府可运用适当政策使受损者得到补偿。

### （二）自保公助型

德国社会保障制度的出台与德国改良主义代表——新历史学派有密切关系。新历史学派又称"讲坛社会主义"，代表人物有古斯塔夫·施穆勒（Gustav Schmoller）、路德维希·约瑟夫·布伦坦诺（Ludwig Joseph Brentano）等。新历史学派的理论核心在于国家观，认为国家是集体经济的最高形式。凡是个人努力不能达到的目标，都理应由国家实现。国家应该直接干预经济生活的管理，负起"文明和福利"的职责，而劳资矛盾作为德国经济社会的重要矛盾，关系着国家的发展和命运，理所当然应该由国家出面解决。

除著名的新历史学派的国家观之外，影响德国社会保障制度建立的还有德国对市场经济的传统认识——社会市场经济体制。德国社会市场经济以"自由竞争、社会秩序、社会公正"为基础理念，追求效率与公平的统一。按照 W. 欧肯（W. Eucken）、L. 埃哈德（L. Erhard）等创始人的理想，社会市场经济既不是社会主义，也不是古典自由放任的市场经济，而是在绝对自由与集权主义之间的"第三条道路"。以社会公正为基本目标的社会保障制度作为社会市场经济体制的有机组成部分和内在的政策选择，兼顾了"市场上的自由原则与社会公平"，其价值取向和建制理念必然渗透着社会市场经济精神。因此，德国社会保障制度要有利于发挥市场机制的作用；社会保险要保持在收入再分配的合理范围内；社会保障应该由三方负担，国家仅仅在必要时候提供帮助。这些特点都成为德国社会保障制度的重要思想反映。

英国社会保障制度晚于德国的重要原因在于理论制度推动作用的不同。如果对比德国，英国在1870年（德国新历史学派产生的时期）仍在自由主义的理论笼罩之下。英国仍然相信中央政府对地方政府少的干预有利于经济的发展，法律上承认保护私人财产以及个人自由的原则。

美国社会保障制度的理论基础同自由放任主义和社会达尔文主义思想密切相关。尤其在美国社会保障制度萌芽阶段，也就是美国工业化时期和南北战争时期，深受这两方面理论的影响。其主要论点是：社会上的不幸和贫困是不可避免的，造成贫困的责任不在社会而在个人,因为新社会给每个人提供了成功的平等机会,应尽量减少公共救助。贫困是个人道义上的事,因而不应该救助,特别是不应该进行公共救助。因而,美国社会保障初期的主要形式是资源捐助和民间团体救助,而且这种思想的影响一直持续保留在美国社会保障制度内部。

进入经济大萧条时期后,1936年英国经济学家凯恩斯在其著作《就业、利息和货币通论》中阐述了国家干预经济理论及相关对策,并就建设社会保障制度、消除贫民窟、实行累进税制、实行最低工资法等政策提出主张。凯恩斯经济理论是现代重要经济理论,其中关于社会保障的论述占有相当重要的地位,国家对社会保障领域的干预有助于增加消费倾向,实现宏观经济均衡。这个理论揭开了社会保障作用于社会总需求、调节与缓和经济波动的自动稳定器作用的序幕。

### (三) 自我积累型

智利和新加坡都是新兴国家,更多地注重效率机制,更加注重个人在社会保障缴费中的重要作用。将个人收入在劳动时期和老年时期进行分配,调节个人在不同时期的收入和消费水平,其理论基础在于生命周期假说。

生命周期假说的出发点是一个典型的理性消费者,追求的是其生命周期内一生效用的最大化,而其预算约束为生命周期内的收入和消费支出的平衡。由此得出的结论是,消费者在任何年龄上的消费支出与即期收入完全无关,而是依赖于一生的全部收入(劳动收入与继承收入)。因此,个人消费支出在其生命周期的各个年龄阶段上都要选择一个稳定的、接近他们预期的平均消费率进行消费。跨时期消费是平滑的,由于储蓄等于收入减去消费,而消费支出又是由一生收入决定的。所以,短期的储蓄由即期收入和一生平均收入之差决定。

## 二、经济条件比较

任何社会保障模式都体现了同经济基础之间的紧密联系。经济发展水平为社会保障提供了物质基础;社会化大生产和经济环境的变化所引发的城市化、劳动力流动、人口结构变化、工伤事故发生等增加了人们对社会保障制度的需求。同时,社会保障制度也在不断影响经济的发展。

### (一) 福利国家型

许多经济学家认为,高福利水平是以高经济增长作为基础的,福利国家是以物质经济基础雄厚为基础的。福利实施的前提是经济水平高于国际平均水平,个人国民收入、国民素质和物质生活都处于很高的水平,如具有"资本主义工厂"之称的英国和以富足著称的瑞典。

位于北欧斯堪的纳维亚半岛的瑞典等国是当今福利国家型社会保障制度的缩影。瑞典财富的积累有赖于其优越的地理位置,使其拥有良好的自然资源和长期安定的环境。瑞典的铁矿藏量约为40亿吨,森林覆盖率高达55%,丰富的木材和矿产资源使得瑞典经济发展后劲十足。瑞典信奉不结盟政策,自1814年以来从未遭受战争破坏。瑞典经济长期保持稳定发展,1861—1890年瑞典工业年均增长率为2.7%,1891—1915年为6.1%。1870—1914年,工业总产值从3.2亿克朗增加到22亿克朗,国民收入从8亿克朗增加到33亿克朗。[①]在战争中处于中立地位并在战争中不断寻求发展机遇的瑞典积累了大量财富,为瑞典福利国家型社会保障制度的全面建立奠定了丰厚的物质基础。

英国从18世纪开始工业革命,是资本主义世界的经济发展强国。19世纪中叶,英国完成了工业革命,1848年英国生产了占世界一半的生铁,1870年对外贸易量超过法国、德国和意大利的总和。[②]第二次世界大战后的1960—1969年,英国国内生产总值的年平均增长率为3%,高于战前水平。[③]作为老牌的资本主义国家,英国在工业革命之后曾一度保持经济大国的领先地位。长期的经济发展,奠定了英国福利国家型社会保障制度的经济基础。

福利国家长期丰厚的物质基础为实施全民福利、设立"从摇篮到坟墓"的各项社会保障项目、确保高水平的给付待遇提供了强大的后盾,从而形成福利国家型社会保障制度的特色。

### (二)自保公助型

德国、美国等自保公助型国家同样建立在雄厚的经济实力之上,目标是为社会成员提供基本的经济安全和维持国民必要的生活条件。但同老牌经济国家英国和北欧富庶的瑞典等国相比,并没有全面依靠经济实力解决社会危机,在保障水平等问题上表现出了自己的特色。

德国社会保障制度的全面建立,是以19世纪80年代三部法律的相继颁布为标志。从19世纪五六十年代开始,整个德意志地区经济发展相当迅速,尤其是煤铁等重工业

---

[①] 林闽钢.社会保障国际比较[M].北京:科学出版社,2007:15.
[②] 王觉非.近代英国史[M].南京:南京大学出版社,1997:541.
[③] 孙炳耀.当代英国瑞典社会保障制度[M].北京:法律出版社,2000:342-343.

部门。普鲁士在1870年普法战争中取得的50亿法郎赔款全部投入了工业生产；对法国著名工矿区的占领，使德国的工业生产获得了源源不断的工业原材料；1871年，德意志实现了统一。这一系列原因使得德国经济在19世纪70年代得到了飞快发展，为后来的社会保障制度的建立奠定了物质基础。

美国建立社会保障制度的时间大约在20世纪30年代，要晚于德国近半个世纪。在德国建立社会保障制度的19世纪80年代，美国超过一半的劳动力还在农业部门工作。以农业为主的经济就业形态一直比以非农业为主的经济就业形态受到的经济衰退或萧条的影响小。因此，美国的社会保障需求在这一时期没有德国工人阶级旺盛。同样，美国也没有福利国家的保障思想。这种状况一直维持到经济危机前。到20世纪30年代中期，在农业部门就业的劳动力比例下降为不到20%。

美国社会保障制度建立的最直接导火索是20世纪30年代的经济大萧条。这场席卷全球的资本主义世界的危机由美国开始。因而，美国的危机发生得最突然也最严重：农产品价格急速下跌、工资收入骤降、金融业崩溃、劳动力市场突然出现大量失业，而老年人丧失了终生积累，又失去了临时的工作，情况最为窘迫。这样的经济状况迫使美国政府开始考虑国家承担保障责任，为经济复苏和振兴承担责任，并最终以立法的形式确认了公民享有社会福利权利。因此，美国社会保障制度全面建立之前，经济形势处于危机后亟待恢复的时期，美国社会保障制度的确立具有恢复经济的使命，因而在保障项目中多涉及刺激总需求、推动消费和投资、激励劳动者重新就业的内容和项目。

### （三）自我积累型

以智利、新加坡为代表的自我积累型社会保障制度的全面建立是在20世纪50年代之后，是三种类型中建立最晚的社会保障模式。如果说福利国家型和自保公助型社会保障制度多体现经济对社会保障制度的物质保证和基础作用，那么新加坡和智利等国在社会保障制度和宏观经济的关系上更多体现了社会保障制度对经济强大的保障和推动作用，努力形成经济发展和社会保障事业相互促进的局面。

20世纪50年代初，新加坡还是一个由华人、马来人、印度人等组成的移民社会，经济落后。除个别团体外，没有为一般工人筹措的全国性的退休养老基金。新加坡脱离了英国的殖民统治后，认为人民的收入水平过低，经济有待振兴。新加坡并不认同福利国家的全面普及型保障政策。新加坡充分利用国家地域面积较小、政治驾驭能力较强等优势，形成了独具特色的社会保障制度。

新加坡社会保障制度的经济推动作用体现在：利用基金筹集社会保障费，将社会保障基金多用于购买国债，支持国家基础设施建设，既为国家建设提供了长期的基金保障，又为基金的安全性和回报率提供了保障。1995年，新加坡政府的财政盈余为62.8亿新加坡元，其中部分用于支持完善社会保障制度，如拨付医疗基金1亿新加坡元、中央公积金8亿新加坡元。在中央公积金缴费率达到40%的情况下，国家财政仍有盈余。[①]

## 三、政治条件比较

各国社会保障制度的建立与各国政治状况紧密联系，其中包括三个重要因素：阶级斗争的状况、阶级政治联盟的结构、国家体制的历史传承。[②]

### （一）福利国家型

福利国家政府寻求平等标准的服务和给付，力求追求平等以保证每一名社会成员能够享受基本的权利。因此，这种福利保障高度制度化，给付最慷慨。瑞典、英国等国长期存在的政治观念和在此观念的影响下产生的政府行为，更是福利国家特色形成的重要影响因素。

瑞典政府深受"平等、妥协"文化价值观的影响，社会民主党便是其中的代表。瑞典社会民主党的执政理念是"社会民主主义"，其手段是通过税收和各项社会政策进行多层次再分配，拉平整个社会的贫富差距，从而维护社会的和谐与稳定。[③]长期执政的瑞典社会民主党始终坚持以"福利国家"为党纲，并在实践中不断探索福利国家的建设路径，力求建立完善的福利国家型社会保障制度。这种执政理念长期影响着瑞典社会保障模式，希望将国家建立成为"人民之家"，解决人民的养老、疾病、就业等各个方面的问题。

英国学者一般认为，"不列颠福利国家的建立和发展与工人阶级的角色及影响的变化紧密相连"[④]。我国学术界对此问题的研究也认为，英国社会保障制度的发展同英国工人阶级运动密切相关，工会和工党的兴起、发展、壮大以及斗争也是社会保障制度建立

---

① 和春雷.社会保障制度的国际比较［M］.北京：法律出版社，2001：126.
② 考斯塔·艾斯平－安德森.福利资本主义的三个世界［M］.郑秉文，译.北京：法律出版社，2003：32.
③ 杨玲.美国、瑞典社会保障制度比较研究［J］.武汉大学学报（哲学社会科学版），2006（1）：107-111.
④ 丁建定.工人阶级与英国现代社会保障制度的建立［J］.河南大学学报（社会科学版），2001（6）：70-74.

的促进因素。以英国工党为例,英国工党在积极进行政治斗争、争取扩大工党政治影响的同时,十分注意工人阶级生活和劳动条件的改善,把促进工人阶级福利的提高和建立一套完善的现代社会保障制度作为自己的重要斗争目标之一。工党一直强烈要求建立一套完善的现代社会保障制度,以保障每一名社会成员的正常生活和发展,内容涉及养老、失业、工伤赔偿等各个方面。

## (二)自保公助型

自保公助型社会保障制度国家其政治条件与福利国家型社会保障制度国家有明显的区别。福利国家型社会保障制度国家的政党多崇尚平等,政府在"公平与效率"之间更多地偏好公平;而自保公助型社会保障制度国家,在社会保障制度中更多地体现市场经济的作用,更多地偏好效率,因而表现出不同特征的政策措施。

德国复杂的政治背景和阶级背景,是促进德国最早建立社会保障制度的重要原因,同时也是德国选择自保公助型社会保障制度的重要原因。德国社会保障制度建立的政治条件包括:复杂的阶级关系;马克思主义在德国的广泛传播,对德国工人阶级起到了思想启蒙的作用;德国的阶级斗争和劳资对立比较激烈。俾斯麦曾表示接受这样的观点:一个想得到养老金的人是最安分也最容易被驯服的。表明政府确立这种社会保障制度的目的是确保工人阶级的忠诚以及得到中产阶级的支持,使社会保障制度的建立在于协调各个阶层之间的利益关系。

美国的多元文化所带来的分散化的政治特性,使美国政党没有统一的党章,国家也缺乏稳定的跨阶级联盟。美国政党政策多为了争取执政地位和平衡社会各方面利益,一般会根据不同时期的国内外形势和党内外形势提出一些既要尽可能迎合各类选民意愿,又要力求平衡不同党派矛盾的主张。美国的民主党与共和党都是代表资产阶级的政党,由于没有代表工人阶级的政党,美国的政党制度很难推行有利于工人的政策。

---

**专栏 3-1 艾斯平 - 安德森对福利资本主义国家的分类**

1990 年,艾斯平 - 安德森在其著作《福利资本主义的三个世界》中对发达国家社会保障制度(或称为福利制度)进行分类和分析。在福利体制的分析框架中,艾斯平 - 安德森把福利国家理解为一种支持社会公民权的概念,并延伸为非商品化和福利的阶层化效果。安德森对福利国家的分析主要针对发达国家,并且根据非商品化程度和阶层化程度,将福利资本主义国家分为"自由主义体制"(liberal regime)、"保守主义体制"(conservative regime)和"社会民主主义体制"(social democratic regime）。安德森对福利国家的分类首次使用了"福利体制"的概念。从此，关于福利"模式"和"体制"的研究开始进入学者的视线，并逐渐形成比较福利资本主义国家福利制度的一个基本概念和研究路径。后来对福利资本主义国家的分类虽然又出现了多种分析方法，但这些理论争论和探讨都是从他的"三分法"开始的。

自由主义福利体制的代表国家有美国、加拿大和澳大利亚，即盎格鲁-撒克逊国家群组。在这种福利体制中，居支配地位的是社会救助、转移支付或有限的社会保险计划。保守主义福利体制主要包括历史上的合作主义国家和德国俾斯麦以来的家长式威权主义国家，如意大利、德国、奥地利和法国。"社会民主主义"福利体制只存在于斯堪的纳维亚国家，如瑞典、挪威和丹麦等国家，这种福利制度被称为人民福利模式。

资料来源：考斯塔·艾斯平-安德森著.福利资本主义的三个世界[M].郑秉文，译.北京：法律出版社，2003.

### （三）自我积累型

自我积累型社会保障制度多建立在新兴国家，普遍存在国土面积较小、经济有待振兴的状况。在社会保障制度建立的政治条件上，多表现为拥有一个强而有力的政府和高效的行政环境。

1971—1973年，智利阿联德左翼政府在政治上推行国家社会主义，在经济上改私营化为国有化。这种改动虽然缓和了国家的贫富差距水平，但是却降低了经济运行的效率，引起了极高的通货膨胀和经济增长率下降。经济状况的恶化导致了政治矛盾。

1973年年底，以皮诺切特为首的军人势力发动军事政变，推翻了阿联德政府，开始推行独裁统治。皮诺切特军政府在政治上基本代表了中产阶级的利益，在经济上实行私营化，而社会保障制度的改革是军政府改革的重要组成部分。军政府对于中产阶级利益的维护，对社会保障制度私营化的彻底性，正是体现了智利当局强有力的政治领导和对市场化运行的坚定决心，而后来政府对社会保障基金的严格监管更是反映了政府较强的驾驭能力。

## 四、文化条件比较

各国的传统文化和观念会深入国家经济、政治、社会各个领域。尤其是在福利国家型和自保公助型这两类发展较长时期的社会保障制度中，对于历史传统文化和对"公平与效率"一贯的看法反映得更加充分。

### （一）福利国家型

瑞典的社会文化凸显福利国家的特征。瑞典是一个单一民族国家，国内没有种族和宗教的纷争，88%的人口具有相同的宗教信仰。[①] 长期的和平与稳定，形成了瑞典居民特有的合作与妥协的历史传统。20世纪20年代，当瑞典已经实施社会救助制度长达几个世纪的时候，美国的社会保障还停留在地方救济的水平上。

英国建立福利国家的最初基本思想是，通过社会保险来保证人们的大部分需求；在不得已的情况下，根据经济状况调查，向有限的贫困者给予必要的社会救助，从而使全社会的每名成员在年老、疾病、失业、寡居、多子女，以及遭受工业伤害、意外事故的情况下，仍然能过上体面的生活。[②] 英国对于人的权利的保障是伴随着社会保障制度的产生而存在的，可以追溯到17世纪《济贫法》历史时期。这种对人的最低生存和生活条件的满足，反映了福利国家特有的文化特点和传统思想。

### （二）自保公助型

美国作为自保公助型社会保障制度的典型国家，其在社会保障建立和发展中所表现出来的"谨慎"特征与这类国家长期的保守主义福利观念有必然的联系。

美国是一个移民国家，移民大多在母国受到迫害，希望在"新世界"寻找新的自由和建立新的文化。因而这个民族崇尚自我奋斗，有着浓厚的个体本位思想，并以努力劳动获得自我保障为荣，以依赖政府获得保障的行为为耻。

但是美国20世纪30年代的经济大萧条，不仅仅影响了无能者和不注意节约的人群，也冲击了勤劳者和简朴者，简单的慈善救助和社区帮助已经无力帮助人们脱困。而社会保障制度在欧洲国家的广泛推行，也对美国起到了示范作用。直到此时，美国才开始转变传统意义上的观点，终于认清千百万人的困境，不是个人问题而是社会问题，只有政府担此责任才能有效地解决问题。美国这一文化传统、道德观点的转变是随着经济大萧条才发生的，这一文化道德观点的转变也是美国同英国等福利国家形成不同社会保障模式的重要原因。

1935年美国《社会保障法》的颁布和确立，标志着美国在国家对待贫困和穷人问题上认识的转变。该法的实施使帮助穷困者不再是对人格尊严的蔑视，而是将贫困看成正

---

① 杨玲.美国、瑞典社会保障制度比较研究［J］.武汉大学学报（哲学社会科学版），2006（1）：107-111.
② 刘燕生.社会保障制度的起源、发展和道路选择［M］.北京：法律出版社，2001：89.

常的经济社会现象。该法的颁布也为后来相继出台的各种社会保障法律提供了基础，使美国在自保公助型社会保障制度的国家中也显得与众不同。

美国政府虽然承担了干预经济社会生活的责任，但同福利国家相比，美国强调政府有限性的传统，很难推进政府扩大权限、实施干预再分配的政策。相比瑞典，美国更强调机会的平等而非结果的平等，因此，在美国不可能建立全面的、高福利的社会保障模式。

### （三）自我积累型

新加坡社会保障制度受到多方面文化因素的影响。

第一，殖民统治时期，宗主国文化渗透。新加坡在独立以前是英国的殖民地。一方面，殖民统治造成了新加坡经济落后，民众需要建立社会保障来满足基本生存的需要；另一方面，英国统治者也向其渗透了全民福利的思想。英国的殖民政府为了稳固其在新加坡的统治，于1953年12月11日通过了公积金法案，1955年7月颁布了《中央公积金法》，成立了中央公积金局。因此，新加坡最初的社会保障制度是英国殖民政府建立的，这对后来建立的覆盖全民的保障模式产生了一定影响。

第二，固有的以家庭为中心处理社会问题的道德传统。新加坡人口中以华人后裔居多，这使该国具有家庭保障的传统。家庭本位的思想深刻影响着政府制定政策的取向。

第三，独立后政府的自我保障意识的影响。正是由于新加坡当局看到了福利国家社会保障制度的缺陷，在独立之后，新加坡政府对社会保障制度的基调就确立在自我保障的原则下。这种对福利制度的反思，也是影响保障模式的重要文化因素。

智利皮诺切特军政府于1973年9月上台执政后，政策中凸显军政府主导的新自由主义思想。新自由主义思想的精髓在于反对政府干预的逆凯恩斯主义思想，崇尚市场竞争，强调私营化，发展私营企业，开放市场，参与国际竞争。这种思想反映在社会制度领域，就是社会保障制度的改革、养老保险基金管理私营化和医疗保健机构部分私营化。这充分反映了当时政府的新自由主义思想，也正是由于这种新自由主义思想的影响，促进了智利社会保障模式的最终确立。

综上所述，经济条件是社会保障制度建立的动力因素。观察分析各种类型的社会保障模式，可以发现，社会保障和经济发展的关系非常密切。经济发展的发达程度，在一定程度上决定了社会保障的发展水平。经济实力较强的国家普遍具有社会保障项目齐全、保障水平高、覆盖面广泛的特点。福利国家型社会保障制度尤其体现了这一点。自保公助型社会保障制度国家的经济实力也表现出经济基础对社会保障制度的推动作用。

执政党政策主张和阶级状况是社会保障制度建立的重要政治背景。包括一国执政党的政治观念和政策主张、所代表的阶级利益、面临的阶级构成、工人阶级运动的程度、压力集团的作用等因素。自保公助型社会保障制度的国家（如德国）阶级构成复杂，与福利国家型社会保障制度的国家（如瑞典）相反。是否利用社会保障制度作为缓和阶级矛盾的工具，也导致了制度政策内容的截然不同。

社会保障制度的建立普遍具有深刻的理论基础。在不同的经济政治环境和不同的历史发展背景下，各国的社会保障制度都有自己的理论基础。不同类型的国家分别结合符合自身客观条件和主观条件的经济政治理论，才能发挥社会保障制度的预期目标——维护公平或者促进效率。

文化条件对社会保障制度有深刻的长期影响。这种影响广泛存在于政治、文化和经济之中。从最根本上说，虽然福利国家型和自保公助型社会保障制度国家都具有丰厚的经济物质基础，但是正是由于长期文化传统对政党和公众潜移默化的影响，才会产生不同类型的社会保障制度，而且制度又能为本国人民所接受，并发挥各自作用。

社会保障制度是各项条件共同作用的结果，虽然我们分别分析了各项条件对制度的不同作用，但实际上各项制度是混合在一起共同作用的。中国社会保障制度建立、完善和改革的过程，也要充分考虑中国的经济、政治、文化、伦理道德等方面的条件。

## 第三节　社会保障模式的经济效应比较分析

无论什么类型的社会保障，都会不同程度地产生一些积极效益。对社会保障及其社会经济效应分析，目的是探寻合理的社会保障发展模式，为中国社会保障体制改革和适度社会保障水平的把握提供理论依据。

### 一、社会保障水平比较

社会保障水平是社会保障体系中的核心要素，社会保障体系的内在因素和外部功能都与它直接相关并围绕着它展开。

统计分析结果表明，在社会保障支出水平上，实行福利国家型社会保障制度的国家高于大多数自保公助型社会保障制度的国家。同时，社会保障支出增长率，在20世纪80年代前，也是福利国家型高于自保公助型（见表3-2）。

表3-2　　　　　　　　典型国家社会保障支出水平比较　　　　　　　　　%

| 模式 | 国家 | 社会保障支出占国内生产总值的比重（2009年） | 社会保障支出增长率 | | |
|---|---|---|---|---|---|
| | | | 1960—1980年 | 1981—1995年 | 1996—2009年 |
| 福利国家型 | 瑞典 | 29.8 | 16.9 | 5.3 | 3.4 |
| | 丹麦 | 30.2 | 14.0 | 4.8 | 3.9 |
| | 英国 | 24.1 | 6.3 | 6.9 | 6.1 |
| 自保公助型 | 美国 | 19.2 | 7.5 | 5.9 | 6.4 |
| | 日本 | 22.4 | 5.54 | 3.8 | 2.9 |
| | 德国 | 27.8 | 5.5 | 3.7 | 2.1 |

资料来源：
① OECD.OECD economic outlook.1986.
② 国家统计局.国际经济和社会统计提要［M］.北京：中国统计出版社，1987：267，269.
③ OECD.OECD in figures［R］.1988—1997.
④ Nordic Social Statistical Committee.Social security in the Nordic countries［M］.1978—1994.
⑤ OECD.SOCX.2007.
⑥ 国家统计局.国际统计年鉴2011［EB/OL］.［2024-01-11］.http://data.stats.gov.cn/files/lastestpub/gjnj/2011/left.htm.

目前，社会保障支出比重过大是世界社会保障面临的最棘手问题。事实也表明，实行福利国家型社会保障制度的国家，社会保障体制弊端也暴露得严重，其原因之一是社会保障支出水平过高，且居高不下。表3-2说明，在2009年的社会保障支出占国内生产总值的比重上，除德国外，福利国家型高于自保公助型；在社会保障支出增长率方面，除美国外，自保公助型一般低于福利国家型。

20世纪70年代中后期以来，西方工业化国家社会保障支出超限度带来一系列社会经济问题，迫使政府采取措施控制社会保障支出增长率。表3-2说明，在控制社会保障支出增长率上，20世纪60年代至80年代初，自保公助型明显优于福利国家型，下降速度明显快于福利国家型。在实证分析后，我们将进一步探讨这里面的规律。

通过表3-2，我们也同时认识到，正是由于福利国家型社会保障制度支出水平过高，在1996年之后的福利支出调整过程中，福利削减的力度加大，将社会保障支出增长控制在一定范围内。在 21 世纪前 10 年，英国社会保障支出年均增长 6.6%。英国 2013 年开始生效的《福利改革法（2012）》规定，就业适龄人员领取的救助金将会封顶，不能超过普通工薪家庭的平均收入。2015 年，英国政府停止对生育第三个及以上的孩子的若干补贴，如普遍性福利金、儿童税收抵免以及抚养人收入补贴。2012 年英国社会保障支出占中央政府财政比重为 35.65%，2019 年则为 33.34%，2020 年为 28.75%。这种对社会保障支出水平增长比例的"缩紧"，显示了福利国家对社会保障支出水平过高后果的反思。

## 二、人均国民生产总值增长率比较

社会保障制度近年来的"危机"主要表现在影响了国民经济的持续增长。联合国组织的关于 21 世纪社会保障发展课题组的专家认为，"关于目前所谓的社会保障'危机'问题，应该明确两个更深刻的要点。首先，现存'危机'的主要起因不是领取养老金人数的持续增加，也不是由于逐渐改进医疗技术，最主要的原因是经济发展速度缓慢，失业问题严重"[①]。

近年来，社会保障的"危机"主要表现为社会保障支出在刚性作用下连续上升，已经超过了国家承受能力，导致财政困难，经济实力下降。从单向影响上看，这种社会保障"危机"主要是经济发展速度缓慢的结果，但从双向或从更全面观点上看，某些国家经济发展速度缓慢也与社会保障支出超过了合理限度有关。统计结果表明，社会保障支出水平过高的福利国家的国民经济增长速度普遍低于社会保障支出水平较低的国家。表 3-3 为两种模式国家历年人均国民生产总值（GNP）增长情况对比。

表 3-3 　　典型国家人均 GNP 增长率比较 　　%

| 模式 | 国家 | 人均 GNP 增长率 | | | | | 平均值 |
|---|---|---|---|---|---|---|---|
| | | 1960—1980 年 | 1981—1995 年 | 1996—2004 年 | 2005—2011 年 | 2012—2019 年 | |
| 福利国家型 | 英国 | 2.3 | 2.4 | 2.5 | 0.3 | 0.9 | 1.68 |
| | 瑞典 | 2.3 | 1.5 | 2.7 | 2.0 | 1.1 | 1.92 |
| | 丹麦 | 3.3 | 2.1 | 1.8 | 0.4 | 1.5 | 1.82 |

---

① 国际劳工局.展望二十一世纪：社会保障的发展[M].北京：劳动人事出版社，1988：94.

续表

| 模式 | 国家 | 人均 GNP 增长率 | | | | | 平均值 |
|---|---|---|---|---|---|---|---|
| | | 1960—1980 年 | 1981—1995 年 | 1996—2004 年 | 2005—2011 年 | 2012—2019 年 | |
| 自保公助型 | 美国 | 2.3 | 1.7 | 2.2 | 0.6 | 1.7 | 1.7 |
| | 日本 | 7.1 | 3.6 | 0.9 | 0.4 | 1.4 | 2.68 |
| | 德国 | 3.3 | 2.4 | 1.3 | 1.9 | 1.0 | 1.98 |
| 自我积累型 | 新加坡 | 7.5 | 5.3 | 2.2 | 3.9 | 2.0 | 4.18 |

资料来源：
①世界银行.世界发展报告［M］.北京：中国财政经济出版社，1982-1995.
②世界银行官网.
注：日本的人均 GNP 更新至 2018 年，表中所列数值为 2012—2018 年的测算结果。

人均 GNP 的增长受多种因素影响，但按照因果分析中的求异法[①]进行逻辑推理，可以判断：一国的社会保障模式如果是社会保障支出水平相对高的类型，人均 GNP 增长率相对低；一国的社会保障模式如果是社会保障支出水平相对低的类型，人均 GNP 增长率相对高。由此得出结论：社会保障水平及其保障模式是影响人均 GNP 增长率高低的原因之一。具体结论是，自保公助型社会保障模式相对有利于国民经济的增长。人均 GNP 是资本主义国家最能综合反映生产水平和收入水平的指标，体现了一个国家的经济发展程度，该指标的增长必须与经济发展和人口控制相联系，是一个较为宏观的概念，涉及诸多因素的影响，因此，人均 GNP 的增长很难完全说是社会保障的效应。当单纯考察社会保障的给付水平高低对于人均 GNP 的影响时，若其处于较低水平，尽管人均 GNP 增长速度提高，也不一定是仅受到社会保障的推动作用。反之，若人均 GNP 增长慢也不能说明当期社会保障给付水平就低，其保障作用就差。不过随着人口老龄化与社会保障的项目不断完善、覆盖面不断扩大，未来社会保障的给付水平与规模势必会逐年上升，对人均 GNP 的影响也会越来越大，二者的关系需要从多维度进行考量。

新加坡的社会保障模式建立的历史较短，所以其人均 GNP 增长率相对显得较高。不过，自我积累型中央公积金制度实施几十年，新加坡能保持较高的经济增长速度，这表明中央公积金制度保障制度是一种比较有利于经济发展的保障模式。

---

① 求异法是因果分析逻辑推理方法之一，它的基本规则是：当先行条件不同、后果就不同时，先行条件是后果的原因。

## 三、失业率比较

在国民经济结构中，与社会保障直接相关的另一个重要因素是失业率。正如前面引证的联合国关于21世纪社会保障发展课题组专家所提出的，目前世界社会保障制度"危机"的重要原因之一是失业问题严重。

其实，失业问题严重不仅是社会保障"危机"的原因，也是社会保障支出水平不断上升的结果。表3-4的资料证明，在大多数年份，社会保障支出水平相对较高的福利国家——英国，其失业率高于支出水平相对较低的自保公助型社会保障制度的国家（除美国外）。

表3-4　　　　　　　　　典型国家失业率比较　　　　　　　　　　　　　%

| 国家 | 失业率 | | | | | | | | | | | 平均值 |
| --- | --- | --- | --- | --- | --- | --- | --- | --- | --- | --- | --- | --- |
| | 1960年 | 1965年 | 1970年 | 1975年 | 1980年 | 1985年 | 1995年 | 2005年 | 2010年 | 2015年 | 2020年 | |
| 英国 | 1.7 | 1.5 | 2.6 | 4.1 | 7.4 | 11.9 | 5.9 | 4.6 | 7.8 | 5.3 | 4.5 | 5.2 |
| 日本 | 1.0 | 0.8 | 1.2 | 1.9 | 2.0 | 2.6 | 2.1 | 4.7 | 5.0 | 3.4 | 2.8 | 2.5 |
| 美国 | 5.6 | 4.5 | 4.9 | 8.5 | 7.1 | 7.1 | 5.4 | 5.5 | 9.6 | 5.3 | 8.1 | 6.5 |
| 德国 | 1.2 | 0.6 | 0.7 | 4.7 | 3.8 | 9.3 | 7.2 | 9.8 | 7.1 | 4.6 | 3.8 | 4.8 |

资料来源：
①国家统计局国际统计信息中心.国际经济和社会统计资料（1950—1982）[M].北京：中国财政经济出版社，1983：445.
②世界银行官网。

这里逻辑推理关系仍然是求异法：社会保障支出水平不同，失业率也不同，所以社会保障支出水平的高低是失业率高低的原因之一。

从理论上分析，这一关系也是成立的。当社会保障水平过高时，而且主要是由国家而不是由自己支付失业保险金时，很多人宁可失业也不愿寻找艰苦一点的工作。据统计，英国失业者领取的失业保险金和各种津贴加在一起，与就业者的工资水平相差无几。这种高福利保障水平，导致出现"养懒汉"和更多的失业现象。

## 四、综合比较分析

社会保障水平的社会经济效益比较，除社会保障水平、人均国民生产总值增长率、失业率等比较内容外，还有社会保障支出占GDP的比重、社会保障支出占中央财政支出的比重、私人消费占GDP的比重等内容。为了便于宏观分析和综合比较，我们把它们归纳在一起进行分析研究（见表3-5）。

表3-5　社会保障模式、保障水平与社会经济关系状况

| 类型 | 国家 | 2009年 C1（社会保障支出占GDP的比重） | 1960—2005年 C2（社会保障支出占中央财政支出的比重） | 1971—2011年 C3（私人消费占GDP的比重） | C4（GDP平均增长率） | 2012—2020年 C5（国内储蓄占GDP的比重） | C6（国内投资占GDP的比重） | C7（人均GNP年均增长率） | C8（年均通货膨胀率） | C9（年均失业率）% |
|---|---|---|---|---|---|---|---|---|---|---|
| 福利国家型 | 英国、瑞典、丹麦 | 高 28.03 | 高 42.02 | 低 54.43 | 高 1.18 | 高 24.02 | 低 21.01 | 低 1.17 | 高 1.71 | 高 6.33 |
| 自保公助型 | 美国、日本、德国 | 低 23.13 | 低 40.88 | 高 59.91 | 低 0.93 | 低 23.12 | 高 22.15 | 高 1.37 | 低 1.28 | 低 4.41 |
| 自我积累型 | 新加坡 | 低 1.54 | 低 7.38 | 低 41.97 | 高 2.61 | 高 53.79 | 高 26.68 | 高 2.00 | 低 0.70 | 低 3.82 |

资料来源：
① 世界银行官站。
② OECD.SOCX.2011.
③ ILO.World social security report.2010—2020.

说明：
① C1中的新加坡数据为2000年数据，C5和C6中的日本为2012—2019年数据，C7为2012—2019年数据。
② 为了便于比较，表中把自保公助型和自我积累型三种类型的有关数据分成"高"和"低"两种。其划分方法是：先选出一类为"低"，另一类为"高"，把自我积累型与主体类型进行比较，以前两种类型比较，表中把福利国家型、自保公助型和自我积累型的历史可比性强，就以前两种类型比较，靠近"高"者为"高"，靠近"低"者为"低"。

表 3-5 概括了与社会保障支出水平相联系的有关社会经济因素，并以社会保障自我积累为界限进行了分类统计。统计结果表明，宏观经济的几大领域都与社会保障自我积累相关，从而表现出不同的数量结果。从中我们可以看出，在社会保障支出占 GDP 的比重、社会保障支出占中央财政支出的比重、平均通货膨胀率、平均失业率上，福利国家型高于自保公助型和自我积累型；在 GDP 平均增长率与国内储蓄占 GDP 的比重上，福利国家型低于自我积累型，略高于自保公助型；在国内投资占 GDP 的比重、人均 GNP 年增长率上，福利国家型低于自保公助型和自我积累型；在私人消费占 GDP 的比重上，福利国家型低于自保公助型，但高于自我积累型。

从世界上所谓社会保障"危机"内容看，主要是社会保障支出不断上升导致财政赤字增加、失业率增加，进而使政府处于进退两难境地。依据这一标准判断，福利国家型的社会保障"危机"明显高于自保公助型。事实也证明了这一点，英国和瑞典等国暴露出来的"英国病"和"瑞典病"正是社会保障"危机"的具体表现。

从国民经济良性运行标准上去判断，人均 GNP 增长率、国内储蓄、国内投资等相对过低，以及通货膨胀率、失业率相对过高，都不利于国民经济良性运行。从上面的统计结果看，福利国家型较之自保公助型和自我积累型，不利于国民经济的良性运行。因此，无论是从社会保障自身的健康发展看，还是从国民经济良性运行看，福利国家型都劣于自保公助型和自我积累型。

## 案例分析

## 国情对社会保障模式选择有多大影响？

世界各国实施的社会保障制度大体上模式主要有三种：福利国家型、自保公助型和自我积累型。

**1. 瑞典**

瑞典位于北欧斯堪的纳维亚半岛东半部，是北欧五国之一，大多数人信奉瑞典国教路德新教。国内社会民主党长期执政，并且执行平时不结盟、战时守中立的和平中立外交路线，两次世界大战中都幸免于难，保持了长达 180 多年的和平环境。2020 年，瑞典的 GDP 达到 659.2 亿美元，是一个高度发达的国家。瑞典在航空工业、汽车制造、核工业、电信、制药等领域处于世界领先水平。在 2021 年全球幸福指数国家排行榜上，瑞典排名第七。

**2. 德国**

德国位于欧洲中部，北临北海和波罗的海。德国于10世纪形成封建国家，1871年建立统一的德意志帝国，当时其工业化才开始起步，经济发展比英法两国慢了将近一百年。德国首相俾斯麦为了巩固帝国专制政权，一方面镇压日益高涨的工人运动和蓬勃发展的社会民主党，另一方面于1883年开始颁布社会保险三项法律，将社会保障纳入法治轨道并增加工人福利，以缓和国内无产阶级与资产阶级的尖锐矛盾。也因此成为世界上首创立法实施社会保障制度的国家。第二次世界大战后，德国开始推行社会市场经济模式，主张市场有序竞争的同时，强调社会责任，主张高税收、高福利，通过提高消费者机会、刺激技术进步和创新、收入和利润按劳分配的方式来使市场中的各种力量自由发挥作用，对经济复苏发挥了巨大作用。德国目前已成为高度发达的工业国家，经济实力位居欧洲首位，是世界第四大经济体、世界第三大商品贸易国。

**3. 新加坡**

新加坡位于马来半岛南端、航运要道马六甲海峡的出口，城市面积占绝大部分，因此人称"城市国家"。截至2021年8月，新加坡总人口568.6万人，其中华人占74%左右，其余为马来人、印度人和其他种族。新加坡推行自由贸易及金融体系，制度健全，私营企业可自由与国外企业进行商贸活动，外币可在新加坡自由兑换及进出。1955年的新加坡是英国殖民地，由于国家经济薄弱，英国又不愿承担宗主国的责任，所以，新加坡为了积累资金、缓解财政困难等问题，建立了完全积累型的社会保障制度体系。1959年6月，新加坡实行内部自治，成为自治邦，英国保留国防、外交、修改宪法、颁布"紧急法令"等权力。1965年新加坡共和国成立，并于当年9月成为联合国成员国、10月加入英联邦。新加坡独立后，经济发展迅速，逐渐成为亚洲四小龙之一，是世界海洋交通的中心之一，2021年GDP增长7.2%，创10年来新高。

资料来源：

1. 部分数据和资料来自共产党员网。

2. 于尔根·科卡. 社会史：理论与实践[M]. 景德祥，译. 上海：上海人民出版社，2006.

3. 周薇，黄道光. 解读新加坡老年社会福利：基于中央公积金制度之外的思考[J]. 东南亚研究，2015（5）：10-15.

4. 阎维洁. 瑞典经济发展模式及启示[J]. 宏观经济管理，2019（8）：75-79, 85.

讨论题：

1. 这三种社会保障模式是在什么样的国家经济政治背景支持下实施的？
2. 是否能够普遍适用于世界各国呢？
3. 不同的国情对社会保障模式选择有多大影响？

### 深度阅读

1. 考斯塔·艾斯平－安德森.福利资本主义的三个世界［M］.郑秉文，译.北京：法律出版社，2003.

该书是国际福利资本主义研究的经典著作。内容主要围绕对不同福利国家进行体制划分，阐述不同体制国家的福利目标、福利产生的动因及与主要经济状况之间的联系。具体包括三种福利国家政治经济学理论、福利国家中存在的非商品化和分层化、养老金结构中国家与市场的关系、分配体制的度量、劳动力就业问题等。

2. 赵曼，等.城乡养老保障模式比较研究［M］.北京：中国劳动社会保障出版社，2011.

该书从广义的、积极的角度研究城乡养老保障模式，把传统意义的资金保障扩展到实物供给，从单纯的物质供养拓展至物质供养、生活照料和精神慰藉三个保障层面，通过多层次对比探讨城乡养老保障模式中的差异。

### 本章小结

在社会保障理论基础上，各种社会保障模式相继建立并发展。福利国家型、自保公助型、自我积累型社会保障模式是世界社会保障制度形成和发展过程中形成的三大主流模式，每一种模式都有自己形成的起源和特征，并有典型国家的实际运行状况。随着东亚地区的经济发展，基于文化与地理等因素所形成的东亚社会保障模式也逐渐受到关注。近年来，多支柱模式成为不同类型社会保障模式共同的发展选择。中国结合自身经济状况，建立多元化的社会保障模式势在必行。

各国社会保障制度建立之初有其各自不同的理论基础、经济条件、政治条件、社会条件和文化条件。通过对比观察不同社会保障模式的背景条件，可以为中国社会保障制度可持续发展提供有益启示。

社会保障制度是经济运行过程中的必要因素，不同的社会保障模式往往会产生不同的经济效应。社会保障水平、国民生产总值增长率、失业率状况，以及社会保障支出占 GDP 的比重、社会保障支出占中央财政支出的比重、私人消费占 GDP 的比重等都是社会保障经济效应分析的直接或间接要素。经济效应分析表明，自保公助型和自我积累型社会保障制度优于福利国家型社会保障制度。

### 重要概念

福利国家型社会保障制度　自保公助型社会保障制度　自我积累型社会保障制度　东亚社会保障模式　社会保障模式多元化　社会保障模式的经济效应

### 思考题

1. 福利国家型、自保公助型和自我积累型社会保障制度的基本特征是什么？
2. 社会保障"三支柱"和"五支柱"体系的基本含义是什么？
3. 试述社会保障多元化发展趋势对中国的启示。
4. 结合各国社会保障模式建立之初的背景条件，试分析中国建立社会保障制度具有哪些条件，如何适应这些条件完善适合中国国情的社会保障制度。
5. 简要说明《贝弗里奇报告》的内容和特色。
6. 举例说明社会保障模式的经济效应。

# 第四章
# 社会保障基金的筹集及运营管理国际比较

## 第一节　社会保障基金筹集模式比较

社会保障基金是指国家为了实施社会保障制度，通过法定程序，以各种方式建立的用于特定目的的资金，是实施社会保障制度的物质基础。社会保障基金的形成与发展是为了应对不断变化的社会经济形势。在19世纪80年代，社会保障制度在德国建立之初，并没有形成大量的社会保障基金。在此后的许多年间，社会保障基金也并没有在社会保障制度舞台上占有主要地位。然而，半个多世纪来，越来越多的国家政府开始逐步提升社会保障基金的地位，重视社会保障基金的巨大经济作用。

社会保障基金能够发挥重要的作用，其原因在于社会保障制度的不断演变，人们对于社会保障制度的认识不断加深。社会保障基金的筹集，是社会保障制度运行一切环节的起点，是社会保障基金存在和发展的基础，也是整个社会保障制度存在的基石。

对社会保障基金筹集问题的研究，始终是社会保障制度安排的重要议题。基金筹集问题涉及基金的筹集方式、供款主体、负担比例、储蓄方式、积累程度、产权归属等众多问题。对这些问题的不同看法和认识，形成了不同的社会保障基金筹集模式。基金筹集的方式总的来说分为三类：现收现付制、完全积累制和将两种制度结合在一起的部分积累制。

## 一、现收现付制

### （一）现收现付制的含义

现收现付制（pay-as-you-go）是最经典的社会保障基金筹集模式。19世纪80年代社会保障制度在德国建立之日起，这种模式就存在了。在此后众多国家建立社会保障制度时，受到德国模式的影响，大多采用现收现付制。至今，这种模式依然在世界范围内广泛存在。

现收现付制是一种社会保障基金短期横向财务平衡模式，是社会保障机构在预测给付水平的基础上，按需计算缴费水平，进行基金筹集的方式。这种基金筹集方式的运行机制是，社会保障管理机构首先综合考虑国民经济、人口构成等状况，计算当年或近几年内某项社会保障制度所需支出的费用水平，然后按照一定比例分配给参与该项社会保障制度的单位和个人，由这些参与保障的主体按照工资等收入的一定比例缴纳费用，可以采用费或税的形式。现收现付制通常当年提取、当年支付。这种以支定收的方式通常不留积累，即使略有结余数量也相当有限。每年对于费用的预测都是根据上一个年度的收支平衡状况或近几个年度的平均状况得来的。

按照现收现付制的运行机制，可以列出现收现付制的财务平衡等式。按照现收现付制的安排，短期内缴纳费用的数额等于支出部分的数额。以养老保险为例，等式的左侧为缴费额度，表示在职职工按照工资的一定比例缴纳保险费；右侧为支付数额，即养老金受益者领取数额，两者是相等的。

$$C \cdot W \cdot E = P \cdot R \qquad \text{式 4-1}$$

式中，$C$ 为现收现付制养老保险的供款率，$W$ 为平均名义工资，$E$ 为在职职工人数，$P$ 为平均名义养老金，$R$ 为养老金领取人数。

如果将等式进行移项，可以得到式4-2。

$$C = (P/W)(R/E) \qquad \text{式 4-2}$$

此处，$C$ 为缴费率，$P/W$ 为平均名义养老金与平均名义工资的比值，称为替代率水平，代表退休后的养老金收入对工资的替代程度。$R/E$ 为养老金领取人数与在职职工人数的比值，称为制度赡养率。在讨论缴费率 $C$ 的过程中，可以发现，在现收现付制条件下，缴费率与替代率、制度赡养率成正比，给付水平越高，制度赡养率越高，需要的缴费率就越高。

### （二）现收现付制的特点

通过分析现收现付制的运行机制和财务平衡等式，可以分析出该种模式的一些特点，这些特点也同时表现出制度本身的优势和劣势。

第一，现收现付制具有短期平衡性。这种制度通常保持当期平衡，可以是 1 年或者是 3～5 年。这种财务制度十分灵活，可以随时根据经济、人口状况和保障需求进行调整。

第二，现收现付制具有代际再分配的功能。现收现付制的机制就是由年轻一代人去供养年老的上一代人，以此类推，因此是一种代际供养。由式 4-2 可以看出，制度的平衡与人口结构有相当大的关系，当给付水平一定、替代率保持不变的情况下，赡养率水平越高，缴费率水平越高。如果一个国家的人口结构中，年轻人比例较高，那么劳动者的养老负担就轻。在目前世界人口老龄化背景挑战之下，现收现付制的基础受到冲击。当代年轻人要缴纳不断攀升的养老保险费，供养越来越多的老年人。随着缴费额的不断提高，就会损害当代劳动者的利益，并引发代际矛盾。这一问题也是完全积累制产生的重要原因。

第三，现收现付制强调公平。虽然现收现付制在人口老龄化背景下显现出了功能弱化的趋势，并且越来越多的国家在社会保障制度中注入积累的因素，但是现收现付制依然是众多国家养老保险制度的构成主体。到 1995 年，在全世界已建立社会养老保险制度的 165 个国家或地区中有 146 个国家或地区采用了这种模式。这主要是因为现收现付制具有公平性的特点，这也是社会保障制度产生的初衷。社会保障制度的首要目标是维护社会公平，在公平的目标基础上追求其市场效应。现收现付制的代际再分配性、经济互济性，是明显的公平性特征，保留现收现付制就是保留了公平的社会目标。

第四，现收现付制没有过多的基金积累，管理成本较低。现收现付制不同于个人账户的积累，并不需要过多的个人资料。因此，从行政管理角度出发，并不需要过多的成本花费。而且现收现付制无须大量基金积累，不需要为避免通货膨胀、利率变化等风险而花费巨额的管理成本。

## 二、完全积累制

### （一）完全积累制的含义

完全积累制（fully-funded pension system）的产生与人口老龄化有十分密切的联系。大多数经济学家认为，现收现付制社会保障资金顺利运行的前提条件是有长期稳定的人口结构，人口老龄化会动摇现收现付制存在的基础，影响代际公平，加重年轻劳动者的负担，也不符合激励机制。由此，利用完全积累制可以对人口老龄化产生抵御作用，符合效率和激励原则，并同时产生巨大的经济效应。完全积累制的代表国家为自我积累型社会保障制度的国家，如新加坡、智利。

完全积累制又称基金积累制，是一种以长期纵向平衡为原则的社会保障筹资模式，是正在工作的劳动者为自己退休储备社会保险费的制度安排。其实质是个人一生的收入平滑。这种筹资模式的运行机制是，劳动者在参加工作开始，就为其自身缴纳保险费（税）。缴费（税）的数额通常为工资等收入的一定比例。多数国家用人单位也要为劳动者的积累缴纳一部分费用，但个别国家除外，如智利。用人单位和劳动者的缴费（税）统一进入劳动者个人账户，进行长期的累积和增值。在劳动者退休之后，达到领取条件，方可领取。领取的方式可以是一次性领取或按月领取，也可以是两种形式的结合。

以养老保险为例，完全积累制的财务平衡等式的精算原则在于，一个劳动者的养老金在退休时点上的本利和等于劳动者应领取的养老金在退休时的现值。劳动者养老金积累数额见式4-3。

$$C \cdot W [(1+r)^n + (1+g) \cdot (1+r)^{n-1} + \cdots + (1+g)^{n-1}(1+r)] \quad \text{式4-3}$$

式4-3中的$C$代表缴费率，$W$代表职工初始工作时的工资收入，$g$代表每年的工资增长率，$r$代表在积累过程中的利息率，个人账户中的积累每年按照$(1+r)$的水平增长，$n$代表工作年限。

如果给付水平与工资指数化的话，那么$m$年的退休生活在其开始年份的现值为式4-4。

$$B \cdot W \cdot (1+g)^n [1+(1+g)/(1+r)+\cdots+(1+g)^{m-1}/(1+r)^{m-1}] \quad \text{式4-4}$$

在完全积累制下，式4-3和式4-4是相等的。公式经过简化和移项之后，可以得到完全积累制的财务平衡等式（见式4-5）。

$$C = B \cdot (m/n) \quad \text{式4-5}$$

$m/n$为退休年数与工作年龄的比值，代表了养老金的领取年数和累积年数的比值，称为自我负担率。缴费率的高低取决于待遇水平和自我负担率。当待遇水平一定时，缴费率与退休时间成正比，与缴费时间成反比。因此，完全积累制与人口结构的变化无关，与退休年龄关系密切。

### （二）完全积累制的特点

第一，完全积累制是社会保障长期的平衡机制。积累的时间跨度从劳动者工作开始,直到退休之时,年限通常都有几十年。制度一旦确定之后,基金提取的比例相对稳定,充分体现基金的储备功能。初期的费率较高,筹资见效快。

第二,完全积累制是一种纵向收入分配,纵向的含义指基金制度是劳动者个人一生内的代内收入再分配。其理论基础是收入平滑理论。强制性的收入平滑,改变了年轻一代供养老年人的现收现付模式,职工退休后的养老保障水平取决于基金积累的数额,即工作期间的缴费数额,以及缴费所形成的基金带来的增值收入。不再涉及代际再分配,不受人口结构变化的影响。

第三,完全积累制强调效率原则。越来越多的国家和国际组织认为,社会保障在福利国家过多地强调了公平,忽视了效率机制。完全积累制的出现提倡自我积累、自我保障,将个人的养老保障待遇水平同个人收入相联系,取决于个人账户的积累状况。刺激了个人积累的积极性,调动了劳动者对个人账户的关注和监督程度,有效提高了效率机制。但是,正是由于完全积累制提倡自我积累,不具有横向再分配功能,因此,无法实现公平的社会目标。

第四,完全积累制管理成本较高。伴随基金的大量筹集,基金管理问题伴随而生。其中涉及的问题包括基金管理机制、基金投资和运营机制、基金监管机制等众多方面。具体有确定基金的管理主体和方式、审查和确立投资主体资格、抵御基金面临的通货膨胀和利率风险、确定投资收益目标、确定基金监管主体和监管的主要措施与办法等。这些问题的有效解决涉及多个单位和个人,需要不断地探索、研究和调整。为此,管理成本的花费将大大提高。

因此,完全积累制的出现并不是社会保障制度一切难题的结束,而恰恰是社会保障制度新一轮难题的开始。如何有效地利用完全积累制,恰当地解决完全积累制带来的问题,是世界范围内的难题。

---

### 专栏 4-1 新加坡社会保障基金

新加坡中央公积金(Central Provident Fund,CPF)制度是 1955 年按照《中央公积金法》设立的一项强制性储蓄保障制度。新加坡中央公积金制度由雇员、雇主和政府共同参与组成。所有受雇的新加坡公民和永久居民必须参加中央公积金计划,成为公积金会员,每个会员有自己的 CPF 账号,每月按照一定的工资比例缴纳公积金;雇主每月按照规定的工资比例向中央公积金局缴纳公积金款项;政府主要负责征缴和管理公积金资金,对 CPF 基金的运行提供法律支持并设计管理框架。中央公积金具体的管理与运营工作由新加坡的法定机构中央公积金局来负责。

收缴的公积金款项被划分到三个不同账户中：普通账户（OA）、保健储蓄账户（MA）和特别账户（SA）。普通账户资金既可用于满足公民日常需求，如房屋购买、投资、教育等，也可转入其直系亲属的账户中；保健储蓄账户资金则是专门用于支付与医疗相关的费用和购买医疗保险产品的；特别账户资金可用于投资，一般是投资在与退休有关的金融产品上。此外，在会员55岁生日当天，退休账户（Retirement Account，RA）会自动建立，按照相关养老金给付标准，将所需的相应资金总额从普通和特别账户转入退休账户中，余下部分可以被提取出来或继续积累在普通或特别账户中。

资料来源：肖金喜，董克用，武玲玲.基于经济发展的新加坡中央公积金缴费率变迁研究［J］.河北经贸大学学报，2019，40（4）：32-37.

## 三、部分积累制

### （一）部分积累制的含义

部分积累制（partly-funded pension system）又称混合制，是将现收现付制和完全积累制结合在一起的制度。该制度由两部分构成，一部分是现收现付制，提供基本保障，体现代际转移和制度公平性；另一部分是个人账户的积累，体现激励机制和效率原则。因此，部分积累制的实质是一种兼容近期平衡和远期平衡的财务平衡机制，也是结合了横向和纵向再分配的制度。这种筹集模式实质是对原有两种模式的创新。

中国社会统筹和个人账户相结合的基本养老保险制度是典型的部分积累制。这一制度的运行机制是，由社会统筹部分担当实现社会公平角色，用人单位缴费形成社会统筹部分，用于保证当期的老年保障开支需要；个人账户部分实现基金的积累，用于抵御老龄化危机和体现效率原则。

### （二）部分积累制的特点

部分积累制是现收现付制和完全积累制的结合体，在运行特点上也秉承了这两种制度的特色。

第一，部分积累制的初期缴费率不高，以后将逐步稳定。制度建立具有一定的灵活性，政策的制定者可以根据具体情况调节缴费比例和基金的规模。

第二，部分积累制可以减少完全积累制基金管理的成本和风险问题。部分积累制不必积累全部的资金，一方面管理者可以相对节约管理成本，另一方面也可以避免巨额基金积累的通货膨胀风险。

第三，部分积累制可以缓解现收现付制的问题。主要可以缓解现收现付制下代际负担不合理，缺乏基金储备，无法对抗老龄化的问题。

第四，部分积累制的实际操作难度较大。部分积累制要注重两种制度的平衡关系。在实际操作中，既要考虑制度抚养比，又要考虑自我负担率；既要考虑近期平衡预算，又要考虑远期平衡预算。尤其是如何划分现收现付制和完全积累制的比例，更是一个难题。可见，现收现付制不仅兼容了两种制度的优点，同时也包含了两种制度的缺点，因而部分积累制的制度设计是一个难题。

## 第二节　社会保障基金投资运营比较

当谈到社会保障基金的投资问题时，主要是针对社会保险基金而言，其中又以养老保险基金为主，本节主要讨论养老保险基金的投资。

自20世纪90年代以来，全世界有120多个国家或地区先后进行了养老保险制度改革，而且基本上都是从现收现付制向积累制转变，其中既有发达国家、发展中国家，又包括传统市场经济国家、新兴市场经济国家和转型经济国家。这些国家不论是采取完全积累制，还是采取部分积累制，都涉及养老保险基金的投资问题。在新模式下，积累的养老保险基金规模将越来越大，成为一笔巨大的金融资源，是资本市场中最活跃、最强劲的资金力量之一。但是，如果这笔资金不能有效地运营，达不到保值增值的目的，那么，随着时间的推移和物价整体水平的上升，原有的基金就会逐渐贬值，给社会保障事业发展设置障碍。

### 一、社会保障基金投资原则比较

#### （一）社会保障基金投资原则

从世界范围来看，社会保障基金投资原则主要有谨慎人原则和严格数量限制原则两种。

**1. 谨慎人原则**

谨慎人原则是指所有社会保障基金的受托人和投资人对社会保障基金进行投资运营

活动时，必须像处理自身事务一样对受益人的资产进行谨慎、精明和小心处理。[①]它强调保障投资的分散化，要求社会保障基金的受托人和投资人谨慎地选择最能分散风险的投资组合，而不具体规定各种投资工具的比例。

在这种投资原则下形成的投资机制有以下基本特点：（1）强调社会保障基金管理者对基金持有人有诚信义务以及确保基金管理的透明度，保护基金持有人的利益；（2）要求资产多样化，避免风险过于集中；（3）防止利益冲突，限制社会保障基金管理者开展自营业务；（4）鼓励竞争，防止社会保障基金管理者操纵市场。在这种投资原则下，社会保障基金的运营不受许可证管理，监管机构较少干预基金的日常活动。

这种投资原则，有利于调动社会保障基金管理者的积极性和创造性，充分发挥市场的作用。社会保障基金管理者可以根据市场的变化及时调整投资计划，最大限度地实现社会保障基金的保值增值。但这种投资原则需要完善的资本市场和成熟的金融监管系统来支撑，并需要社会保障基金管理者普遍对信托责任，尤其是谨慎人原则的法理和要求有充分的认识和心理认同。

**2. 严格数量限制原则**

严格数量限制原则是指由社会保障基金投资监管部门通过明确规定社会保障基金的投资工具和各种投资工具的比例结构，并要求社会保障基金管理者必须按照规定对社会保障基金进行投资运营，从而将社会保障基金的投资运营的风险控制在合理的范围内。[②]

在这种投资原则下形成的投资机制有以下基本特点：（1）所有的社会保障资产都集中到社会保障基金账户，由专门的基金管理公司管理，保险公司、共同基金等金融机构不得管理社会保障基金，同时监管机构根据严格的标准颁发基金管理许可证，控制基金管理公司的质量和数量；（2）基金管理公司只从事与社会保障基金有关的业务；（3）限制社会保障基金的投资组合，尤其是对基金投资股票和国外证券进行严格控制；（4）往往会采取相应措施，以保证社会保障基金的投资收益达到一定水平。在这种投资原则下，监管机构通过现场和非现场监管的方式密切监控基金的日常运营，一旦发现问题马上采取行动。

---

① GALER R. "Prudent person rule" standard for the investment of pension fund assets. OECD, 2002.
② 张新民. 社会保险基金投资监管法律制度比较研究［J］. 现代法学, 2005（4）.

这种投资原则使得社会保障基金对单一资产的投资不能超过或者不能低于一个比例,这样单一资产损失不会造成社会保障基金的破产,但在具体的实践中,由于简单的风险控制考虑,往往导致社会保障基金管理者不能根据金融市场环境的变化,对社会保障基金资产进行优化配置,从而可能导致资产收益的损失。

### (二)社会保障基金投资原则的国际比较

理论上讲,在大部分国家,社会保障基金投资的目标是确保多样化、最小代理成本、降低系统风险特别是组合风险。投资限制涉及持有资产类别的上限、投资工具类型、风险、所有权集中性和资产类别。然而,基于谨慎人原则,对于前四类的投资限制通常不存在争议,这些规则在不同国家得到不同程度的应用,但关于资产类别限制存在明显的争议。

在实际投资中,一些 OECD 国家除对投资谨慎有管理要求外,不对资产类别投资进行限制。采用谨慎人原则的国家主要是盎格鲁-撒克逊国家,以英国、美国、加拿大、澳大利亚等发达国家最为典型。这些国家对社会保障基金的资产组合没有做太多限制,通常只规定发行人、各类投资品种、风险、所有权集中性,而不规定持有各个投资品种的上限比例。但也有例外,加拿大、意大利等国在谨慎人原则的基础上融入了数量限制的因素,以养老保险基金为例,加拿大规定养老保险基金投资不动产的比例不得高于 25%,意大利规定养老保险基金投资封闭式基金的比例不得高于 20%。而且,在自我投资额、所有权集中性、国外资产等方面,采用谨慎人原则的国家大多数也会有数量限制,但是与采用严格数量限制原则的国家相比,其投资比例比较宽松。

谨慎人原则要求社会保障基金投资管理人在投资(包括国外投资)过程中,必须达到必要的谨慎程度,分散资产组合,实现投资的多样化。虽然受托人自身可以对资产组合自动进行某些限制,但监管法规对社会保障基金资产组合并没有规定具体的投资限制。在采用谨慎人原则的 OECD 国家中,英国、美国和荷兰对养老保险基金的国外投资没有做任何限制。在日本,1998 年以前监管机构对养老保险基金国外投资一直实行限制,1998 年取消了投资限制,转而实行谨慎人原则。澳大利亚对货币匹配没有限制性规定,但要对国外投资收益进行征税。加拿大和意大利两国在实行谨慎人原则的基础上又采用了严格数量限制的原则。加拿大税法对养老保险基金国外投资的税收投资比例做了一定限制(目前为 30%),一旦每个月养老保险基金投资于国外资产的比例超过了限制比例，就会被课以相当于超过限制比例1%的纳税。意大利对养老保险基金国外投资的数量限制规定更加具体：货币匹配限制为67%，投资于OECD国家非上市证券的比例不得高于50%，投资于非OECD国家上市证券的比例不得高于5%。在新加坡，养老保险基金的投资管理由独立于养老保险基金及其投资收益的政府机构来负责，政府可以自主决定养老保险基金的国外投资，政府把养老保险基金的超额盈余收益存储为存款，作为"国家的未来"的应急储备。英国、日本、澳大利亚和加拿大等国养老保险基金的国外资产投资比例大体上接近20%，其中英国和日本是中大型经济体，其他国家则都是相对小的经济体。美国是一个大型开放经济体，由于本国国内证券市场最为发达，其国外资产投资比例相应较低，为11%。

采用严格数量限制原则的国家主要是欧洲大陆法系国家和一些发展中国家，以德国、瑞典、丹麦、芬兰、智利、秘鲁等国为代表。这些国家对社会保障基金的资产组合进行直接的数量限制，主要表现在以下三个方面。(1) 限制社会保障基金的自我投资。所谓自我投资，是指社会保障基金在证券市场上购买基金发起人（如缴费的雇主）发行的债券和股票。限制社会保障基金的自我投资，可以减少因基金发起人的破产风险可能给参保人带来的损失，或化解相互间的利益冲突。因此，限制自我投资在其总资产中所占的比例对社会保障基金来说尤为重要。(2) 限制养老保险基金投资的资产类别，限定各种投资工具在资产组合中所占的最高比例或最低持有额（主要是政府债券）。监管机构根据这些限制性规定，通过现场和非现场监管方式来密切监控养老保险基金的日常运营。(3) 有些国家还实行最低收益原则，要求养老保险基金的投资收益率达到一定水平。如果养老保险基金的投资收益率达不到比例要求时，先由各养老保险基金投资管理人的储备金进行弥补；当储备金不足时，再由国家财政预算予以弥补支持。同时，采用严格数量限制原则的国家其监管机构的独立性较强，拥有较大的权力。

考察当今世界各国采用的社会保障基金投资原则，可以总结出以下四个基本特点：(1) 大多数发达国家较早地适用谨慎人原则；(2) 大多数发展中国家适用严格数量限制原则；(3) 越来越多的发达国家和发展中国家正逐渐由适用严格数量限制原则转向适用谨慎人原则；(4) 采用谨慎人原则具有促进国际投资和提高投资回报率的作用。

## 二、社会保障基金投资组合比较

社会保障基金的投资运营不仅有助于基金本身的保值增值，而且有利于促进经济发展。无论是发达国家、经济转型国家，还是发展中国家都十分重视社会保障基金的投资，而且投资结构均由单一类型向多元化趋势发展（见表4-1）。

表4-1　世界部分国家养老保险基金资产组合构成表（2020年）　　　　%

| 国家 | 现金与银行存款 | 政府与公司债券 | 贷款 | 股票 | 不动产 | 投资基金 | 其他投资 |
|---|---|---|---|---|---|---|---|
| 奥地利 | 2.0 | 0.5 | 0.2 | 0.2 | 0.2 | 94.5 | 2.4 |
| 比利时 | 1.9 | 10.6 | 0.6 | 7.1 | 0.4 | 76.7 | 2.8 |
| 加拿大 | 3.5 | 20.5 | 0.3 | 21.4 | 9.5 | 38.9 | 6.0 |
| 丹麦 | 0.3 | 52.4 | 0.6 | 21.2 | 0.2 | 0.8 | 24.6 |
| 德国 | 1.1 | 27.7 | 7.6 | 0.3 | 2.9 | 53.8 | 6.4 |
| 意大利 | 5.8 | 39.2 | — | 17.1 | 0.7 | 11.8 | 25.4 |
| 韩国 | 41.7 | 11.0 | 0 | 0 | — | 9.5 | 37.7 |
| 墨西哥 | 0.8 | 77.1 | — | 7.0 | — | 16.0 | -0.9 |
| 荷兰 | 2.7 | 47.5 | 4.6 | 30.8 | 8.2 | — | 6.2 |
| 英国 | 2.2 | 31.0 | 1.8 | 10.7 | 1.6 | 44.8 | 7.9 |
| 美国 | 0.3 | 25.3 | 0.3 | 32.7 | 0.9 | 26.8 | 13.7 |
| 西班牙 | 6.8 | 43.2 | 0 | 13.9 | 0.1 | 25.3 | 10.6 |
| 澳大利亚 | 11.4 | 6.4 | 0.2 | 24.4 | 5.1 | 49.5 | 3.0 |
| 智利 | 1.1 | 45.3 | 0.1 | 6.0 | — | 46.5 | 0.9 |
| 斯洛文尼亚 | 7.1 | 55.7 | 0 | 2.4 | 1.1 | 33.3 | 0.3 |
| 瑞士 | 4.0 | 8.8 | 3.8 | 6.6 | 8.4 | 64.7 | 3.9 |

资料来源：见OECD官网。
注：因四舍五入原因，本书图表可能存在加总不绝对相等的情况。

一般而言，社会保障基金投资的工具主要有以下五种。

### （一）银行存款

银行存款具有较高的安全性，但收益率较低，并且存款期限较短。在养老保险基金刚刚进入资本市场时，它往往成为首选工具，并且占有较大比重，但随着资本市场的逐步完善，投资工具选择的多样化，银行存款所占比重会大大降低，一般会用来作为短期投资工具，以满足流动性需要。另外，在通货膨胀时，基金有贬值的风险。表4-2所示为部分OECD国家养老保险基金资产组合中银行存款的比重。

表 4-2　部分 OECD 国家养老保险基金资产组合中银行存款的比重　　　　%

| 国家 | 1970年 | 1980年 | 1990年 | 2000年 | 2005年 | 2010年 | 2015年 | 2016年 | 2017年 | 2018年 | 2019年 | 2020年 |
|---|---|---|---|---|---|---|---|---|---|---|---|---|
| 英国 | 2 | 2 | 6 | — | 2.2 | 2.6 | 2.6 | 2.4 | 2.7 | 2.7 | 2.2 | 2.2 |
| 美国 | 1 | 5 | 6 | 1.5 | 4.8 | 1.2 | 0.7 | 0.6 | 0.5 | 0.5 | 0.4 | 0.3 |
| 德国 | 3 | 2 | 2 | 1.4 | 3.3 | 2.1 | 2.2 | 1.6 | 1.7 | 1.6 | 1.5 | 1.1 |
| 加拿大 | 3 | 4 | 1 | 3.9 | 4.3 | 2.6 | 3.2 | 3.7 | 3.6 | 3.5 | 3.0 | 3.5 |
| 荷兰 | 1 | 1 | 3 | 1.2 | 2.5 | 0.1 | 0.7 | 2.5 | 3.3 | 3.1 | 3.1 | 2.7 |
| 瑞典 | 0 | 0 | 0 | — | 2.4 | 1.5 | 1.6 | 1.8 | 1.7 | 1.8 | 1.8 | |
| 瑞士 | 4 | 3 | 1 | 7.1 | 7.9 | 7.0 | 5.2 | 4.5 | 4.6 | 4.7 | 4.3 | 4.0 |
| 丹麦 | — | — | — | 0.7 | 0.5 | 0.3 | 0.2 | 1.0 | 0.2 | 0.3 | 0.3 | |

资料来源：见 OECD 官网。

### （二）债券

金融市场中常见的债券有中央政府发行的国债、地方政府发行的市政债券、公司发行的公司债券，以及金融债券和国际债券等。

中央政府发行的国债是指中央政府为筹措财政资金，凭其信誉按照一定程序向投资者出具的，承诺在一定时期支付利息和到期偿还本金的一种格式化的债权债务凭证。中央政府是一国权力的象征，因此国债与其他债券相比，最大的优势应该说是没有违约风险，安全性最高，国债往往成为养老保险基金的最先选择。但是其投资收益率也较低，因而在养老保险基金投资组合中不能占很大比重。

地方政府发行市政债券的目的是为当地市政建设，如为交通、通信、教育等公共设施筹措资金。一般来说，地方政府可以通过各项税收建立各种基金，实力均高于一般公司，同时，市政债券的投资项目往往具有规模性和效益性，还债资金来源有保证，因此，它被认为是除国债以外最安全的一种债券。此外，地方债券还具有流动性强、期限灵活的特点，在一些国家的养老保险基金投资中也比较受重视，尤其是美国，地方政府债券的数量很多。

公司债券是指公司为筹措长期资金而发行的一种债务契约，承诺在未来的特定日期，偿还本金并按照事先规定的利率支付利息。公司债券的还款来源是公司的经营利润。如果公司经营不善，就会使投资者面临利息甚至是本金损失的风险。因此，在债券中，公司债券属于风险较高的债券，但其收益率也较高。由于其收益率高于国债，但风险低于股票，也是养老保险基金的重要投资工具，特别是实力雄厚、信誉卓著的大公司发行的债券，在养老保险基金的投资组合中占有重要地位。表4-3所示为部分OECD国家养老保险基金资产组合中政府债券和公司债券的比重。

表4-3 部分OECD国家养老保险基金资产组合中政府债券和公司债券的比重　　　　%

| 国家 | 1995年 | 2000年 | 2005年 | 2010年 | 2015年 | 2016年 | 2017年 | 2018年 | 2019年 | 2020年 |
|---|---|---|---|---|---|---|---|---|---|---|
| 英国 | — | — | 19.5 | 24.9 | 32.6 | 33.9 | 34.0 | 34.0 | 31.3 | 31.0 |
| 美国 | 33.3 | 25.9 | 24.5 | 26.5 | 26.8 | 26.6 | 24.5 | 27.8 | 25.6 | 25.3 |
| 德国 | 56.6 | 32.3 | 31.6 | 32.2 | 34.3 | 33.3 | 31.8 | 30.0 | 29.7 | 27.7 |
| 加拿大 | — | 26.3 | 23.2 | 25.5 | 24.2 | 23.2 | 21.8 | 22.0 | 22.2 | 20.5 |
| 荷兰 | 53.9 | 35.4 | 40.7 | 22.9 | 25.8 | 45.6 | 43.5 | 46.2 | 45.5 | 47.5 |
| 瑞典 | — | — | 57.7 | 50.9 | 45.5 | 43.8 | 44.9 | 47.3 | 43.3 | 44.7 |
| 瑞士 | 27.2 | 26.8 | 27.4 | 21.4 | 15.1 | 14.2 | 12.7 | 11.3 | 9.8 | 8.8 |
| 丹麦 | — | — | 50.2 | 68.6 | 61.5 | 60.8 | 59.4 | 60.0 | 59.6 | 52.4 |
| 澳大利亚 | — | — | — | — | — | — | 5.8 | 6.2 | 6.9 | 6.4 |

资料来源：见OECD官网。

金融债券是由银行和非银行金融机构为筹措资金而发行的债务凭证。由于金融机构在经济中有较大的影响力和较特殊的地位，各国政府对于金融机构的运营都有严格的规定，并且制定了严格的金融稽核制度。因此，金融债券与公司债券相比，具有较高的安全性。另外，由于金融债券的持有人不能在到期以前要求银行兑现，只能在流通市场上转让，因此，金融债券的利息率要高于同期银行存款，盈利性比银行存款高。在实际运作中，为规避风险，使其更符合养老保险基金投资要求，创造了一些新的投资品种，如通货膨胀指数化债券、零息票债券等。

国际债券是一国政府、金融机构、工商企业或国际性组织为筹措中长期资金而在国外金融市场上发行的，以外国货币为面值的债券。它的发行者与投资者分属于不同的国家，是一种在国际直接融通资金的金融工具。国际债券与国内债券相比，具有资金来源比较广泛、期限长、数额大、资金的安全性较高等特点。随着本国资本市场的完善、法律法规制度的健全及国际融资的加强，一些国家的政府允许本国的养老保险基金可以投资国际债券。

综合上述分析，除国债以外的其他债券，首要的就是它们的信用问题。投资者不可能完全掌握这些债券的相关信息，所以基本上要靠法定的信用评估机构提供的相关信息来进行投资决策。

### （三）贷款

贷款也是养老保险基金经常可以投资的金融工具，它通常主要是住房抵押贷款及基础设施贷款。作为抵押贷款，养老保险基金在贷出的同时投资人可以取得抵押品，其风险一般低于公司债券、股票投资和不动产投资。在实践中，许多国家的养老保险基金发放的抵押贷款属于住房贷款。例如，许多发展中国家就把养老保险基金与住房信贷政策结合起来。这样，一方面养老保险基金有了投资的对象，另一方面中低收入者通过向养老保险基金借贷也可以取得自己的住房。另外，基础设施的项目融资一般有项目建成后的收益及政府税收担保，因而风险也较小。

### （四）股票

股票是金融市场中很重要的一种投资工具。它是股份有限公司公开发行的，用以证明投资者的股东身份和权益，并据以获得股息和红利的凭证。在金融市场中，按股票所代表的股东权利，股票分为优先股和普通股，两者的主要区别是优先股的红利是事先约定的，而且在分配公司收益和剩余资产方面比普通股有优先权。可以看出，普通股比优先股承担的风险要大，它的优势在于分红和价格提升方面没有什么限制。

股票具有不还本的特点，发行股票的企业实现的利润归股东所有，但如果企业亏损或者破产，股东就收不回自己的投资，所以，股票与债券相比，股票投资的风险更大。但股票的收益率是由发行股票企业的经营业绩决定的，不是预先固定的，企业的效益越好，投资者的回报率就越高。从世界股市总体发展趋势看，尽管其中有许多下行调整，但总体是以牛市（即上升）为主的。据统计，在1926—1996年的70年中，美国股票市场的年收益率平均高达10.7%，而同期美国债券市场的平均收益率（按复利计算）仅为5.1%，股票市场的收益率是债券市场的两倍。虽然股市的总体趋势是上升，但就某一只具体股票而言，它有可能股价上涨了数倍，也有可能因企业破产而丧失一切。所以，在股票市场上，"不要把鸡蛋放在一个篮子里"成为至理名言，即人们投资时为了规避风险往往要分散投资。一般来说，只要经济总体上是增长的，尽管有的企业因自身经营不善会破产，但大多数企业会取得好的效益。多数国家为了保证养老保险基金的投资收益率，都允许其投资于股票市场，但有些国家限制其投资比例。表4-4列举了部分国家或地区养老保险基金资产组合中股票的比重,股票包括国内股票和国际股票。

表 4-4　　　　部分国家或地区养老保险基金资产组合中股票的比重　　　　%

| 国家或地区 | 1983年 | 1993年 | 2003年 | 2010年 | 2015年 | 2016年 | 2017年 | 2018年 | 2019年 | 2020年 |
|---|---|---|---|---|---|---|---|---|---|---|
| 澳大利亚 | 38.11 | 48.42 | — | 46.5 | — | — | 24.0 | 25.2 | 25.1 | 24.4 |
| 比利时 | 31.54 | 31.34 | 14.6 | 8.8 | 9.4 | 9.1 | 8.9 | 8.6 | 8.6 | 7.1 |
| 加拿大 | 33.69 | 35.46 | 23.6 | 26.9 | 22.3 | 22.7 | 24.3 | 23.2 | 21.8 | 21.4 |
| 丹麦 | 5.08 | 19.67 | 39.9 | 15.2 | 17.4 | 16.8 | 19.5 | 21.3 | 21.7 | 21.2 |
| 法国 | 20.00 | 20.00 | — | — | — | — | — | — | — | — |
| 德国 | 38.81 | 48.98 | 12.7 | 0.6 | 0.2 | 0.2 | 0.3 | 0.3 | 0.3 | 0.3 |
| 中国香港 | 67.74 | 83.08 | — | — | 60.6 | 59.9 | 63.4 | 57.5 | 60.5 | 61.4 |
| 爱尔兰 | 38.81 | 48.98 | — | — | — | — | — | — | — | — |
| 日本 | 8.96 | 29.19 | — | 10.6 | — | — | — | — | — | — |
| 荷兰 | 6.44 | 19.00 | 44.6 | 13.2 | 14.0 | 31.0 | 31.6 | 28.5 | 30.6 | 30.8 |
| 新西兰 | 37.78 | 51.05 | — | — | 26.5 | 29.1 | 32.7 | 31.8 | 36.1 | 38.3 |
| 挪威 | 1.47 | 7.00 | 19.2 | 15.7 | 15.2 | 14.8 | 15.7 | 15.4 | 15.3 | 15.7 |
| 新加坡 | — | — | 0 | — | 0.1 | 0.2 | 0.2 | 0.2 | 0.1 | 0.1 |
| 西班牙 | 2.89 | 3.02 | 15.9 | 11.2 | 9.7 | 11.1 | 13.2 | 13.2 | 14.6 | 13.9 |
| 瑞典 | 0.90 | 4.66 | — | 13.0 | 12.5 | 24.3 | 19.2 | 18.2 | 18.4 | 19.4 |
| 瑞士 | 5.68 | 11.00 | 26.5 | 13.2 | 9.7 | 8.8 | 8.5 | 6.4 | 6.7 | 6.6 |
| 英国 | 59.96 | 79.02 | 53.8 | 22.0 | 18.3 | 17.3 | 15.3 | 11.3 | 11.5 | 10.7 |
| 美国 | 44.68 | 52.13 | 29.3 | 38.2 | 33.2 | 33.0 | 34.3 | 32.6 | 32.1 | 32.7 |

资料来源:见 OECD 官网及相关政府网站。

## (五)不动产

养老保险基金对不动产的投资主要是指房地产投资。房地产投资具有投资期长、流动性差的特点,但能在一定程度上防范通货膨胀风险,因此是养老保险基金可以选择的投资工具。在 20 世纪 80 年代以前,房地产投资曾经是经合组织国家养老保险基金的一个主要投资工具,但是从 80 年代开始,大部分国家的房地产在养老保险基金投资组合中的比重有所下降(见表 4-5)。

表 4-5　　　部分 OECD 国家养老保险基金资产组合中房地产的比重　　　　　　　%

| 国家 | 1970年 | 1975年 | 1980年 | 1985年 | 1990年 | 2005年 | 2010年 | 2015年 | 2016年 | 2017年 | 2018年 | 2019年 | 2020年 |
|---|---|---|---|---|---|---|---|---|---|---|---|---|---|
| 英国 | 10 | 15 | 18 | 10 | 9 | 3.8 | 2.3 | 2.5 | 2.3 | 2.1 | 2.2 | 1.9 | 1.6 |
| 美国 | 0 | 0 | 0 | 0 | 0 | 0.7 | 1.2 | 1.3 | 1.0 | 0.7 | 0.7 | 0.9 | 0.9 |
| 德国 | 12 | 12 | 9 | 7 | 6 | 3.4 | 2.5 | 2.8 | 2.9 | 3.0 | 3.1 | 3.0 | 2.9 |
| 日本 | 27 | 21 | 6 | 3 | 2 | — | — | — | — | — | — | — | — |
| 加拿大 | 1 | 1 | 2 | 2 | 3 | 3.1 | 5.5 | 6.3 | 6.3 | 7.0 | 7.9 | 9.3 | 9.5 |
| 荷兰 | 16 | 15 | 14 | 11 | 11 | 3.7 | 1.3 | 0.6 | 8.9 | 8.6 | 9.4 | 9.1 | 8.2 |
| 瑞士 | 16 | 20 | 18 | 18 | 17 | 9.6 | 9.5 | 8.8 | 8.8 | 8.7 | 9.1 | 8.4 | 8.4 |
| 澳大利亚 | 2 | 3 | 13 | 11 | 16 | — | 7.4 | — | — | 4.8 | 4.8 | 4.6 | 5.1 |

资料来源：见 OECD 官网。

房地产投资是通过建设、购买等手段获得房地产产权而取得长期稳定的租金收入。作为实物资产，在经济稳定国家，它的违约风险、利率风险相对较小，但在经济发展不是很稳定的国家，房地产市场供求关系不稳定，使得投资者较难获得预测长期租金价格的有效信息，会使投资者承担较大的市场风险。另外，房地产投资的最大问题是资产的流动性差，而养老保险基金中由于有一部分属于应急性基金，随时可能要用于养老金的支付，要求这部分基金必须随时能够变现。还有，房地产的专用性较强，需要专业管理者进行管理，进行房地产投资还需具有一定的资产评估经验。综合上述分析，房地产不适合作为养老保险基金的主要投资对象。实践上，从各国的发展趋势看，房地产也不再是养老保险基金的理想投资工具。

养老保险基金可在上述投资工具中选择适合自己特点的方式进行投资。根据投资学的基本原理，养老保险基金的投资政策必须适合于投资者负债结构的性质，以便使养老保险的缴费计划与投资收益和养老金支付相适应。此外，还要考虑养老保险基金的财力规模、基金的时间跨度、投资者的风险-收益偏好、政府对养老保险基金投资的限制等。

---

**专栏 4-2　全国社会保障基金的建立、发展与展望**

为了应对人口老龄化高峰期养老保险基金的支出需求，在养老保险缴费体系之外，提前建立养老保险储备基金成为许多国家的政策选择，如爱尔兰国家养老储备基金、挪威政府全球养老基金、法国退休储备基金、新西兰超级年金基金等，都属此种类型。

> 2000年8月，中国建立了全国社会保障基金，主要用于弥补今后人口老龄化高峰期的社会保障需要。根据2000年经国务院批准的《全国社会保障基金理事会职能配置、内设机构和人员编制规定》和2001年通过的《全国社会保障基金理事会章程》，全国社会保障基金由全国社会保障基金理事会受托管理。2018年3月，根据第十三届全国人民代表大会第一次会议批准的《国务院机构改革方案》，全国社会保障基金理事会由国务院管理调整为由财政部管理，承担维护基金安全和保值增值的主体责任，作为基金投资运营机构，不再明确行政级别。目前，全国社会保障基金主要资金来源渠道为中央财政拨款、国有资本划转、基金投资收益和以国务院批准的其他方式筹集的资金。中央财政拨款和投资收益是目前全国社会保障基金资产规模增长的两个主要来源。
>
> 从建立至今，全国社会保障基金规模稳步增长、投资收益水平逐步提高、管理体制和治理结构不断完善。但也还存在规模较小、投资限定过严、资金来源缺乏稳定性等问题，而且未来发展方向也不明确。上述问题的解决对全国社会保障基金的进一步发展具有重要的意义。下一步，完善全国社会保障基金管理的思路是：完善全国社会保障基金发展的法规环境；合理确定并确保实现全国社会保障基金目标规模；科学设定基金封闭期和支付期以及资金划入与支付规划；拓展投资渠道提高基金收益水平。
>
> 资料来源：郑秉文. 中国养老金发展报告2018[M]. 北京：经济管理出版社，2018.

## 第三节 社会保障基金管理模式比较

社会保障基金管理模式问题，主要是针对社会保险基金而言，其中又以养老保险基金的管理模式最具代表性。管理模式一般划分为信托基金管理模式、基金会管理模式、商业经营性基金管理模式，此处还有中国的统账分离的多元管理模式。

各个国家在构建和选择社会保险基金管理模式时，应遵循以下基本原则：一是强调基金管理的自主性和相对独立性，国家应从立法角度对社会保险基金管理加以明确规定，不能随意挪用社会保险基金，不能简单用以弥补财政赤字；二是强调基金管理的安全性和效益性原则，两者是实现基金有效管理的前提条件；三是强调预测分析和科学决策原则，尤其应使基金管理建立在短期与长期收支平衡的预测估计之上，避免基金管理出现重大失误。

## 一、信托基金管理模式

信托基金管理模式，即将社会保险基金委托给某一个专门机构（如财政部）管理，并负责基金的投资运营。信托基金管理模式的特点是：(1) 社会保险基金管理与国家财政密切关联，或由财政部直接管理，或由财政部、社会保险部、劳动部及非政府人士组成的专门委员会管理；(2) 社会保险信托基金主要用于购买国债，大部分基金是作为政府预算计划的一个重要支柱而投向公共部门；(3) 投资风险由财政部承担，如发生基金收支失衡和投资损失，财政部必须通过政府其他收入来保证支付社会保险金；(4) 社会保险信托基金的投资运营与财政收支平衡状态和国债市场密切相关，常作为弥补财政赤字的一个砝码。

---

**专栏 4-3　美国联邦老年、遗属和残障保险信托基金**

美国联邦老年、遗属和残障保险信托基金的全称是联邦老年、遗属保险和联邦残障保险（the Federal Old-Age and Survivors Insurance and Disability Insurance, OASDI）信托基金，成立于1940年，是美国联邦政府举办的基本养老保险，由两部分组成：老年、遗属保险（OASI）基金与残障保险（DI）基金，两只基金独立核算、自我平衡。该基金的收入主要由三部分构成：除了绝大部分来自雇员和雇主缴纳的法定工薪税（高达90%左右），大约还有8%来自基金的投资收益，2%来自对津贴给付的征税。截至2017年年底，联邦老年、遗属和残障保险信托基金覆盖的人数为6 200万人；覆盖的缴费人口大约为1.74亿人；全部支出9 520亿美元，全部收入9 970亿美元。2017年的净缴款工薪税率见栏表4-1。

栏表 4-1　　　　　净缴款工薪税率（2017年）　　　　　　　%

| | 老年、遗属保险基金 | 残障保险基金 | 老年、遗属和残障保险信托基金 |
|---|---|---|---|
| 雇员净缴款工薪税率 | 5.015 | 1.185 | 6.20 |
| 雇主净缴款工薪税率 | 5.015 | 1.185 | 6.20 |
| 自我雇佣者净缴款工薪税率 | 10.030 | 2.370 | 12.40 |

美国联邦老年、遗属和残障保险信托基金的投资运作在法律上基本是独立于社会保障制度日常程序之外的。从框架结构来说，美国社会保障制度由"三驾马车"

> 组成：社会保障信托基金理事会、社会保障总署、社会保障顾问委员会。在"三驾马车"这个制度结构中，它们分工明确、责任清晰、各司其职、相得益彰，其权利与义务均由相关法律予以界定。"三驾马车"的制度结构主要是由现收现付制的融资制度决定的，现收现付制的融资特性在客观上为基金的投资管理独立于其他制度体系提供了可能性，因为该制度的性质要求其基金的支付能力是由政府出面来做最终担保人的，这样，将基金单独运行和单独决策是现实可行和高效的。
>
> 资料来源：郑秉文.中国养老金发展报告2018[M].北京：经济管理出版社，2018.

## 二、基金会管理模式

基金会管理模式是世界上许多国家采取的一种管理社会保障基金的模式，新加坡是采取这种管理模式的典型代表。下面以新加坡为例，具体说明基金会管理模式的运行情况。

新加坡中央公积金局是劳工部属下的一个法定机构，具有财政和行政自主权，中央公积金局理事会成员由劳工部部长委任，向劳工部部长负责，它作为一个高度集中统一的基金会组织，既负责社会保险基金的日常支付，又负责实施基金管理和投资运营。

国家通过中央公积金局依法实施基金管理，同时作为中央公积金投资的信托人，遵循《中央公积金法》和《信托法》进行资金投放。中央公积金（包括养老保险基金）的汇集、结算、使用、储蓄等均由中央公积金局独立管理、独立核算、自负盈亏。

中央公积金局根据新加坡经济、社会、人口等发展的长期趋势，计划中央公积金的筹集总量和增长速度，并按退休养老、保健、购买住宅、支付教育费用、投资等会员的不同需要分配基金的用途，构建社会保险安全网。同时，对每一个社会保险项目也都建立长期计划，例如，退休养老设有中央公积金最低存款计划，政府倡导人们从现在起就必须为自己的退休生活做好准备，以便将来退休后仍能维持经济独立。

中央公积金局对养老保险的投保人条件、保险费缴纳额、缴纳期限、最低和最高投保额、退休提款的基本条件等都规定了明确的标准，在退休保险基金的筹集和使用中，依据各种标准管理和操作。

中央公积金局汇集的养老保险基金，除按规定支付会员的退休提款外，还有经常性的结余。中央公积金结余的绝大部分购买国家债券，保证了资金的安全。新加坡政府规定，中央公积金结余的 99% 用于购买政府发行的债券，政府将这部分资金用于改善人们的住房及其他公益事业，确保中央公积金的安全性与完整性。同时，允许国民用中央公积金购房及各种有选择的投资，使中央公积金能够获得最大利益，保证了国民在养老、住房、医疗、教育等方面的需要，减轻了政府在这方面的责任和压力。另外，由中央公积金局提出投资计划，国民自己选择投资的办法，不仅分散了风险，而且也避免了中央公积金局的直接投资责任。

### 三、商业经营性基金管理模式

商业经营性基金管理模式是指由政府规划并授权的基金管理公司组织实施社会保障的基金管理模式。这种模式下的社会保险基金由专门的基金管理公司按照商业竞争性原则组织实施管理和投资运营。这种管理模式在一些拉美国家流行，智利是这种管理模式的代表。下面以智利为例具体说明商业经营性基金管理模式的运行情况。

智利养老金基金管理公司（AFP）是经过政府有关部门批准后注册营业的。法律规定养老金基金管理公司的唯一目标就是专注于高效率地为受益人提供法定养老金。这些养老金基金管理机构的业务主要包括：征收养老保险费、管理个人账户、投资养老保险基金、提供残疾和遗属保险，以及经办养老保险制度范围内的各项待遇。各基金管理公司通过向参保人收取佣金来维持自己的运转，各公司之间收取的费用可以有所不同，但是，对于同一家基金公司来说，所有参保人的佣金数量都是相同的。政府的作用就是在政策上给予支持，对最低投资利润率定期进行必要的评估，制定有关法律法规对基金管理公司进行规范化的制约和指导，但不能干预养老金基金管理公司的经营管理和业务活动。

只要能够吸收到足够数量的参保人，并拥有最低约为 60 万美元的资本金，就可以成立一个养老金基金管理公司，管理和经营养老金基金。同时政府把竞争机制引入了该系统。一个参保人可以从政府指定的数个养老金基金管理公司中任选一个，托管自己的养老金基金个人账户，也可以在不同的养老金基金管理公司之间转移账户。基金管理公司的存活与否取决于市场，取决于各机构间的竞争。任何一个养老金基金管理公司都必须尽可能地给基金参保人创造最大的回报，最大限度地降低管理成本和受益者的风险，提高服务水平才能吸引更多的客户。

对于养老金基金管理公司的投资，智利政府是有限制性规定的，并且随着资本市场和制度的变化，对投资规定进行灵活并及时的调整。最初，它们只被允许投资于政府发行的债券。后来，随着智利股票市场的繁荣以及投资的自由化，又逐步扩大到公司债券。1985年，智利成立了一个风险评级委员会，它的主要功能就是对各种债券进行风险分类。自从该委员会成立后，对投资工具的限制有了很大的放松，如当年基金就可以投资国内股票；以后逐渐放开，投资重点转向公共设施的私营化。1990年，养老金基金被允许进行海外投资。经过多年的发展，养老金基金的资产组合已经逐步由单一趋于多样化，到2020年，养老金基金资产中，45.3%投资于政府与公司债券，46.5%投资于投资基金，1.1%投资于现金与银行存款，0.1%投资于贷款、6%投资于股票，0.9%用于其他投资。表4-6显示了2005—2020年智利养老金基金资产组合构成的变化情况。

表4-6　　智利养老金基金资产组合构成变化（2005—2020年）　　　　%

| 年份 | 现金与银行存款 | 政府与公司债券 | 贷款 | 股票 | 投资基金 | 其他投资 |
| --- | --- | --- | --- | --- | --- | --- |
| 2005年 | 0.2 | 47.0 | 5.0 | 14.8 | 32.0 | 1.0 |
| 2006年 | 0.1 | 43.2 | 4.5 | 17.0 | 35.2 | 0.0 |
| 2007年 | 0.1 | 41.7 | 3.6 | 15.3 | 38.9 | 0.4 |
| 2008年 | 0.7 | 54.5 | 3.6 | 13.8 | 30.6 | -3.3 |
| 2009年 | 0.3 | 36.7 | 2.5 | 13.9 | 40.5 | 6.2 |
| 2010年 | 0.3 | 34.0 | 1.8 | 15.9 | 47.0 | 0.9 |
| 2011年 | 0.3 | 46.9 | 1.5 | 13.6 | 38.1 | -0.5 |
| 2012年 | 0.5 | 45.5 | 1.1 | 12.5 | 40.3 | 0.1 |
| 2013年 | 0.3 | 45.7 | 0.9 | 9.5 | 43.6 | -0.1 |
| 2014年 | 0.3 | 45.9 | 0.7 | 8.5 | 44.7 | 0.0 |
| 2015年 | 0.6 | 47.8 | 0.5 | 7.3 | 43.8 | -0.1 |
| 2016年 | 0.3 | 53.6 | 0.4 | 8.0 | 37.6 | 0.1 |
| 2017年 | 0.2 | 46.3 | 0.3 | 9.6 | 43.3 | 0.2 |
| 2018年 | 0.3 | 48.9 | 0.3 | 8.9 | 42.1 | -0.4 |
| 2019年 | 0.8 | 48.0 | 0.2 | 7.2 | 44.0 | -0.2 |
| 2020年 | 1.1 | 45.3 | 0.1 | 6.0 | 46.5 | 0.9 |

资料来源：见OECD官网。

智利养老金基金的资产组合由单一趋于多样化，这主要得益于以下三个方面：（1）对投资工具限制的放宽，从原有的投资政府债券和银行存款，发展为多个投资品种；（2）养老金基金规模的增大，从1981年的2.9亿美元发展到2020年的2 085亿美元；（3）国内资本市场的发展。由于20世纪80年代后半期国有企业进行了私营化改造以及养老金基金总值的增长，使资本市场进一步完善；1990年，养老金基金管理公司被允许投资于房地产和外国证券；在1994年智利通过了《资本市场改革法案》对原有限制放松的同时，又创造了一些新的投资品种。

智利是世界上最先推行将社会保险基金按私营或商业经营方式管理的国家，为各国社会保险基金管理创立了一个新的模式，在起步阶段的效果良好。其主要经验在于：(1) 专人专户，一家公司负责一项基金计划，以实现基金运行的简化、透明化并强化监督管理；(2) 将社会保险基金的管理运营纳入严格法治化、规范化、制度化的轨道，通过规定最低准备金额、基金投资限额来实现基金的正常运行；(3) 建立有效的监控体系和制定严格的投资规则，以确保基金运营的安全性和盈利水平；(4) 引入了竞争机制，使养老金基金的投资收益率高于金融部门的投资收益率。然而，随着经济和社会环境变化，智利完全积累制的养老金基金在数十年的运作过程中也逐渐暴露出一系列问题：覆盖面变窄，待遇充足性下降，基金管理成本居高不下，养老金基金投资组合仍然缺乏多样性，总回报率高、净回报率低，投资回报率的长期趋势还不太明朗。

### 四、统账分离的多元管理模式

中国社会保障市场化改革以前，养老保险始终实行的是高替代率的现收现付制，并且将养老金形象地称为"退休工资"。这种养老保险制度存在巨大的弊端。第一，由于国家和单位在保险给付中起到举足轻重的作用，随着人口结构的变化、人均寿命的增长，单位特别是国有大型企业养老负担日益沉重，严重影响竞争力，企业效益日趋低下。同时，国家作为养老责任的最终责任者，财政负担也日趋加重。第二，由于我国原有养老金实行高替代率，到改革开放前后，养老金替代率高达90%以上，在职职工养老负担不堪重负，只能长期实施低工资制度，在职职工难以通过劳动获得财富积累，极大影响了劳动积极性。

1993年，党的十四届三中全会首次提出了社会统筹与个人账户相结合的原则。1995年3月，国务院发布《关于深化企业职工养老保险制度改革的通知》，明确基本养老保险开展"统账结合"模式的改革试点。2010年《中华人民共和国社会保险法》颁布，基本养老保险"统账结合"模式在法律上最终确立，并逐渐形成包含基本养老保险、企业补充养老保险、个人储蓄性养老保险的多层次养老保险制度。

## （一）统账分离的多元管理模式的内涵

统账分离的多元管理模式有三个方面的含义。

一是社会统筹基金与个人账户基金应该分开管理，社会统筹基金可以交给相对独立于政府的非营利性投资机构来管理。个人账户基金则可以交给足够数量的特定的专业投资机构来管理。

二是对于个人账户基金，只要是有实力并符合法定条件的专业投资机构，不论它是商业银行、保险公司、信托投资机构、基金管理公司，还是其他任何投资机构，也不论它在哪个城市，都可以经过法定的筛选程序并通过公开招标方式而被依法授予经营管理权，成为或成立养老保险个人账户基金的专业投资机构。

三是建立比较有序的竞争机制和优胜劣汰机制，使养老保险个人账户基金投资体系成为一个开放、透明、高效的运作系统，即任何符合条件的专业投资机构都可以在规定的时间内申请并参与竞标以成为或成立养老保险个人账户基金专业投资机构，已经不符合条件的投资机构应该及时被剥夺管理权。

## （二）统账分离多元管理模式合理性的理论分析

### 1. 社会统筹基金与个人账户基金的区别

第一，从产权性质来看，社会统筹基金属于社会集体所有，个人账户基金属于被保险人个人所有。第二，从财务制度来看，社会统筹基金实行现收现付制，个人账户基金实行完全积累制。第三，从风险承担主体来看，社会统筹基金实行的是给付确定型，风险主要由所有制度相关各方共同承担，尤其是政府；个人账户基金实行的是缴费确定型，风险主要承担方在于受益人。第四，从风险分散方式来看，社会统筹基金可以通过代际转移使风险在几代人之间进行分散，个人账户基金则不能，主要依靠投资分散化来化解风险。第五，从资金流动性来看，社会统筹基金多为短期资金，流动性要求高，个人账户基金具有长期性质，要求而且能够进行收益较高的投资。

### 2. 两类基金的区别要求管理的主体不同

社会统筹基金和个人账户基金的上述差异，要求社会统筹基金和个人账户基金的管理主体应该有所区别。首先，由于两者的产权不同，管理目标也就不同，社会统筹基金更注重社会公平，而个人账户基金更强调效率，如果放在一起管理，很容易发生管理目标的相互影响和两种基金相互挪用、挤占现象。其次，财务制度的差异决定了两者必然采用不同的财务管理手段和财务评价指标，这为分开管理提供了财务基础；而风险承担主体的不同决定了两者的管理重点不同，社会统筹基金主要是资产管理，而个人账户基金既强调资产管理又注重负债管理；风险责任和资金流动性的不同决定了两者的投资工具和投资对象的差异，社会统筹基金应该更强调安全性和流动性，更适合于固定收益投资，个人账户基金应该更强调收益性与安全性的平衡，因而必须进行多元化投资。总之，个人账户基金应该交给商业化操作的专业投资机构经营管理，社会统筹基金的经营权却不能交给它们，但可以交给相对独立于政府的非营利性投资机构进行固定收益投资，目的是在保值的基础上严格确保基金的安全性，以防个人账户出现风险而影响老年人养老金的充足性。

目前，我国个人账户制度采用的是空账运作模式。空账运作下个人账户不存在真实的资金积累，账户只是参保人缴费情况的记账工具。同时，国家会根据工资增长率、通货膨胀率等因素确定个人账户的记账利率，等到参保人退休时，再把个人账户的记账本金连同记账利息一次性或以年金形式返还给参保人个体。在空账运作的个人账户制度中，个人账户实际上成为国家把在职参保人缴纳的养老保险费向已退休参保人进行代际转移的工具。[1]

---

**专栏 4-4　当前我国基本养老保险基金的委托受托情况**

按照国务院 2015 年 8 月印发的《基本养老保险基金投资管理办法》（简称《办法》），基本养老保险基金包括企业职工、机关事业单位和城乡居民养老基金。各省、自治区、直辖市基本养老保险基金结余，可按本《办法》规定，预留一定支付费用后，确定具体投资额度，委托给国务院授权的机构进行投资运营。2016 年年底基本养老保险基金正式开展委托投资运营，全国社会保障基金理事会作为目前唯一一个受托机构，对基本养老保险基金进行单独管理、集中运营、独立核算。

当前基本养老保险基金的委托模式是每个委托省份作为独立委托人，在根据各自实际情况预留一定支付费用后确定委托金额，分别与全国社会保障基金理事会签署合同，开展固定期限、以一定收益要求为基础的委托投资。到期后，先完成前一个委托期的结算，然后再根据支付需求选择是否开展新的委托。截至 2019 年年底，已有 22 个省份与全国社会保障基金理事会签约，委托规模共计 10 930 亿元，占我国

---

[1] 刘江军. 基本养老保险制度模式选择论——基于风险管理的视角 [J]. 中国行政管理，2021（3）：107-114.

> 基本养老保险基金结余比重的 17%。
>
> 资料来源：郑秉文.中国养老金发展报告 2018[M].北京：经济管理出版社，2018.

## 第四节　社会保障基金筹集环节的其他重要问题

社会保障基金筹集环节还涉及基金筹集形式、基金产权性质、基金转制成本、基金筹集的逆向选择等多个重要问题，这些问题既有一定的独立性，又与基金投资、管理、监督等问题相联系，在此做一些简要介绍。

### 一、基金筹集形式

社会保障基金的筹集形式有税和费之分。采用税还是费的形式取决于各国政府根据自身情况进行的选择，目前在实施社会保障制度的国家中有 70% 采取社会保险税的形式。[①] 根据研究得出的结论，社会保险税具有六个优势。

第一，符合社会保障基金筹集强制性要求，有利于加大社会保障基金的筹集力度，提高征缴率。社会保障资金的筹集采用税收的形式进行，而税收的强制性和规范性特征将克服资金筹集过程中的种种阻力，杜绝拖欠、不缴和少缴的现象，为真正意义上的社会保障资金的筹措提供强有力的保障。

第二，有利于将繁杂的收费工作统一起来，减少分开征缴的行政成本。例如，社会保险费按照险种分，有养老保险、医疗保险、失业保险等多个险种，收费形式难免条块分割；统一到税收名下，采取社会保险税或工薪税的形式有利于减少分开收费的行政成本。

第三，有利于利用税收部门的机构优势和人员优势。开征社会保险税可以利用现有税务部门的组织机构、物质资源和人力资源进行征管，充分利用税务部门在征管、人员安排、机构系统方面的优势，从而可以大大提高社会保障资金的筹资效率。

第四，有利于对社会保障基金实行收支两条线预算管理，建立社会保障基金管理的监督机制，保证社会保障基金的安全性。

---

① 戴卫东.城镇基本养老保险基金研究述评[J].现代经济探讨，2006（8）.

第五，有利于劳动力资源的合理流动和有效配置，打破地域间的劳动力流动障碍。

第六，有助于国际接轨，便于数据的统计和对比，也有利于理论研究与实践探索。

有学者提出，税收形式的公用性与社会保障制度的个人账户私有性不符合，税收的不直接偿还性也不符合社会保障的专用性。因此，不能一概而论税或费的形式孰优孰劣，在很大程度上还取决于法律的规范、执法的力度和当时的经济发展状况。

## 二、基金产权性质

对于公共账户和私人账户的产权之争，也是基金筹集环节中的重要问题。公共账户和私人账户争论的实质在于账户产权的性质。经济自由主义认为，在现收现付制下，公有财产中的每一位成员都不具有单独行使财产的剩余索取权和自由处置权。公共财产的代理人是由政府指派的，代理人只能执行政府的行政指令，对公共账户进行处置，但是代理人也无权获得剩余账户利益。私有财产是以财产为自然人所有为基础的，财产的所有者拥有所有权、处置权，能够真正实现对账户剩余价值的控制。因此，从这个观点出发，公共产权的现收现付制会鼓励失业，鼓励人们"搭便车"；个人账户则不同，个人账户使人们最终拥有完全的私人产权，因此，才具有足够的激励机制。

---

**专栏 4-5　公共养老金和私人养老金：国际经验与启示**

在人口、经济和社会发展等一系列变量的影响下，全球养老保险制度面临诸多挑战。欧美、日本等发达国家不断进行养老保险制度改革以应对挑战。在改革的过程中，许多国家不断审视其社会福利和养老保险，探索政府与市场的边界，形成了公共养老金、私人养老金各种不同组合的养老金体系。

总体来看，为建立一个既公平又兼顾效率的养老金体系，发达国家大多重塑国家、社会和个人多方责任共担的社会保险理念，建立了多支柱的养老金体系，虽然各国对不同支柱的定义不完全一致，但大体上可以分成三个支柱，即政府主导的现收现付的第一支柱公共养老金（public pension）；政府支持、雇主主导的第二支柱职业养老金（occupational pension）；国家给予税收优惠、劳动者个人主导的第三支柱个人养老金（individual pension）。其中，第二和第三支柱多为储蓄型养老金，对资本市场建设和国民分享经济发展成果至关重要。由于职业养老金和个人养老金大多以个人账户的形式存在,所以也称为私人养老金(private pension)。当然,也有一些国家探索了一些特殊的路径,养老金体系完全依赖公共养老金制度或者私人养老金制度。养老金体系仅仅依赖第一支柱的国家如希腊,近年来的财政危机与公共养老金入不敷出有很大关系。曾经在20世纪80年代改革中只推行储蓄型养老金的智利,也遇到了问题,近年来不得不重建政府主导的第一支柱养老金。

实践证明,单纯强调公共养老金的过度公共化趋势和只注重私人养老金发展的过度市场化趋势都存在问题,都会带来公平和效率不可协调的矛盾,都难以应对人口老龄化及其他经济社会发展变化带来的挑战。必须不断完善养老金体系,构建一个由国家、社会和个人多主体参与,财政、企业、个人多渠道筹资,公共管理、私人管理以及企业与个人决策多元化管理,包括公共养老金和私人养老金的多样化养老金体系。

资料来源:董克用,张栋. 公共养老金和私人养老金:制度分野,国际经验与启示[J]. 清华金融评论,2017(S1):5.

## 三、基金转制成本

转制成本是指当一种制度向另一种制度变迁时,应该需要做出偿还安排的旧有债务。从理论上来讲,转制成本的存在有一定的必然性。参加现收现付制的最后一代人,年轻时已经为供养上一代人付出了成本。但是,当这一代年轻人年老时,制度发生了变迁,他们并没有在年轻时代为自己进行个人账户的积累。因此,这一代人的养老责任,就成为制度变迁过程中必须偿还的债务,也是制度变迁必须付出的成本。

对于转制成本的处理方法,国际上通常有以下三种方式。

第一,政府发行债券。代表国家是智利、秘鲁、哥伦比亚等国家。这些国家发行债券就意味着国家承认承担隐性债务的责任,并将以显性债务的形式归还隐性债务。

第二,政府变现资产注资。政府面对养老金等隐性债务,将部分之前积累的流动性国有资产变现注入养老金账户。秘鲁、哥伦比亚等国采取此类方法弥补转制成本。

第三,税收融资。政府通过税收的形式补偿原有制度中的养老金责任。税收形式的融资一方面表现出国家承担养老金转制成本的责任,另一方面也表现出利用当下劳动者创造的经济利益补偿过去养老金的意图。因此，可以说国家和当下劳动者共同分担了转制成本的责任。

无论采取何种形式对转制成本进行偿还，多数经济学家和政府都承认国家对转制成本负有责任，必须由国家出面解决这一问题。

**专栏 4-6　1981 年智利养老金制度改革**

1981 年，智利皮诺切特政府进行了养老金私营化改革，以完全积累制养老金个人账户代替了原来的现收现付制养老金制度，由私人养老金基金管理公司（AFP）运营管理。改革要求新加入劳动力市场的劳动者强制参保，而对于已参加原现收现付制的劳动者和自我雇佣劳动者实行自愿参保原则。新制度的缴费率从原来的 20% 降低到 10%，但是全部由劳动者承担。在此基础上，智利政府建立了最低养老金制度作为兜底，主要覆盖缴费满 20 年及以上的参保人；建立了一项基于家计调查的福利待遇项目（也被称为社会救助养老金），覆盖对象为 65 岁及以上的贫困人口。社会救助养老金的覆盖率并不高，且受到地方财政预算的约束。除此之外，智利还建立了养老金第三支柱，即通过税收优惠激励个人储蓄的计划。

大刀阔斧的改革带来了巨大的转制成本，其中既包括原来现收现付制中已产生的巨大赤字以及应继续支付的旧制度参保人的养老金，也包括新建立的最低养老金和社会救助养老金的筹资，制度转轨后，新的养老金结余不能用于弥补旧制度的基金缺口。上述所有总支出的现值估算相当于 1981 年 GDP 的 136%，其中还不包括军人养老金。根据记录，1984 年养老金的年度支出达到峰值，占当年 GDP 的 5%，之后开始有所下降。预计 2025 年将降低至 GDP 的 2.7%，此后将保持稳定支出直到 2050 年。这意味着，从 1981 年算起，智利一共需要 70 年的时间消化转制成本，现在正处于转轨的中间期。

1981 年智利养老金制度改革对于退休老年人的经济保障发挥了怎样的作用和效果？首先要强调的是，完全积累型个人账户运行复杂并且管理成本很高。虽然个人账户在理论上能够熨平个人的纵向消费，但是这项制度缺少风险分担机制，增加了参保人的贫困风险。另外，此次改革并非是一个完整的养老金体系的改革，只是部分机制的改革，并且改革内容存在制度设计上的缺陷。

资料来源：大卫·布拉沃，石琤. 智利多层次养老金的改革进程与最新动向[J]. 社会保障评论，2018，2（3）：30-37.

## 四、基金筹集的逆向选择

逆向选择（adverse selection）是保险学领域的名词，原指在保险市场领域内，投保人隐藏自己的风险信息，保险的组织者无法甄别不同人群的保险风险，因此只能根据平均风险定价，从而产生低风险人群退出保险领域、高风险人群进入保险领域的情况。斯蒂格利茨认为，逆向选择的结果是愿意购买保险的人常常是最具风险的人，而收取较高的保险费会阻止具有较低风险的人购买保险。张维迎认为，逆向选择是由于保险公司事前不知道投保人的风险程度，从而使得保险水平不能达到信息对称情况下的最优水平。

很多经济学家从理论上证明了由于社会保险的强制性和信息统计的全面性，可以在一定程度上避免逆向选择。但是在众多发展中国家，由于强制性和信息统计在一定程度上存在缺陷，使社会保障缴费筹资领域同样存在逆向选择问题。

养老保险的逆向选择问题多指养老负担较重的企业积极参保，以获得较高的保障供给，而原来养老负担较轻的企业或者新兴企业，不愿参保只当"贡献户"，从而产生拖延缴费、谎报雇员人数或工资总额等信息逃避缴费、与收缴机构讨价还价缴纳部分费用等情况。逆向选择的情况还存在于医疗保险、失业保险等险种中，表现为年老患病者多愿意参加保险、患病雇员较多的企业多愿积极参保、在市场经济中失业风险较大的企业多愿参保等情况。

社会保障存在的逆向选择问题，会严重损害社会保险制度建立的初衷，影响再分配。它会损害公平的社会目标，无法体现风险共担的原则，使大数法则丧失存在的基础。更加严重的情况是，缩小了社会保障的覆盖范围，导致缴费率不断攀升；缴费率的攀升，使更多的企业产生逆向选择的行为。

有效避免企业逆向选择行为的主要措施在于建立完善的社会保障法律法规，增强社会保障缴费的强制性。建立社会保障的监管制度，对无法准确、及时缴纳社会保险费的企业进行相应的惩罚，以最大限度解决逆向选择问题。

**案例分析**

### 中国社会保险征缴体制改革历程

中国建立了全球范围内参保人数最多的社会保险体系，为全体国民提供了覆盖生命周期的基本保障。2016年11月，国际社会保障协会（ISSA）在第32届全球大会上，将

"社会保障杰出成就奖"（2014—2016）授予了中华人民共和国政府，以表彰中国近年来在扩大社会保障覆盖面工作中取得的卓越成就。然而，随着我国人口老龄化进程和人口流动加速，社会保险制度可持续运行问题逐渐备受关注，这其中就包括社会保险经办管理体制的效率问题。中华人民共和国成立后，我国社会保险制度经历了初创、建立和完善的发展过程。伴随这一过程，我国社会保险征缴体制出现了三次较大的改革，大体形成了工会主导银行代收、劳动部门负责征收、社会保障部门与税务部门二元主体征收、税务部门统一征收四个发展阶段。

**1. 劳动保险时期的工会主导银行代收阶段**

这一阶段主要实行的是劳动保险制度，以1951年政务院发布的《中华人民共和国劳动保险条例》为起点和标志。该条例规定企业"一次向中华全国总工会指定代收劳动保险金的国家银行缴纳每月应缴的劳动保险金"，涉及的企业主要包括一百人以上的国营企业、公私合营、私营及合作社经营的工厂、矿场及其附属单位与业务管理机关，铁路、航运、邮电的各企业单位及附属单位，并由全国总工会委托中国人民银行代理保管劳动保险金。在此基础上，1953年劳动部发布《中华人民共和国劳动保险条例实施细则修正草案》，规定劳动保险基金的剩余部分划入不同级别的工会账户内作为调剂金，不同级别的工会承担重要职责。可以看出，这一阶段实行的是工会主导下的国家银行代收劳动保险费模式。

**2. 社会保险探索时期的劳动部门征收阶段**

改革开放后，我国建立了社会主义市场经济体制，为配合体制转型，我国开始对原有的劳动保险制度进行改革，并逐渐分离劳动保险中的养老、医疗、工伤及生育四个保障功能，使它们分别成为独立的社会保险制度。1986年7月国务院颁布《国营企业实行劳动合同制暂行规定》及《国营企业职工待业保险暂行规定》，一方面规定企业在当地劳动行政主管部门的指导下，招用劳动合同制工人，社会保险费的征缴与劳动合同关联，同时规定职工待业保险基金实行省级统筹，劳动人事部会同财政部制订相关的预算、决算和财务管理办法，待业保险基金的管理发放由当地劳动行政主管部门所属的劳动服务公司负责。直到1993年，国务院颁布的《国有企业职工待业保险规定》要求待业保险基金及其管理费收支的预算、决算，按照统筹范围，由劳动行政主管部门负责编制。此后，我国对其他如工伤、生育、养老、医疗等社会保险制度进行探索，社会保险费也由劳动部门征收。也就是说，这一时期我国实行的是由劳动部门负责征收社会保险费的模式。

### 3. 社会保险发展时期的社会保障部门与税务部门二元主体征收阶段

1993年我国开始探索建立统账结合的企业职工基本养老保险，随着该项制度的不断完善和统账结合的筹资模式的基本形成，以养老保险为主的社会保险费征收任务越来越重，社会保险基金支付压力也越来越大。此时，部分地区率先探索由税务部门征收社会保险费的方式。如武汉市和宁波市在1995年前后就率先进行试点。1998年1月，财政部连同劳动部、中国人民银行、国家税务总局联合发布了《企业职工基本养老保险基金实行收支两条线管理暂行规定》，提出从当年1月1日开始，基本养老保险费的征收可以有"社会保险经办机构负责征收"和"税务部门代征"两种方式，该规定首次明确了社会保险费的二元征收模式。此后，重庆、安徽、云南和浙江等地纷纷实施税务部门代征社会保险费的办法。1999年国务院又发布《社会保险费征缴暂行条例》，提出基本养老保险费、基本医疗保险费、失业保险费三项社会保险费集中、统一征收，可以由税务机关征收，也可以由劳动保障行政部门按照国务院规定设立的社会保险经办机构征收，从而使社会保险费二元征收模式的适用范围由单一的养老保险扩大到养老、医疗、失业三个险种（本案例以下简称"三险"）。自此，社会保险费由社会保障部门与税务部门二元主体征缴的模式在我国基本形成。

### 4. 社会保险完善时期税务部门统一征收的探索和形成阶段

21世纪以来，我国社会保险制度不断完善，由养老、医疗、工伤、生育和失业五大险种组成的社会保险体系基本建立，此时，国家在社会保险费征缴模式上，也不断进行了调整与完善。2002年国家税务总局出台《关于税务机关征收社会保险费工作的指导意见》，强调尚未实现税务部门征收的地区尽快实现"三费"（基本养老保险费、基本医疗保险费、失业保险费）集中、统一征收。2005年国家税务总局出台《关于切实加强税务机关社会保险费征收管理工作的通知》，再次指出积极推动税务机关社会保险费全责征收工作，克服"代征"社会保险费的错误认识，尽快实现税务机关集中、统一征收。该通知的重要意义在于，一方面强调所有省份应当实现税务部门全责征收，另一方面强调从"三险"扩大到"五险"（新增工伤保险和生育保险）的统一征收，从而使我国各项社会保险费全部进入可以由税务部门全责征收的阶段。但是2010年颁布的《中华人民共和国社会保险法》并未对税务部门统一征收的主体角色进行明确规定，也因此出现及加剧了学术界对两部门征收主体、角色、优势及其效果问题的持续争论。2015年年底由中央办公厅及国务院办公厅联合发布的《深化国税、地税征管体制改革方案》提出由地税部门统一征收"政府性基金等非税收入项目"，将社会保险征缴体制改革再次向前推进一步。但是截至2018年1月,全国37个征收地区中,由人社部门全责征收的有15个,由税务部门代征的有17个,由税务部门全责征收的仅有5个,可见三年来的征收主体统一化改革工作成效并不显著。2018年3月《深化党和国家机构改革方案》出台,正式明确社会保险费由国税地税合并后的税务部门统一征收,在此基础上,国家发布《国税地税征管体制改革方案》,决定从2019年1月1日起"五险"将由税务部门统一征收。至此确定了税务部门在社会保险费征收中的唯一主体地位,也将从政策层面对各地多种征收模式进行了归并与统一。

资料来源:

1. 王延中,宁亚芳.我国社会保险征费模式的效果评价与改革趋势[J].辽宁大学学报(哲学社会科学版),2018,46,273(3):1-17,183.

2. 杨翠迎,程煜.理性看待社保征缴体制改革的政策效果[J].社会保障研究,2019(1):58-66.

讨论题:

1. 请简要评析各项社会保险费交由税务部门统一征收这一改革的现实意义。

2. 你认为社会保险费交由税务部门统一征收这一改革在实施过程中可能遇到的困境及所产生的后续影响有哪些?

## 深度阅读

1. 吕学静,江华.社会保障基金管理:第五版[M].北京:高等教育出版社,2020.

该书较为系统地介绍了社会保障基金的管理。主要内容有:社会保障基金的概念、特点和种类,社会保障基金管理的含义和特点,社会保障基金管理的国际经验,我国社会保障基金的筹集、监督和投资运营,社会保障基金与金融市场,社会保障基金的财务制度等。特别是对社会福利和社会救济基金的管理与监督做了介绍,并对社会保障基金与财政的关系进行了阐述。

2. 杨宜勇,韩鑫彤.关于中国建立社会保障税的政策构想[J].税务研究,2018(9):60-66.

社会保障制度是国家社会经济发展的重要制度之一,完善的社会保障制度对促进经济发展和维护社会公平具有十分重要的作用。关于是否建立社会保障税的问题学界已经讨论多年,论文对我国现行社会保险费征缴现状进行了介绍,并针对中国社会保险费模式存在的问题,分析得出社会保障税的纳税对象应先覆盖城镇职工,待时机成熟再推广

# 第四章 社会保障基金的筹集及运营管理国际比较

到全国，同时对纳税对象、征收模式、应税项目、税率进行了界定。在此基础上，提出应完善立法，建立社会保险税征缴、管理、发放分别由税务部门、财政部门和社会保险经办机构三方负责的制度模式，以确保社会保障税制度的顺利实施。

## 本章小结

现收现付制、完全积累制和部分积累制是社会保障基金筹集的三种方式，每种方式都具有各自的优势和劣势，以及不同的经济效应。各国可以根据自身的国情，做出一种或多种选择。

社会保障基金投资运营是社会保障基金管理的核心内容，谨慎人原则、严格数量限制原则是社会保险基金投资的重要原则。本章对各国社会保障基金运营原则、投资组合以及国家类型进行了比较，得出社会保障基金投资管理的重要经验和发展趋势。

信托基金管理模式、基金会管理模式、商业经营性基金管理模式是三种常见的社会保障基金的管理模式。本章以典型国家为代表，就各自特点进行阐述。同时，结合中国的实际，对统账分离的多元管理模式进行了理论分析。

社会保障基金筹集环节还涉及基金筹集形式、基金产权性质、基金转制成本、基金筹集的逆向选择等多个问题。本章对社会保险税费之争、公共账户和个人账户产权之争进行了阐述，并对基金转制成本的处理方法、有效避免企业逆向选择行为的主要措施进行了理论分析。

## 重要概念

现收现付制　完全积累制　部分积累制　谨慎人原则　严格数量限制原则　信托基金管理模式　商业经营性基金管理模式

## 思考题

1. 什么是社会保障基金筹集模式，其类型及特点是什么？
2. 社会保障基金筹集模式的发展趋势是什么？
3. 社会保障基金管理模式分为哪几类？每种类型的特点是什么？
4. 你认为中国社会保障基金的管理应采取何种模式？
5. 请你设计中国社会保障基金的投资组合。

# 第五章
# 社会保障水平国际比较

## 第一节 社会保障支出水平比较

### 一、社会保障水平界定

社会保障水平是指社会成员享受社会保障经济待遇的高低。它是社会保障体系中的关键要素，直接反映社会保障资金的供求关系，并间接反映社会保障体系的运行状况。社会保障支出是衡量社会保障水平的核心指标，比较社会保障支出水平，可以确定不同社会保障模式及地区间社会保障发展差异。

依据不同的参照系和比重系数，可将社会保障水平系数分为多个层次，其中最基本层次是社会保障的工资比重系数，还有社会保障的财政支出比重系数，最高层次是社会保障的国内生产总值比重系数。

社会保障的工资比重系数是测定和表达用人单位社会保障支出水平的重要参数与指标，它是在劳动生产要素分配层次上的收入再分配项目及再分配程度的表达方式。社会保障的工资比重系数的表达公式为：

$$社会保障的工资比重系数 = \frac{社会保障支出}{工资总额} \qquad 式5\text{-}1$$

其中社会保障支出和工资总额要依据相同的时点和人员总数来确定。

这是一种小范围内的社会保障水平测定指标系数，如对某一家企业、公司等组织内部员工的社会保障水平的测定和表达就可以采用此指标系数。这种指标系数也可以扩大应用到相同领域，如某一地区乃至全国的某一产业领域等。用这种指标系数测定的社会保障水平，可以把它称为"部门行业领域社会保障水平"。从以生产劳动要素分配项目工资为基数测定的社会保障系数角度看,也可以把它称为"劳动工资社会保障分配系数",用这一指标系数测定的社会保障水平则被称为"劳动工资社会保障水平"。

社会保障的财政支出比重系数是一种测定和表达政府对社会保障投入状况的水平指标,也是用于说明社会保障在政府公共财政支出中的地位的水平指标。这种指标系数既可用于说明地方财政中社会保障支出水平状况,也可以用于说明中央财政中社会保障支出水平状况。用这一指标系数测定和表达的社会保障经费支出水平,可以把它称为"财政社会保障水平"。从以公共财政支出为基数测定的社会保障系数角度看,也可以把社会保障的财政支出比重系数称为"财政转移支付社会保障系数",用这一指标系数测定和表达的社会保障水平则称为"财政转移支付社会保障水平"。社会保障的财政支出比重系数的表达公式为:

$$社会保障的财政支出比重系数 = \frac{社会保障支出}{财政支出} \qquad 式5\text{-}2$$

其中社会保障支出和财政支出要依据相同的时点和政府管辖区域来确定。

社会保障的国内生产总值比重系数是一种测定和表达社会整体社会保障水平的系数。这种系数集中反映一国或地区的经济资源用于居民社会保障待遇的程度。用这种系数指标测定和表达的社会保障水平,可以称为"总体社会保障水平"或"社会保障总水平"。这种以国内生产总值或国民收入为基数的社会保障系数可以称为"国内生产总值的社会保障系数"或"国民收入分配社会保障系数",用这一系数指标测定的社会保障水平,则被称为"国民收入分配社会保障水平"。社会保障的国内生产总值比重系数的表达公式为:

$$社会保障的国内生产总值比重系数 = \frac{社会保障支出总额}{国内生产总值} \qquad 式5\text{-}3$$

其中,社会保障支出总额和国内生产总值要依据相同的时点、相同的国家或地区来确定。社会保障支出总额是一定时期内一国或地区实际支出的各种社会保障费用总和。

社会保障的国内生产总值比重系数是国际上通用的社会保障水平测定的主要指标。其原因有三点。第一,国内生产总值更能准确地反映一国或地区经济实力的总体状况。社会保障支出总额占国内生产总值的比重,能够从总体上集中反映出一国或地区的经济总量中社会保障支出的状况和水平。第二,在实际统计分析中,国内生产总值和社会保障支出总额数据比较容易获得,有利于广泛应用。第三,它是一种国际通用指标,运用这一指标获得的数据及其分析结果,有利于不同国家或地区在其不同时期之间进行横向和纵向比较。因此，国内学术界也普遍采用这一指标作为社会保障水平的主要测定指标，通常都是在这一指标值的意义上使用社会保障水平概念。本书也是如此。

## 二、社会保障水平的理论价值

在社会保障体系中，社会保障水平占很重要的地位。首先，社会保障水平直接反映社会保障程度的高低和资金需求的大小，保障水平越高，保障程度就越高，资金需求量就越大。其次，社会保障水平的高低，直接关系着企业的生产发展和社会稳定：社会保障水平过高，政府和企业在经济上都难以承受；保障水平过低，一部分人的基本生活难以保证，社会就会动荡。

目前，有不少西方国家由于社会保障支出总额占国内生产总值的比重不断增长，导致预算赤字大幅度上升，政府被迫增加税收，致使群众不满、社会不安定；与此同时，由于社会福利过多，增加了生产成本，相应地减弱了产品的市场竞争能力，因此制约了经济的发展。中国社会保障体系的改革与完善，不能忽视社会保障水平的研究。社会保障水平具有刚性，基线一旦确立，就易升不易降。国外的经验和国内的实践提出了一个迫切需要研究和解决的重要理论和实践课题，即如何确立适度的社会保障水平。倘若起点过高，就会处于"骑虎难下"的境地，使社会保障成为不堪承受的重负。因此，在中国社会保障体制的改革和完善进程中，应该首先建立一个适度的保障水平。

社会保障水平发展规律和趋势的比较研究，在经济学、社会保障理论体系中也具有重要价值。

第一，社会保障水平与国民经济发展总量密切相关，通过社会保障水平的客观描述，可以发现社会保障资金供求状况对 GDP、失业率、储蓄、投资、消费等经济变量的影响，发现社会保障运行的经济效应和经济规律。

第二，社会保障水平与人民的生活质量直接相关。现代经济学理论强调，经济发展的重要标志不仅在于经济总量的增长，更关键的是促进人民生活质量的提高，因为经济总量增长的目的在于提高人民的生活质量。社会保障水平的高低直接反映人民生活保障程度的高低，反映着人民生活质量的高低。因此，通过社会保障水平的比较研究，可以发现经济与社会协调发展的机制和规律。

第三，社会保障水平的具体分项比较研究，有利于发现国民财富分配和收入再分配的某些具体过程，发现其内在的运行规律。

第四,社会保障水平是社会保障体系运行的指示器,通过社会保障运行规律研究,可以建立社会保障适度水平经济学模型,进而建立"社会保障运行预警系统",用于评价社会保障体系运行状况,预测社会保障的未来发展趋势,避免出现社会保障的财务危机,保证社会保障体系的良性运行以及社会经济的可持续发展。

### 三、社会保障支出水平统计口径

社会保障是满足社会成员不同层次收入再分配需求的制度安排,根据社会成员的保障需求,社会保障支出大体可以分为社会保险支出、社会福利支出和社会救助支出等,社会保险支出涵盖养老、医疗、失业等范畴,社会福利支出包括儿童福利等方面,社会救助支出是对低收入等特殊群体的兜底保障。

OECD国家在社会保障支出统计中划分为老年、残障、疾病医疗和失业等社会保障支出,以及家庭和儿童福利、相关社会救助支出,各项支出都在社会保险、社会福利和社会救助范畴内,而且统一的社会保障统计口径使得OECD国家之间可以进行横向比较,避免统计口径差异对社会保障水平影响的问题。明确、统一的社会保障统计口径为判断社会保障水平发展趋势、变动规律和横向比较提供了基础条件。

中国社会保障支出统计口径包括养老保险、医疗保险、失业保险、工伤保险等社会保险支出,同时也包括最低生活保障制度等社会救助和老年津贴等福利支出。虽然分项支出的统计口径与OECD国家有所不同,但各分项汇集的整体社会保障支出同样涵盖了社会保险、社会福利和社会救助等方面,整体统计口径与OECD国家相同,可以进行整体社会保障水平的横向比较。

### 四、社会保障支出水平比较

#### (一)社会保障支出范围比较

社会保障支出总额在不同国家或地区往往因支出项目的不同而有所差异,即使在同一国家的不同时期,也常常有具体社会保障项目的增减。不过,各国对于社会保障的支出范围还是有其明确的界定的,各国之间也有某些共同的指标范围。综观世界各国社会保障的支出范围,主要包括三大领域:

一是面向劳动者的社会保障,如养老保险、医疗保险、失业保险、工伤保险等;

二是面向全体社会成员的社会保障,如"从摇篮到坟墓"的各项社会福利制度等;

三是面向低收入者的社会保障，如对贫困和低收入者的社会救助等。

中国社会保障支出范围主要包括社会保险、社会福利、社会救助和社会优抚四个方面，其社会保障支出内容基本上与上述三大领域相吻合。社会优抚与社会福利的社会保障性质相近。上述社会保障支出内容构成了一个由低层次保障到高层次保障的社会保障体系。社会救助是最低层次的社会保障，保障最低生活，保障对象是"贫困者"；社会保险是基本保障，保障劳动者在失去劳动能力、失去工资收入后仍能享有基本生活水平，保障对象是"劳动者"；社会福利是最高层次社会保障，用于增进国民生活福利，保障对象是全体国民。社会保障层次低，享受社会保障待遇的对象分布窄；社会保障层次高，享受社会保障待遇的对象分布宽。在上述三大领域范围内，国际上的社会保障支出，通常划分为五个方面：（1）养老、残障、遗属；（2）疾病、生育、医疗护理；（3）失业；（4）家庭津贴；（5）工伤及其他社会救助。

老年、残障和遗属保险通常为长期风险保障，它与短期风险保障（如因疾病导致的工作能力的短期丧失、生育、工伤或失业等）相区别。这种长期风险保障通常是共同管理，有一定的资金来源并且有相关限制条件和给付规则。

疾病、生育和医疗护理保险，包括因患病或伤害带来的收入损失和因生育期离职而导致的收入损失及相关医疗服务费用。该项保险属于短期能力丧失保险，这部分费用在大多数国家主要由公共财政出资补贴。

失业、家庭津贴和工伤等社会保障项目，也属于短期风险保障，各国大多根据自己国情实行相应保障措施。

从国际社会保障经费支出范围看，大多数国家已经建立包括养老、残障、遗属保险，疾病、生育、医疗护理保险，工伤保险和失业保险等项目的社会保障体系；有些发展中国家没有设立家庭津贴等保障项目。部分国家的详细状况见表5-1。

表5-1　　　　　　　　部分国家社会保障支出范围比较

| 国家 | 养老、残障、遗属 | 疾病、生育、医疗护理 | 工伤 | 失业 | 家庭津贴 |
| --- | --- | --- | --- | --- | --- |
| 英国 | ○ | ○* | ○ | ○ | ○ |
| 瑞典 | ○ | ○* | ○ | ○ | ○ |
| 芬兰 | ○ | ○* | ○ | ○ | ○ |
| 丹麦 | ○ | ○* | ○ | ○ | ○ |
| 挪威 | ○ | ○* | ○ | ○ | ○ |
| 美国 | ○ | ○* | ○ | ○ | ○ |

续表

| 国家 | 养老、残障、遗属 | 疾病、生育、医疗护理 | 工伤 | 失业 | 家庭津贴 |
|---|---|---|---|---|---|
| 日本 | ○ | ○* | ○ | ○ | ○ |
| 德国 | ○ | ○* | ○ | ○ | ○ |
| 俄罗斯 | ○ | ○* | ○ | ○ | ○ |
| 法国 | ○ | ○* | ○ | ○ | ○ |
| 加拿大 | ○ | ○* | ○ | ○ | ○ |
| 澳大利亚 | ○ | ○* | ○ | ○ | ○ |
| 比利时 | ○ | ○* | ○ | ○ | ○ |
| 中国 | ○ | ○* | ○ | ○ | ○ |
| 智利 | ○ | ○* | ○ | ○ | ○ |
| 新加坡 | ○ | ○* | ○ | ○ | ○ |
| 马来西亚 | ○ | ○ | ○ | ○ | — |
| 印度 | ○ | ○* | ○ | ○ | — |
| 韩国 | ○ | ○* | ○ | ○ | ○ |
| 科威特 | ○ | ○* | ○ | ○ | ○ |
| 菲律宾 | ○ | ○* | ○ | ○ | ○ |
| 埃及 | ○ | ○* | ○ | ○ | ○ |

资料来源：SSA. Social security program throughout the world. 2018.

注：○表示设立，-表示未设立；○*表示除提供疾病和生育保险外还提供医疗和住院治疗保障。

通过社会保障支出范围的国际比较可以发现两个特点。

第一，长期风险保障项目如老年、残障、遗属以及工伤保险是绝大多数国家都设立的社会保障支出项目。无论发达国家还是发展中国家，无论福利国家型还是自保公助型的国家，乃至自我积累型国家，都把长期风险保障项目放在重要位置。这说明社会保障是一个以长期风险保障为主体的社会安全网体系。

第二，社会保障支出范围与经济发展水平直接相关联。表5-1中的事实证明，发展中国家随着其经济发展水平逐渐提高，也建立了较为全面的社会保障体系，发达国家社会保障支出范围与发展中国家社会保障支出范围的差别在逐渐缩小，但如前所述，有些发展中国家由于经济条件等制约，并未建立家庭津贴等项目，经济发展水平对提高社会保障水平具有直接影响。

### （二）社会保障分项支出水平比较

社会保障支出总额是由分项支出构成的。通过社会保障分项支出水平比较，一方面可以发现不同社会保障分项支出在社会保障体系中的地位；另一方面可以发现不同类型社会保障模式在各支出项目上的侧重点和共同趋势。

**1. 斯堪的纳维亚国家比较**

北欧福利国家的社会保障支出具有典型性。按照国际通用的社会保障划分标准，我们选取了1975—2018年的部分年份，瑞典、丹麦、芬兰、挪威、冰岛五国社会保障分项支出的数据，整理成表5-2。

表5-2　　　　　　　　北欧五国社会保障分项支出水平比较　　　　　　　　　%

| 国家 | 年份 | 老年、残障等 | 疾病医疗 | 失业 | 家庭和儿童津贴 | 其他社会救助 |
|---|---|---|---|---|---|---|
| 瑞典 | 1975 | 39.3 | 39.8 | 4.4 | 14.7 | 1.8 |
| | 1978 | 41.3 | 36.5 | 6.7 | 12.5 | 3.0 |
| | 1981 | 44.7 | 33.1 | 5.8 | 11.5 | 4.9 |
| | 1984 | 45.3 | 30.7 | 6.2 | 11.8 | 5.9 |
| | 1990 | 45.1 | 33.9 | 4.2 | 14.9 | 1.9 |
| | 1993 | 49.4 | 22.6 | 10.2 | 14.4 | 3.5 |
| | 1995 | 48.8 | 21.7 | 11.1 | 11.4 | 6.3 |
| | 2000 | 52.1 | 27.4 | 6.5 | 9.8 | 4.5 |
| | 2003 | 54.4 | 26.3 | 5.9 | 9.5 | 4.0 |
| | 2005 | 54.9 | 25.9 | 6.0 | 9.4 | 3.7 |
| | 2010 | 56.3 | 24.9 | 4.5 | 10.4 | 3.9 |
| | 2015 | 55.1 | 26.1 | 3.5 | 10.2 | 4.9 |
| | 2018 | 54.9 | 27.1 | 3.2 | 10.5 | 4.3 |
| 丹麦 | 1975 | 42.3 | 31.5 | 10.4 | 12.6 | 3.2 |
| | 1978 | 40.2 | 29.7 | 13.1 | 10.7 | 4.3 |
| | 1981 | 42.3 | 24.1 | 16.4 | 10.6 | 6.6 |
| | 1984 | 44.3 | 21.2 | 17.3 | 10.2 | 7.0 |
| | 1990 | 48.3 | 20.1 | 15.4 | 12.2 | 4.0 |
| | 1993 | 46.0 | 19.2 | 18.2 | 12.3 | 4.3 |
| | 1994 | 48.6 | 17.9 | 16.1 | 12.0 | 7.2 |
| | 1995 | 48.3 | 17.8 | 14.7 | 12.4 | 6.8 |
| | 2000 | 50.0 | 20.2 | 10.5 | 13.1 | 6.1 |
| | 2003 | 50.7 | 20.5 | 9.8 | 13.2 | 5.7 |
| | 2005 | 51.9 | 20.7 | 8.6 | 12.9 | 5.8 |
| | 2010 | 52.6 | 22.5 | 7.5 | 12.4 | 5.0 |
| | 2015 | 55.7 | 20.9 | 4.9 | 11.1 | 7.4 |
| | 2018 | 56.1 | 21.3 | 4.3 | 11.1 | 7.2 |

续表

| 国家 | 年份 | 老年、残障等 | 疾病医疗 | 失业 | 家庭和儿童津贴 | 其他社会救助 |
|---|---|---|---|---|---|---|
| 芬兰 | 1975 | 44.8 | 31.4 | 4.4 | 11.2 | 8.2 |
| | 1978 | 43.9 | 27.0 | 8.1 | 10.7 | 10.3 |
| | 1981 | 45.3 | 27.3 | 6.5 | 11.5 | 9.4 |
| | 1984 | 43.7 | 27.9 | 5.6 | 13.0 | 9.8 |
| | 1990 | 50.0 | 28.5 | 5.5 | 14.2 | 1.8 |
| | 1993 | 46.7 | 22.0 | 16.4 | 13.2 | 1.7 |
| | 1994 | 46.4 | 21.0 | 15.9 | 14.9 | 1.8 |
| | 1995 | 47.7 | 20.9 | 14.4 | 13.4 | 3.6 |
| | 2000 | 49.7 | 23.8 | 10.4 | 12.5 | 3.6 |
| | 2003 | 50.3 | 25.1 | 9.9 | 11.4 | 3.3 |
| | 2005 | 50.1 | 25.9 | 9.3 | 11.6 | 3.1 |
| | 2010 | 51.3 | 25.2 | 8.2 | 11.1 | 4.1 |
| | 2015 | 52.7 | 23.6 | 8.3 | 10.2 | 5.1 |
| | 2018 | 55.4 | 22.8 | 6.1 | 9.9 | 5.8 |
| 挪威 | 1975 | 46.4 | 40.8 | 1.6 | 8.1 | 3.1 |
| | 1978 | 43.3 | 41.3 | 2.2 | 8.3 | 4.9 |
| | 1981 | 40.7 | 40.5 | 2.7 | 10.8 | 5.3 |
| | 1984 | 40.5 | 38.9 | 4.7 | 9.9 | 6.0 |
| | 1990 | 47.5 | 30.1 | 7.2 | 12.2 | 3.1 |
| | 1993 | 48.4 | 25.5 | 8.8 | 13.5 | 3.8 |
| | 1994 | 48.0 | 24.9 | 8.2 | 14.1 | 4.8 |
| | 1995 | 47.4 | 26.3 | 6.7 | 14.1 | 4.5 |
| | 2000 | 47.2 | 34.3 | 2.7 | 12.8 | 3.1 |
| | 2003 | 47.5 | 34.5 | 3.1 | 11.7 | 3.2 |
| | 2005 | 49.7 | 32.0 | 2.7 | 12.2 | 3.3 |
| | 2010 | 49.0 | 31.7 | 3.2 | 12.5 | 3.7 |
| | 2015 | 53.6 | 28.5 | 2.6 | 12.4 | 3.0 |
| | 2018 | 54.8 | 28.5 | 1.9 | 11.8 | 3.0 |
| 冰岛 | 1975 | 28.9 | 51.0 | 0.9 | 16.7 | 3.5 |
| | 1978 | 29.9 | 50.0 | 0.6 | 16.7 | 2.8 |
| | 1981 | 29.2 | 50.5 | 0.5 | 15.8 | 4.0 |
| | 1984 | 27.8 | 51.7 | 1.5 | 14.8 | 4.2 |
| | 1990 | 31.6 | 50.2 | 2.5 | 14.2 | 1.4 |
| | 1993 | 41.3 | 39.0 | 4.2 | 13.2 | 2.3 |

续表

| 国家 | 年份 | 老年、残障等 | 疾病医疗 | 失业 | 家庭和儿童津贴 | 其他社会救助 |
|---|---|---|---|---|---|---|
| 冰岛 | 1994 | 41.8 | 38.2 | 4.5 | 13.2 | 2.3 |
| | 1995 | 41.6 | 37.9 | 4.4 | 12.9 | 3.2 |
| | 2000 | 45.0 | 39.2 | 1.3 | 11.7 | 2.8 |
| | 2003 | 44.5 | 36.2 | 2.5 | 13.6 | 3.1 |
| | 2005 | 46.3 | 34.8 | 1.8 | 13.9 | 3.3 |
| | 2010 | 37.6 | 35.3 | 6.8 | 12.9 | 7.5 |
| | 2015 | 44.7 | 36.5 | 2.3 | 11.0 | 5.5 |
| | 2018 | 47.1 | 36.4 | 2.1 | 10.3 | 4.1 |

资料来源：
① Nordic Social Statistical Committee. Social security in the Nordic countries.1984–2004.
② Nordic Social Statistical Committee. Social protection in the Nordic countries.2004.
③欧盟数据库。
注：部分年份由于四舍五入，分项支出总计不等于100。

北欧国家社会保障分项支出分布状况说明了两点。（1）同一国家社会保障分项支出在社会保障体系中的地位有明显区别。在社会保障分项支出水平中，老年、残障等社会保障支出排在第一位，疾病医疗社会保障支出居第二位，家庭和儿童津贴及失业等社会保障支出列第三位。（2）不同国家社会保障支出的侧重点有所不同。丹麦和芬兰在特定年份内，家庭和儿童津贴所占比重低于失业的社会保障支出，其他国家的家庭和儿童津贴所占比重都高于失业的社会保障支出。冰岛在 1975—1990 年，老年、残障等的社会保障支出低于疾病医疗的社会保障支出，其他 4 个国家的老年、残障等的社会保障支出比重都高于疾病医疗的社会保障支出比重。一般而言，家庭和儿童津贴比重高于失业的社会保障比重，说明该国的社会公平观念在社会保障体系中的地位较明显，这也是福利国家的基本特征之一。冰岛老年、残障等社会保障支出比重之所以低于其他 4 个国家，是因为冰岛老年人口比重低于这四国。仅以 2018 年为例，冰岛 65 岁以上老年人口比重为 14.1%，而瑞典为 19.9%，丹麦为 19.5%，芬兰为 21.6%，挪威为 17.1%。[①]

**2. 美国、日本、德国比较**

自保公助型社会保障模式的国家中，美国、日本、德国是比较典型的。我们选取部分年份的有关数据，依据不同国家保障项目的不同特点，整理成表5-3。

---

① Nordic Social Statistical Committee. Social security in the Nordic countries，2018.

表 5-3　　　　　　　美国、日本、德国社会保障分项支出比较　　　　　　　　%

| 年份 | 美国 | | | | | 日本 | | | 德国 | | | | |
|---|---|---|---|---|---|---|---|---|---|---|---|---|---|
| | 老年、遗属和残障 | 健康医疗 | 失业 | 家庭住房 | 其他福利 | 医疗 | 年金 | 其他 | 老年、遗属和残障 | 健康医疗 | 失业 | 家庭住房 | 其他福利 |
| 1980 | 51.39 | 34.79 | 4.72 | 5.82 | 3.28 | 43.32 | 42.19 | 14.48 | 58.68 | 28.00 | 1.92 | 10.02 | 1.38 |
| 1985 | 52.88 | 37.63 | 2.80 | 4.53 | 2.17 | 40.03 | 47.34 | 12.62 | 54.66 | 28.08 | 7.65 | 7.65 | 1.96 |
| 1990 | 49.27 | 43.19 | 2.04 | 3.47 | 2.02 | 38.92 | 50.91 | 10.16 | 56.80 | 28.83 | 3.54 | 8.20 | 2.64 |
| 1995 | 46.99 | 45.33 | 1.45 | 3.67 | 2.56 | 37.17 | 51.75 | 11.08 | 52.38 | 31.47 | 5.79 | 7.87 | 2.49 |
| 2000 | 47.78 | 45.00 | 0.99 | 4.17 | 2.06 | 33.29 | 52.74 | 13.98 | 54.04 | 30.30 | 5.44 | 8.03 | 2.20 |
| 2005 | 44.16 | 49.57 | 1.11 | 2.51 | 2.66 | 32.00 | 52.70 | 15.30 | 51.25 | 29.51 | 6.24 | 9.10 | 3.89 |
| 2010 | 42.30 | 48.22 | 3.72 | 2.30 | 3.47 | 30.90 | 51.80 | 17.30 | 50.23 | 31.72 | 5.79 | 9.06 | 3.94 |
| 2015 | 44.30 | 49.19 | 0.65 | 2.93 | 2.93 | 32.79 | 47.70 | 19.51 | 47.33 | 35.23 | 3.56 | 13.52 | 0.71 |
| 2018 | 44.30 | 50.16 | 0.33 | 2.61 | 2.61 | NA | NA | NA | 47.37 | 35.44 | 3.16 | 13.33 | 0.70 |

资料来源：

① U.S.A.Social security bulletin.1950–1985：64.
② 见日本国立社会保障・人口问题研究所发布的相关年份"社会保障费用统计"。
③ 欧洲联盟委员会.社会保障在欧洲［M］.1995：67.
④ CEIE 数据库。
⑤ Nordic Social Statistical Committee.Social protection in the Nordic countries.2004.
⑥ OECD 数据库。
⑦ 欧盟数据库。

美国、日本、德国的社会保障模式总体上属于自保公助型，但在具体保障项目及其统计口径上又有区别。限于已有资料，同时为了保持原有统计口径和统计结果的真实性，我们按照上述三国原有资料的统计口径进行了归类，可以总结为两点。

第一，同一个国家社会保障分项支出在社会保障体系中的地位有明显区别。从总体趋势上看，美国的老年、遗属和残障保险在社会保障体系中所占的比重排在首位；日本以养老保险为主的年金保险支出比重排在首位，从1980年的42.19%上升到2015年的47.7%；德国的老年、遗属和残障保险也排在首位，2018年已达到47.37%，其次是健康医疗保险支出。

第二，不同国家社会保障分项支出的发展趋势有所区别。随着美国医疗保障制度改革的不断深入，美国的健康医疗保险呈逐步上升的趋势，由1980年的34.79%上升到2018年的50.16%，而同时期的老年、遗属和残障保险支出比重略有下降，从51.39%下降到44.30%。日本的社会保障支出结构也在发生变化，其中，医疗保险支出比重逐年下降，1980年为43.32%，到2015年已下降到了32.79%；年金保险支出比重却呈上升趋势，1980年为42.19%，到2015年已达到47.70%。老年社会保障支出比重有所下降，医疗保障支出比重相对上升，是德国社会保障支出结构变化的趋势。

### （三）社会保障总水平比较

在上述社会保障支出范围内，世界不同国家的社会保障总水平都呈现出一种逐渐上升趋势。我们选择英国、瑞典、丹麦、芬兰作为福利国家型社会保障模式的国家代表，美国、日本、德国、法国作为自保公助型社会保障模式的国家代表，中国作为发展中国家代表，时间段选在1960年—2017年，约每五年一个时点，收集整理有关社会保障总水平的数据，见表5-4。其中，中国社会保障总水平有关数据按"大口径"（包括价格补贴和住宅投资在内）[①] 社会保障支出水平统计，时间段选在改革开放后。

表5-4　　　　　　　　部分国家社会保障总水平比较　　　　　　　　　%

| 类型 | 国家 | 社会保障支出总额占国内生产总值的比重 | | | | | | | | | | | |
|---|---|---|---|---|---|---|---|---|---|---|---|---|---|
| | | 1960年 | 1965年 | 1970年 | 1975年 | 1980年 | 1985年 | 1990年 | 1995年 | 2000年 | 2005年 | 2009年 | 2015年 | 2017年 |
| 福利国家型 | 英国 | 13.9 | 14.4 | 15.9 | 19.5 | 20.2 | 24.3 | 22.3 | 27.1 | 27.0 | 26.8 | 20.4 | 27.6 | 26.9 |
| | 瑞典 | 12.8 | 17.5 | 21.1 | 26.7 | 29.7 | 30.9 | 31.8 | 35.0 | 31.5 | 32.0 | 33.0 | 30.0 | 29.8 |
| | 芬兰 | 12.7 | 13.1 | 13.4 | 16.2 | 19.2 | 23.8 | 25.6 | 32.2 | 25.6 | 27.3 | 30.6 | 32.0 | 30.9 |
| | 丹麦 | 12.5 | 12.5 | 19.5 | 25.8 | 26.5 | 25.5 | 27.6 | 31.3 | 28.1 | 30.7 | 33.1 | 34.5 | 33.0 |
| 自保公助型 | 美国 | 10.3 | 11.2 | 14.7 | 18.6 | 17.8 | 19.2 | 21.0 | 23.7 | 23.7 | 26.2 | 29.7 | 30.7 | 30.8 |
| | 日本 | 4.86 | 5.98 | 5.77 | 9.49 | 10.4 | 11.2 | 11.4 | 14.2 | 18.8 | 24.0 | 29.4 | 25.3 | 25.2 |
| | 法国 | 13.4 | 15.8 | 15.3 | 24.1 | 21.4 | 26.5 | 27.1 | 30.5 | 30.1 | 33.2 | 35.2 | 35.4 | 35.0 |
| | 德国 | 20.5 | 19.0 | 25.6 | 27.2 | 26.0 | 26.5 | 25.6 | 29.7 | 29.3 | 30.3 | 31.0 | 28.6 | 29.0 |
| 发展中国家 | 中国 | — | — | — | 13.01 | 13.69 | 13.60 | 12.73 | 12.81 | 13.70 | 16.80 | 18.80 | 18.79 |

资料来源：

① WILENSKY H L. The welfare state and equality: structural and ideological roots of public expenditures [M]. University of California Press, 1975.

② 欧盟数据库。

③ ROBERT P, CENSUS U. Statistical abstract of the United States: 1984. Journal of the American Statistical Association, 1985.

④ OECD.OECD in figures, statistics on the member countries [J]. OECD, 1986—1998.

⑤ 国家统计局. 国际经济和社会统计提要1987 [M]. 北京：中国统计出版社, 1987: 267, 269.

⑥ 国家统计局. 中国统计年鉴1980—2018 [M]. 北京：中国统计出版社, 1980—2018.

⑦ OECD.SOCX.2007-2018.

---

① "小口径"社会保障总水平包括养老金、在职职工保险福利费、优抚支出、城乡贫困救助、孤老残和养老福利院费用支出等；"中口径"社会保障总水平在小口径社会保障总水平基础上，再加上住宅投资；"大口径"社会保障总水平在中口径社会保障总水平基础上，再加上价格补贴。

社会保障水平是反映社会保障体系运行状况的重要指标之一，同时，社会保障水平的发展也受经济社会发展状况制约。通过表5-2可总结出五点。

第一，社会保障水平随着经济发展呈现出不断上升的趋势，其中，发达国家社会保障水平上升最快的时间段为20世纪70年代初期和中期。自20世纪70年代中后期始，西方工业化国家社会保障支出加速，导致了财政支出紧张，由此引发了所谓的社会保障"危机"。尔后，西方工业化国家先后采取措施控制社会保障支出，使社会保障支出的增长速度放慢。其中，由于福利国家型社会保障模式表现出的"危机"更为明显，因此，这些国家后期的社会保障支出放慢的速度较之自保公助型国家更为显著。

第二，20世纪90年代中期，西方工业化国家的社会保障支出总额已接近国内生产总值的1/3，其中瑞典、芬兰、丹麦、法国、德国等表现得更加明显。

第三，在社会保障水平不断上升的过程中，无论实行自保公助型还是福利国家型社会保障模式，其社会保障支出水平的发展趋势是越来越接近。这说明社会保障水平有其合理的适度区间，也有其共同的适度标准，不是无限制地快速上升。在这个上升过程中，20世纪80年代初及以前，福利国家型社会保障支出上升得快；之后，自保公助型社会保障支出上升得快。

第四，在2009年之后，福利国家型和自保公助型社会保障总水平总体保持稳定，说明社会保障支出增长并不是无限制的，社会保障支出需要保持在合理区间内。

第五，中国20世纪90年代社会保障总水平相当于发达国家20世纪60年代水平。随着国家对收入再分配的投入力度加大，中国社会保障总水平持续上升。

## 五、中国社会保障支出水平比较

### （一）中国社会保障分项支出水平

统计分析结果表明，自1978年起，中国社会保障分项支出水平呈现逐渐上升的趋势，其中养老金的支出水平从1978年的0.48%上升到2020年的6.31%。在不含住宅投资和价格补贴的情况下，中国2020年的社会保障支出水平在9%左右；加上住宅投资和价格补贴，在20%左右，部分年份数据见表5-5。

表 5-5　　　　　　　中国社会保障分项支出水平（1978—2020 年）　　　　　　　%

| 年份 | 社会保障分项支出水平 | | | | | | | 合计 | | |
|---|---|---|---|---|---|---|---|---|---|---|
| | H41 养老金 | H42 在职职工保险福利费 | H43 优抚 | H44 救助 | H45 孤老残等 | H46 价补 | H47 住宅 | H48 | H49 | H50 |
| 1978 | 0.48 | 1.67 | 0.173 | 0.11 | 0.013 | 2.16 | NA | 2.44 | NA | 4.63 |
| 1980 | 1.12 | 1.90 | 0.187 | 0.06 | 0.100 | 2.60 | NA | 3.36 | NA | 5.96 |
| 1985 | 1.68 | 2.02 | 0.119 | 0.03 | 0.092 | 2.29 | 6.85 | 3.94 | 10.79 | 13.08 |
| 1990 | 2.54 | 2.51 | 1.130 | 0.02 | 0.078 | 2.05 | 6.28 | 6.28 | 12.56 | 14.61 |
| 1995 | 2.60 | 1.43 | 0.074 | 0.01 | 0.052 | 10.62 | NA | 4.17 | NA | 14.79 |
| 2000 | 3.10 | 0.80 | 0.109 | 0.01 | 0.051 | 1.05 | 7.65 | 4.07 | 11.72 | 12.77 |
| 2005 | 3.04 | 1.74 | 0.081 | NA | NA | 0.55 | 8.43 | 4.86 | 13.29 | 13.84 |
| 2010 | 3.27 | 0.77 | 0.199 | 0.38 | NA | NA | 11.45 | 4.62 | 16.07 | 16.07 |
| 2015 | 4.93 | 1.61 | 0.197 | 0.28 | 0.140 | NA | 11.65 | 7.16 | 18.81 | 18.81 |
| 2020 | 6.31 | 2.36 | 0.281 | 0.22 | 0.150 | NA | 10.28 | 9.32 | 19.60 | 19.60 |

资料来源：
①国家统计局．中国统计年鉴 1987—2021［M］．北京：中国统计出版社，1987—2021．
②国家统计局．中国社会统计资料［M］．北京：中国统计出版社，1987．
③财政部官网"2010 年全国公共财政支出决算表"。
④财政部官网"2015 年全国一般公共预算支出决算表"。
⑤财政部官网"2020 年全国一般公共预算支出决算表"。

注：
① H41 代表退休、离休职工养老金；H42 代表在职职工保险福利费，包括工伤保险费、生育保险费、医疗保险费等；H43 代表优抚支出；H44 代表城乡困贫救助支出；H45 代表孤老残和养老福利院费用支出；H46 代表价格补贴费；H47 代表住宅投资。由于统计口径发生变化，2020 年 H47 采用房地产住宅投资指标参数。
② H48 代表不含价格补贴和住宅投资的社会保障支出总额，H49 代表含住宅投资在内的社会保障支出总额，H50 代表含价格补贴和住宅投资在内的社会保障支出总额。
③ NA 代表暂无确切数字。

### （二）中国社会保障总水平的国际比较

中国 1990 年的社会保障水平，从直观上看，与西方工业化国家 20 世纪 60 年代初期的保障水平接近。如果进一步分析社会保障水平的国民经济实力基础——人均国内生产总值，并把二者对照，就会发现：中国 1990 年的社会保障水平虽然与西方工业化国家 20 世纪 60 年代的社会保障水平接近，但中国 1990 年的人均国内生产总值（美元）却远远低于西方工业化国家 20 世纪 60 年代的水平（见表 5-6）。这说明：（1）中国的相对社会保障水平超前于当时的西方工业化国家，达到了一个较高水平；（2）中国社会保障水平的研究和确立以及社会保障体系改革，应吸取西方国家的经验教训，防止因保障水平不适度而给经济长远发展带来消极影响。

表 5-6　　　　　　　　　社会保障水平与人均 GDP 比较

| | 美国（1960年） | 德国（1960年） | 日本（1960年） | 英国（1960年） | 中国（1990年） |
| --- | --- | --- | --- | --- | --- |
| 社会保障支出占 GDP 比重（%） | 10.3 | 20.5 | 9 | 13.9 | 13.6 |
| 人均 GDP（美元） | 2 783 | 1 345 | 458 | 1 363 | 370 |

资料来源：

①人均 GDP 按当年可比价格计算，基础数据来自：1985 年人民出版社出版的《世界经济统计摘要》；1986 年中国统计出版社出版的《国际经济和社会统计提要》。

注：中国社会保障水平按"大口径统计分析"选取数据。

### （三）中国社会保障水平的内部要素比较

中国社会保障水平的内部要素比较，采取分项和综合两种研究方式展开。分项包括对社会保障各项目具体水平的发展情况分析；综合研究包括按大中小三种统计口径对社会保障总水平的分析。

分项研究证明，退休、离休职工养老金保障支出占总支出比重最大，在职职工社会保险费支出比重次之，两者相加占整个保障支出"小口径"的 90% 以上。这两项支出左右着中国社会保障水平的发展趋势。在各项保障支出中，唯有养老金支出水平始终是呈上升趋势，其他各项支出水平呈波动变化趋势。从增长贡献率角度分析，2015—2020 年养老金支出增长对小口径社会保障支出增长的贡献率达到约 64%。[①] 这说明，与西方发达国家一样，老年人数或离退休人数及其保险支出水平是制约保障水平的基本变量。

把各项保障支出加在一起，以"小口径"计算，中国社会保障总水平呈现小波动上升趋势；以"中口径"计算，中国社会保障总水平呈现稳步上升的发展趋势；以"大口径"计算，呈现为微小波动上升发展趋势。"小口径"的上升，主要由离退休人数不断增加所致，"大口径"波动发展主要由于近年来价格补贴和住宅投资变化所致。这里，"大口径"下的保障支出总水平最具有研究价值，这不仅由于该种统计指标与世界社会保障水平统计指标易接轨，而且由于它所展示的数量化发展趋势说明了社会保障总水平保持一个相对稳定的比重系数，与国内生产总值增长相协调，具有可行性和现实性。

---

**专栏 5-1　经济发展水平高并不等于社会保障水平高**

经济发展推动着社会保障水平不断提高，但经济发展与社会保障水平之间并不是同比、同向的关系，即经济发展水平高不等于社会保障水平高。这是因为：第一，

---

① 增长贡献率 = 养老金支出增长 / 小口径社会保障支出增长。

> 社会保障水平是一个比重值和相对数,经济发展水平GDP或人均GNP是一个绝对数,二者不可直接对比;第二,经济发展水平具有持续增长趋势,社会保障水平则不可无限上升,它要有一个适度的增长区间。
>
> 资料来源:穆怀中.国民财富与社会保障收入再分配[M].北京:中国劳动社会保障出版社,2003.

## 第二节 社会保障适度水平比较

### 一、社会保障水平的适度标准、测定模型和方法

社会保障水平从量上讲,有高、低之分,衡量方法是社会保障支出总额占国内生产总值的百分比。从质上讲,有适度、不适度之分,测定标准是社会保障支出与国家生产力发展水平以及各方面的承受力相适应的情况,既保障国民基本经济生活又促进国民经济健康发展。

社会保障支出增长速度主要取决于国民收入及国民经济增长速度,但不能超越国民经济增长。社会保障应该保持适度水平,即与社会保障的基本功能相适应。社会保障的基本功能包括:(1)既保证社会稳定,又促进经济发展;(2)既有利于社会公平,又有利于提高效率;(3)既保障国民生活,又激励国民积极劳动;(4)既提高国民素质,又促进社会进步。

适度社会保障水平的制约因素有两个:(1)社会保障需求条件;(2)社会保障供给条件。社会保障需求条件包括:享受社会保障待遇的人口总量;社会保障项目数量;社会保障程度。社会保障供给条件包括:国内生产总值、居民收入和储蓄、财政收入、国有固定资产、社会保障资金增值、社团和民间捐献等。

依据人口结构理论和柯布-道格拉斯生产函数,我们归纳出了社会保障负担系数模型和劳动生产要素投入分配系数模型,进而提出了社会保障水平测定模型:

$$S=\frac{Sa}{W} \cdot \frac{W}{G}=Q \cdot H \qquad 式5-4$$

$S$代表社会保障水平;$Sa$代表社会保障支出总额;$W$代表工资收入总额;$G$代表国内生产总值GDP;$Q$代表社会保障支出总额占工资收入总额的比重,又称社会保障负担

系数；$H$ 代表工资收入总额占国内生产总值的比重，又称劳动生产要素投入分配比例系数。[①]

依据柯布-道格拉斯总量生产函数原理和实际研究结果，把劳动生产要素分配比重系数的"度"界定为 0.75。在此基础上，依据劳动分配理论和人口趋势理论及有关预测结果，把有关数据代入社会保障水平测定模型[②]，初步得出未来人口老龄化高峰即老年人口比重达到 30% 左右时，适度保障水平的上限约为 26%。同时，依据不同国度和不同年代的数据，可以具体测定出适度保障水平的上限和下限，测定出特定时点社会保障水平的适度区域，也可以测定出特定时点社会保障水平的超度状况。

## 二、部分发达国家社会保障适度水平比较

对西方主要发达国家社会保障水平适度状况的测定表明，英国、美国、芬兰等国家在 20 世纪 70 年代中期开始超出社会保障水平"度"的上限，高福利国家瑞典等在 20 世纪 70 年代初就超过了适度上限，见表 5-7。事实表明，20 世纪 60 年代至 70 年代，西方主要工业化国家的社会保障处于兴旺时期；70 年代中后期和 80 年代初，社会保障暴露出的矛盾和问题也越来越多，形成了对经济发展的消极制约，此时社会保障水平已超出适度范围。依据社会保障水平测定模型计算的结果，与西方工业化国家社会保障现实状况的吻合度很高，说明社会保障水平度的测定模型和方法有一定的合理性和可操作性。

与前面分析的社会保障水平"度"的上限相比，这里的上限是立足于现存人口老龄化程度而设立的可承受的上限，我们把它称为"现实保障水平上限"。在这种限度之内的保障支出，从劳动生产要素分配合理性角度考虑，是可以承受的。超过了这个限度，就超过了劳动力所应承受的限度。以人口实现零增长且老龄化达到高峰时的数据为参数设定的社会保障水平"度"的上限，我们称它为"未来高峰期保障水平上限"。表 5-7 中的部分年份数据表明，一些国家的社会保障水平在未超过"未来高峰期保障水平上限"时，提前 5~10 年先超过了"现实保障水平上限"。这一事实的存在是客观的，本

---

[①] 穆怀中. 中国社会保障适度水平研究 [M]. 沈阳：辽宁大学出版社，1998：132-154.

[②] 用公式计算社会保障水平上下限值时，首先要考虑老年人口比重 $Oa$，养老保险和医疗保险支出占工资收入总额的比重以不超过老年人口占总人口的比重为限度。其他变量，按照国际经验和中国已采取的保障政策，失业保险支出比重系数 $Z$ 一般在 1.0%~1.5%，选下限 1.0% 为宜；工伤生育保险支出比重系数 $J$ 一般在 0.016%~1.500%，选下限 0.016% 为宜；社会福利优抚支出比重系数 $M$ 一般在 1.0%~1.5%，选下限 1.0% 为宜。参见：国家经济体制改革委员会. 社会保障体制改革 [M]. 北京：改革出版社，1995：48-50.

来人口老龄化未达到高峰时即老年人口比重未超过 30% 时，社会保障水平不应该超过"未来高峰期保障水平上限"。但由于社会保障水平的宏观调控不合理，在保障支出刚性作用下，保障支出水平上去下不来，结果导致首先突破"未来高峰期保障水平上限"。突破了"未来高峰期保障水平上限"后，社会保障制度必然走向危机，西方工业化国家的现实正好说明了这一点。

表 5-7　西方主要工业化国家社会保障水平适度状况　　%

| 国家 | 社会保障水平类型 | 1960年 | 1965年 | 1970年 | 1975年 | 1980年 | 1985年 | 1990年 | 1995年 | 2000年 | 2009年 | 2015年 | 2017年 |
|---|---|---|---|---|---|---|---|---|---|---|---|---|---|
| 英国 | 现有水平 | 13.90 | 14.40 | 15.90 | 19.50 | 20.20 | 24.30 | 22.30 | 27.10 | 27.00 | 30.40 | 27.60 | 26.90 |
|  | 适度上限 | 16.50 | 16.25 | 17.33 | 18.23 | 18.90 | 19.13 | 19.50 | 19.57 | 19.58 | 19.58 | 21.09 | 21.33 |
|  | 适度下限 | 14.64 | 14.86 | 15.46 | 16.36 | 17.04 | 17.26 | 17.64 | 17.71 | 17.71 | 17.72 | 19.22 | 19.46 |
| 芬兰 | 现有水平 | 12.70 | 13.10 | 13.40 | 16.20 | 19.20 | 23.80 | 25.60 | 32.20 | 25.60 | 30.60 | 32.00 | 30.90 |
|  | 适度上限 | 13.20 | 13.73 | 14.63 | 15.68 | 16.73 | 17.10 | 17.78 | 18.38 | 18.90 | 20.39 | 22.87 | 23.57 |
|  | 适度下限 | 11.34 | 11.86 | 12.76 | 13.81 | 14.86 | 15.24 | 15.91 | 16.51 | 17.04 | 18.52 | 21.01 | 21.71 |
| 瑞典 | 现有水平 | 12.80 | 17.25 | 21.10 | 26.70 | 29.70 | 30.90 | 31.80 | 35.00 | 31.50 | 33.00 | 30.00 | 29.80 |
|  | 适度上限 | 16.58 | 17.25 | 18.00 | 19.05 | 19.95 | 20.63 | 21.08 | 20.85 | 20.70 | 21.18 | 22.49 | 22.56 |
|  | 适度下限 | 14.71 | 15.39 | 16.14 | 17.19 | 18.09 | 18.76 | 19.21 | 18.99 | 18.84 | 19.31 | 20.63 | 20.70 |
| 丹麦 | 现有水平 | 12.50 | 12.50 | 19.50 | 25.80 | 26.50 | 25.50 | 27.60 | 31.30 | 28.10 | 33.10 | 34.50 | 33.00 |
|  | 适度上限 | 15.68 | 16.28 | 16.95 | 17.78 | 18.53 | 19.05 | 19.43 | 19.20 | 18.83 | 19.80 | 21.77 | 22.11 |
|  | 适度下限 | 13.81 | 14.41 | 15.09 | 15.91 | 16.66 | 17.19 | 17.56 | 17.34 | 16.96 | 17.94 | 19.91 | 20.25 |
| 德国 | 现有水平 | 20.50 | 19.00 | 25.60 | 27.20 | 26.00 | 26.50 | 25.60 | 29.70 | 29.30 | 31.00 | 28.60 | 29.00 |
|  | 适度上限 | 16.35 | 17.10 | 18.00 | 18.83 | 19.43 | 18.68 | 18.90 | 19.35 | 20.03 | 23.02 | 23.50 | 23.69 |
|  | 适度下限 | 14.49 | 15.24 | 16.14 | 16.96 | 17.56 | 16.81 | 17.04 | 17.49 | 18.16 | 21.26 | 21.64 | 21.83 |
| 法国 | 现有水平 | 13.40 | 15.80 | 15.30 | 24.10 | 21.40 | 26.50 | 27.10 | 30.50 | 30.10 | 35.20 | 35.40 | 35.00 |
|  | 适度上限 | 16.43 | 16.80 | 17.40 | 17.85 | 18.15 | 17.40 | 18.23 | 19.13 | 19.80 | 20.29 | 21.69 | 22.32 |
|  | 适度下限 | 14.56 | 14.94 | 15.54 | 15.99 | 16.29 | 15.54 | 16.36 | 17.26 | 17.94 | 18.42 | 19.82 | 20.45 |
| 美国 | 现有水平 | 10.30 | 11.20 | 14.70 | 18.60 | 17.80 | 19.20 | 21.00 | 23.70 | 23.70 | 29.70 | 30.70 | 30.80 |
|  | 适度上限 | 14.63 | 14.85 | 15.08 | 15.60 | 16.20 | 16.65 | 17.10 | 17.25 | 17.03 | 17.44 | 18.86 | 19.42 |
|  | 适度下限 | 12.76 | 12.99 | 13.21 | 13.74 | 14.34 | 14.79 | 15.24 | 15.39 | 15.16 | 15.58 | 17.00 | 17.56 |

续表

| 国家 | 社会保障水平类型 | 1960年 | 1965年 | 1970年 | 1975年 | 1980年 | 1985年 | 1990年 | 1995年 | 2000年 | 2009年 | 2015年 | 2017年 |
|---|---|---|---|---|---|---|---|---|---|---|---|---|---|
| 日本 | 现有水平 | 4.86 | 5.98 | 5.77 | 9.49 | 10.40 | 11.20 | 11.40 | 14.20 | 18.80 | 26.40 | 25.30 | 25.20 |
| | 适度上限 | 12.00 | 12.45 | 13.05 | 13.65 | 14.55 | 15.45 | 16.80 | 18.68 | 20.78 | 24.79 | 27.70 | 28.52 |
| | 适度下限 | 10.14 | 10.59 | 11.19 | 11.79 | 12.69 | 13.59 | 14.94 | 16.81 | 18.91 | 22.92 | 25.84 | 26.66 |
| 超度国家数 | 超上限 | 1 | 1 | 3 | 7 | 7 | 7 | 7 | 7 | 7 | 8 | 7 | 7 |
| | 超下限 | 6 | 3 | 2 | 1 | 1 | 1 | 1 | 1 | 1 | 0 | 1 | 1 |

资料来源：

① OECD.OECD in figures. 1988–1997.
② Nordic Social Statistical Committee. Social security in the Nordic countries，1978–1994.
③ OECD.SOCX.2007–2020.
④ OECD 数据库。

## 三、中国社会保障适度水平分析

依据社会保障适度水平测定模型和方法，可以了解中国社会保障水平的适度状况，并进一步明确中国未来适度保障水平的目标。

### （一）当下社会保障总水平适度分析

把老年人口比重和失业率等有关参数代入社会保障水平测定公式计算，在1978—2020年，中国社会保障水平适度上限值分布在9% ~ 18%，适度下限值分布在8% ~ 16%。把它们同中国现存保障水平对照比较，可以看出：（1）"小口径"的社会保障水平，未达到适度下限；（2）"中口径"和"大口径"的社会保障水平已经超过适度上限，但在2015年之后现实水平与适度上限之间的差值开始下降，并向适度区域回落。部分年份的相关数据见表5-8。

表5-8　　　　　　　　　　中国社会保障水平适度状况　　　　　　　　　　%

| | | 1978年 | 1980年 | 1985年 | 1990年 | 1992年 | 1995年 | 2000年 | 2005年 | 2010年 | 2015年 | 2020年 |
|---|---|---|---|---|---|---|---|---|---|---|---|---|
| 现有水平 | H48 | 2.44 | 3.36 | 3.94 | 6.28 | 5.09 | 4.17 | 4.07 | 4.86 | 4.62 | 7.16 | 9.32 |
| | H49 | NA | NA | 10.79 | 12.56 | 11.53 | NA | 11.72 | 13.29 | 16.07 | 18.81 | 19.60 |
| | H50 | 4.63 | 5.96 | 13.08 | 14.61 | 12.73 | 14.79 | 12.77 | 13.84 | 16.07 | 18.81 | 19.60 |

续表

|  | 1978年 | 1980年 | 1985年 | 1990年 | 1992年 | 1995年 | 2000年 | 2005年 | 2010年 | 2015年 | 2020年 |
|---|---|---|---|---|---|---|---|---|---|---|---|
| 适度上限 | 9.99 | 10.12 | 10.61 | 11.12 | 11.31 | 12.42 | 12.95 | 12.03 | 12.58 | 15.59 | 17.84 |
| 适度下限 | 8.13 | 8.25 | 8.75 | 9.25 | 9.45 | 10.56 | 11.08 | 10.46 | 10.74 | 13.73 | 15.98 |

资料来源：
①中国社会科学院.中国人口年鉴1985［M］.北京：中国社会科学出版社，1986.
②国家统计局.中国统计年鉴1978—2021［M］.北京：中国统计出版社，1978—2021.
注：
①表中数字根据1982年、1990年、2000年、2010年全国人口普查数据，以及1978年1%、1994年1‰、2003年0.982‰人口抽样数据计算。
② H48代表不含价格补贴和住宅投资的社会保障费用总额，H49代表含住宅投资在内的社会保障费用总额，H50代表含价格补贴和住宅投资在内的社会保障支出总额。
③ NA代表暂无确切数字。

### （二）中远期适度保障水平分析

中远期阶段，选定为2030年至2050年。把有关老年人口比重等参数代入社会保障适度水平测定模型，得出中国中远期适度保障水平。统计分析结果是，2030年上限为22.55%，下限为20.68%；2050年上限为26.57%，下限为24.70%（见表5-9）。

表5-9　　　　　　　　　中国中远期适度保障水平　　　　　　　　　　%

|  | 2030年 | | 2040年 | | 2050年 | |
|---|---|---|---|---|---|---|
|  | A | B | A | B | A | B |
| 适度上限 | 19.82 | 22.55 | 22.2 | 24.28 | 23.94 | 26.57 |
| 适度下限 | 17.95 | 20.68 | 20.34 | 22.42 | 22.08 | 24.70 |

注：
① A代表以60岁及以上老年人口比重为基础的计算结果。
② B代表以男60岁、女55岁及以上老年人口比重为基础的计算结果。

### （三）中国适度保障水平发展策略

改革开放以来，中国社会保障制度体系建设取得了两个方面的显著成就：一是社会保障覆盖面显著提高，通过建立新型农村合作医疗制度、新型农村社会养老保险制度和城镇居民社会养老保险制度等，将城乡居民逐步纳入社会保障体系；二是社会保障结构持续优化，通过推进城乡居民社会养老保险并轨以及城乡养老保险转移接续，在一定程度上解决城乡社会保障分化问题，以机关事业单位养老保险并轨破解"双轨制"，实施养老保险全国统筹，平衡养老保险发展地区差异，社会保障结构化矛盾得到有效缓解。

在中国社会保障发展取得巨大成就的同时，也面临着两个方面问题：一是人口老龄化程度持续加深过程中社会保障筹资与给付的矛盾问题，既要保证参保群体的社会保障待遇，又面临社会保障筹资压力；二是新业态从业人员的社会保障权益问题，在经济发展模式转变过程中如何促进新业态从业人员参保，合理确定其社会保障待遇水平是社会保障体系建设过程中面临的重要问题。

面对上述问题，在具体测定了中国社会保障水平适度状况的基础上，我们提出两个适度保障水平发展策略。

**1."小步走，快转弯"**

"小步走"是指社会保障待遇水平的提高不能太快、太急，需要实现社会保障与经济发展相平衡，建立科学合理的社会保障待遇动态调整机制。"快转弯"是指在人口老龄化冲击和新业态从业人数占比持续提高的情况下，加快推进多支柱社会保障体系建设。

**2."切线渐进发展"**

"切线渐进"是指在原有社会保障水平的基础上，选择合适的时机和切点，以切线的方式延长或扩大社会保障范围，改变保障方式，强化保障功能。一是以切线渐进形式逐渐提高新业态从业人员参保覆盖率，提高社会保障水平；二是以切线渐进形式扩大农村社会保障范围，提高农村保障水平。

## 四、社会保障水平适度与超"度"的效果比较

社会保障体系是整个国民经济运行链条上的一个重要组成部分，无论社会保障水平适度还是超"度"，都会对国民经济运行产生特定的影响。

### （一）社会保障水平适度的功能分析

社会保障水平在适度范围内运行，对国民经济的发展是具有积极作用的，具体表现在四个方面。

第一，保障了大多数人的最低经济要求和社会需求，使社会保持相对稳定，为国民经济发展创造了有利环境。西欧国家自20世纪70年代末以来，社会保障问题日益突出，但在此之前社会保障水平的适度运行，使西欧在相当长时间内保持了社会的相对稳定，起到了一种"社会安全阀"的作用。

第二，可以适当调节社会需求，推迟或抑制消费，避免高经济增长与高通货膨胀并存，推动经济发展。第二次世界大战后西欧盛行的凯恩斯主义把推行社会保障制度当作

调节经济的一个杠杆,并取得了一定成效。

第三,可以提高人的生活质量,提高人的素质,促进社会文明发展。工业化国家社会保障制度的实行,扩大了教育投入,增强了医疗保健,对提高国民的身体素质、文化素质进而提高国民生活质量和文明程度起到了积极推动作用。

第四,适度的保障水平可以促进第三产业的发展。由于普遍推行了社会保障制度,西欧第三产业也相应地得到了发展。为社会保障事业服务的医疗、职业培训、老年保健等第三产业部门的发展,吸收了大批第一、第二产业中的失业者,有利于产业结构的调整和经济协调发展。

## (二)社会保障水平超"度"的后果分析

20世纪70年代以来,西方工业化国家逐渐出现了社会保障"危机"。这种"危机"的最集中表现是这些国家的社会保障支出愈发庞大,出现了入不敷出的现象,其实质是社会保障水平从70年代开始逐渐超出了适度水平的上限,越来越多地暴露出矛盾和问题,对经济发展产生了消极作用。但是,从理论深层上去分析,70年代社会保障水平超出上限范围,并非一日之"功",它有可能在60年代中后期就已经超出了"度"的上限,在社会保障支出刚性作用下,于70年代中期突破了保障水平的警戒线"上限",最后导致"别亦难留亦难"。

当社会保障支出超出了社会保障水平"度"的界限时,我们就把它称为超"度"社会保障水平。

世界社会保障的现状和趋势表明,未来社会保障水平超出上限是主要问题。下面就世界主要工业化国家社会保障水平是否适度的状况进行必要的分析。

### 1. 社会保障水平超"度"的原因

国内外学者大多认为,西方工业化国家社会保障支出水平超"度"的原因是人口老龄化程度加重、失业率提高等。①

一般来说,当社会保障水平达到保障国民基本生活的水平线之后(如超过保障水平下限后),随着国内生产总值的增长,社会保障支出总额占GDP的比重即社会保障的国内生产总值比重系数即便不提高,社会保障支出的费用或国民的实际保障程度也在提高,因为社会保障的国内生产总值比重系数是一个比例数值。所以,该系数稳定在一个范围内是正常的。进一步分析,引起社会保障支出水平提高的最合理的原因是老年人口

---

① 杨祖功. 西欧的社会保障制度改革[M]. 北京:劳动人事出版社,1986:37–45.

比重的提高，因为按照劳动生产要素分配函数原理，老年人年轻时创造了财富，年老后理应得到合理的生活保障。但是，数据分析表明，西方国家社会保障支出水平的增长速度，远远高出老年人口比重的增长速度。仅以英国为例，1980—2000年，老年人口比重增长了0.9%，而社会保障支出水平却增长了6.8%，其他国家也是如此。按照逻辑推理，可以判断西方国家社会保障支出水平超"度"的原因不完全在人口老龄化程度加重上，存在着另外一些不合理政策的作用。

再看失业率，西方主要工业化国家的失业率从1960—1985年，平均在6%左右[①]，基本在自然失业率上下波动，并未构成社会保障支出水平增高的重要原因。同时，退一步说，它在有些年份可能上升，但统计结果表明，社会保障支出水平的增长速度高出它的增长速度。再以美国为例，1980—1985年，失业率上升了0.1%，而社会保障支出水平上升了1.4%。

其实，西方工业化国家社会保障支出水平超"度"的原因有两个。一是政策性原因，主要是保障项目过多，保障程度过高（其中包括养老金和失业保险金的给付程度都过高）。前面章节的分析已表明，西方工业化国家的保障项目繁多，有的国家多达200种。保障程度也过高，有的失业者得到的失业保险金等加在一起与在职劳动者相当。这样，过多的保障项目和过高的保障水平，使社会保障支出超出了合理的范围，导致保障水平不断上升，且只进不退，造成了"养懒汉"，使社会保障只起到了"保护"作用，而不具有"激励"功能。二是认识上的误差，以为社会福利项目越多，越是社会进步的表现。这种认识上的误差导致社会保障项目越来越多，最后导致社会保障支出水平超度。

### 2. 保障水平超"度"与财政赤字

社会保障支出水平超"度"，使财政赤字不断上升。1995年，欧盟成员国的财政赤字及国债占国内生产总值比重大多超过了3%，法、意等国超过5%。应该说，社会保障水平超"度"的最严重后果是不断地加大财政赤字，进而影响国民经济的良性运行。

这里我们进一步分析社会保障支出超"度"与政府财政赤字之间的内在联系和发展规律。

按照在科技因素特定条件下，劳动生产要素和资本生产要素构成国民经济分配主干的原理，把国内生产总值分为三个部分：

---

① 国家统计局.国际经济和社会统计提要1987[M].北京：中国统计出版社，1987：257.

（1）税后的劳动生产要素分配比重部分；

（2）税后的资本生产要素分配比重部分；

（3）政府财政收支部分。

可以限定，政府财政收入来源于前两项的各种税收，财政支出主要用于公共投资和社会保障等公共开支。同时假定，国内生产总值由这三部分组成。

按照柯布-道格拉斯总量生产函数原理，我们把生产总值按照相应比例分成劳动生产要素投入分配部分、资本生产要素投入分配部分，再由这两者的税收组成第三部分——政府财政收支部分。这三部分的总量与柯布-道格拉斯总量生产函数原理中的生产总量相等，通过税收形式构成的财政收入又以公共投资和社会保障支出等形式返还给劳动生产要素和资本生产要素。

在这个大块划定的前提下，我们假设这三部分之间所占比重都是确定的、合理的。尔后，我们就可以得知，如果社会保障支出水平超出了"度"的上限，就会产生两种可能。

一种可能是挤占资本生产要素投入分配比重，我们把它称为"外部挤占"。当资本生产要素分配的比重的合理性限度因被挤而缩小时，生产和扩大再生产难以保证。生产和扩大再生产不能正常进行，政府和国家的经济命脉失去了源泉，所以政府只能把这部分"挤压"转给财政，由财政赤字或国债等形式来弥补。

另一种可能是社会保障支出水平超"度"，超出了劳动人口按现实抚养比所能承担的比重，结果造成挤占劳动者的合理分配比重，我们把它称为劳动生产要素投入分配比重的"内部挤占"。当社会保障支出水平超出了被抚养人口比重的合理限度，社会保障支出挤占了现实劳动者的利益时，劳动者的负担系数加大，积极性减弱，甚至会导致劳动者的反抗、罢工。在这种情况下，政府为了维护社会稳定，有时也是出于维护各党派的政权和选举的群众基础，大多都是从财政中补贴社会福利支出。当社会保障支出超"度"的界限越过了生产总量可以用于劳动生产要素投入分配比例的合理限度时，政府就不得不以财政赤字形式弥补这部分支出。

政府财政赤字形成的原因是多方面的，但事实证明，社会保障水平超"度"是导致西方工业化国家政府财政赤字的重要原因之一。经过统计分析发现西方工业化国家自20世纪70年代中期暴露出社会保障支出负担加重以来，其财政赤字占GDP比重与社会保障支出水平超出其上限的数值之间有一定的可比性。

根据20世纪70年代中期以后西方工业化国家的社会保障支出负担过重导致政府

财政赤字加大这一事实，我们选取了1975年、1980年、1985年、1995年、2000年、2005年、2009年、2015年、2017年这9个年份，把财政赤字占GDP比重，与社会保障支出总额占GDP比重（S）中的超"度"数值进行比较（见表5-10），结果发现两个特点。

表5-10　西方主要工业化国家近年财政赤字与社会保障支出水平超"度"情况　　　%

| 国家 | 财政赤字占GDP比重与超"度"数值 | 样本年份数值 | | | | | | | | |
|---|---|---|---|---|---|---|---|---|---|---|
| | | 1975年 | 1980年 | 1985年 | 1995年 | 2000年 | 2005年 | 2009年 | 2015年 | 2017年 |
| 英国 | 财政赤字占GDP比重 | 1.90 | 4.96 | 2.96 | 5.80 | — | 3.04 | 10.98 | 4.51 | 2.35 |
| | S超"度"数值 | 1.27 | 1.30 | 5.17 | 7.53 | 7.42 | 7.47 | 10.82 | 6.51 | 5.57 |
| 美国 | 财政赤字占GDP比重 | 4.00 | 2.60 | 3.36 | 3.10 | — | 2.76 | 10.39 | 4.60 | 4.31 |
| | S超"度"数值 | 3.00 | 1.60 | 2.55 | 6.45 | 6.67 | 9.16 | 12.26 | 11.84 | 11.38 |
| 法国 | 财政赤字占GDP比重 | NA | NA | NA | 5.50 | 1.50 | 2.79 | 7.26 | 3.63 | 2.96 |
| | S超"度"数值 | 6.25 | 2.85 | 9.10 | 11.37 | 10.30 | 13.08 | 14.91 | 13.71 | 12.68 |
| 德国 | 财政赤字占GDP比重 | 3.29 | 1.92 | 1.27 | 3.20 | — | 2.33 | 2.24 | 0.94 | 1.34 |
| | S超"度"数值 | 8.37 | 6.57 | 7.82 | 10.35 | 9.27 | 8.37 | 7.88 | 5.10 | 5.31 |
| 平均值 | 财政赤字占GDP比重 | 3.07 | 3.16 | 2.53 | 4.40 | — | 2.73 | 7.72 | 2.95 | 2.07 |
| | S超"度"数值 | 4.21 | 3.08 | 6.16 | 8.93 | 8.42 | 9.52 | 11.47 | 9.29 | 8.74 |

资料来源：
① 国家统计局.国际经济和社会统计提要1987［M］.北京：中国统计出版社，1987：300-301.
② 国家统计局.中国统计年鉴1992［M］.北京：中国统计出版社，1992：870.
③ OECD.OECD factbook 2007: economic, environmental and social statistic.
④ OECD数据库.

注：
① —表示没有财政赤字。
② "NA"代表暂无确切数字。
③ S超"度"数值由表5-7中的数据计算所得。

第一，大多数国家在社会保障支出发生危机的20世纪70年代中期，政府财政赤字占GDP比重与S超"度"数值接近。1975年，英国财政赤字占GDP比重为1.9%，S超"度"数值为1.27%；美国财政赤字占GDP比重为4.0%，S超"度"数值为3.0%；德国财政赤字占GDP比重为3.29%，S超"度"数值达到8.37%，三国总平均值，财政赤字占GDP比重为3.07%，S超"度"数值为4.21%。从总体情况看，S超度数值大于财政赤字占GDP比重（4.21>3.07），到90年代这一差距明显加大，这说明社会保障水平超度是导致财政赤字的非常重要的原因。

第二，20世纪90年代中期，这些国家社会保障支出超"度"水平达到高峰，尔后开始采取措施控制社会保障支出超"度",使其开始下降,与之相对应,财政赤字也开始大幅下降,甚至出现了财政盈余,表5-10中的数据表明,1995年,四国平均社会保障支出水平超"度"数值为8.93%,2000年下降到8.42%,同期财政由财政赤字变为财政盈余,但之后超"度"数值和财政赤字占GDP比重又开始同步上升。2009年社会保障支出超"度"加剧,财政赤字占GDP比重相应提高,而2017年社会保障支出超"度"幅度回落,财政赤字占GDP比重也随之下降。由此可以得出结论:这些国家的社会保障水平超"度"尽管不是导致政府财政赤字的唯一原因,但却是导致财政赤字的非常重要的原因,甚至达到政府财政赤字占GDP比重随着社会保障水平超"度"数值的下降而下降的相关程度。

事实证明,由于社会保障支出水平超"度"导致财政赤字不断扩大,西方工业化国家意识到应该改革原有的社会保障制度,尤其是改革从"摇篮到坟墓"的全方位的保姆式保障体系。近年来,这些国家开始压缩社会保障支出,控制社会保障支出的不合理增长,使其超"度"水平尽量回落,进而减少财政赤字。

**3. 社会保障水平超"度"的其他后果**

社会保障水平超"度",除导致国家财政赤字外,还带来了一系列后果,主要有四个方面。

(1)社会保险和津贴标准高,抬高了企业产品成本,进而影响了国家对外经济竞争能力,同时也影响了企业的再投资。福利国家社会保障水平超"度"的主要原因之一是高社会保险津贴,而社会保险津贴来源于劳动者和企业(雇主)缴纳的高额社会保险费,社会保险费摊入成本,必然抬高产品成本。产品成本过高,就不利于同成本低的国家进行市场竞争,国际市场上的销售额就会下降。商品在国内外市场上销路受阻,资金难以回收,必然影响企业家的利润和再投资。20世纪70年代中后期以来,西欧福利国家就出现了这种情况。福利国家对国际市场有很大的依赖性,如果本国商品在国际市场上滞销或获取不到正常的利润,必然影响这些国家的经济进一步增长。

当然,迄今福利国家的商品在国际市场上仍有较强的竞争力,只是相对有所下降,原因在于这些国家的科学技术进步很快,促使劳动生产率提高,从而成本降低,抵消了成本中社会保险费支出较高的部分影响。

(2)一些劳动者滋长了依赖、懒惰情绪,影响了经济效益。高保险、高福利的社会保障措施,确实给普通劳动者带来不少收益,缩小了他们同高收入者之间的差距。但过高的保险津贴和繁多的社会救助项目,使一部分人发现,工作不工作、失业不失业已不大紧要，反正基本生活有着落，滋生了一种依赖社会保障、躺在失业津贴和生活补贴上过活的懒惰心理。20世纪60年代初，英国劳动者的收入来自工薪的份额还高达88.8%，70年代中期下降到了84.5%，同时，来自福利的收入份额从11.2%上升到15.5%。同样是这两个时期，德国的劳动者收入中来自工薪的份额从69.2%下降到61.1%，来自福利的份额从30.8%上升到38.9%。法国这两个时期的劳动者收入中，来自工薪的份额由62.1%下降到55.3%，来自福利的份额由37.95%上升到44.7%。这样，劳动者的收入中相当大的一部分不是来自劳动贡献，而是来自福利收入，其结果是很难激励劳动者多劳动、多贡献，因为不拿或少拿工资，光靠福利就能生活下去。劳动者的生产积极性和主动性被削弱，劳动生产率难以更大幅度提高，经济效益受到损失。

与此相联系，由于人们的收入中工薪部分日益减少，便限制了个人储蓄的增加，进而也影响整个经济增长所需的投资资金的形成，不利于经济的进一步发展。

（3）资金外溢，科技人才外流。社会保障支出水平过高，政府为筹措资金，尤其是福利国家，除实行投保制外，还实行了高额累进税制，以及对一般的收入开征所得税。高额累进税制，主要针对中产家庭和高收入者。另外，英国等还规定了很高的公司所得税，直接针对高收入者——企业家和雇主。其结果是由于税率过高，使投资者的资本增势受到限制，进而投资积极性减弱。导致投资者改变投资方向，把资金投向国外。国内资本大量外流，必然会对新技术的及时采用与固定资产的及时更新产生消极影响。

与此同时，高额累进税使一些人失去了不少收入。为应对高额累进税，一些公司、企业管理人员、科学技术人员，使出两个办法：一是逃税、漏税；二是投奔他国。仅1975年一年，英国就有59 000名企业管理人员及科技人员迁往他国。人才大量外流，直接影响英国国内的科学、文化、教育、卫生事业的发展，不利于生产技术创新和经营管理的改进，减弱了经济发展的后劲。

（4）形成了一些不利的政治后果。社会保障支出超"度"，导致财政紧张。当政者和竞选者为了赢得公众的支持，宁愿扩大财政赤字，也不敢削减社会保障福利水平。由此导致财政危机日益严重，政府大多束手无策。保障项目过多，支出过大，必然使社会保障机构越滚越大，管理人员越来越多，由此转化为低效率、官僚化。另外，政府为了扩大个人所得税税源，加强了对国民的个人收入调查、核算、计税和征税工作，结果国民成了调查对象、审查对象、怀疑对象以至惩罚对象，滋长了国民与国家之间的对立性，使政治危机的萌芽不断生长。

> **专栏 5-2　老年社会保障负担系数**
>
> 　　从公平分配理论角度分析，老年人的养老金支出占工资收入总额的份额应该与老年人在总人口中的比重相联系，如果老年人口比重为 30.5%，他们可最多获得工资收入总额的 30.5%。当然，这只是在一般分配层次上的理论分析，在具体实施和计算过程中，依据国际惯例，老年人所获得的养老金不应与在职劳动者相等，一般应占他们最多获得的工资收入总额的 60%。在实施现代社会保障制度的西方国家，在职劳动者要缴纳的所得税、社会保障税等约占全部收入的 30%，税后纯收入也仅为 70% 左右。因此，养老金替代率一般确定为 60%。我们可以把老年养老金支出占工资收入总额的比重系数确定为老年人口比重与养老金替代率（60%）的乘积。假设老年人口比重为 30.5%，按 60% 养老金替代率计算，养老金占工资总额的比重应为 18.3%。按照国内外经验和社会保障政策规定，医疗保险费支出占工资收入总额的上限为 10%% ~ 12%。医疗保险费支出，绝大部分用于老年人身上，如果医疗保险费支出按上限计（12%），再加上 18.3% 的养老金比重，二者合计占工资总额的 30.3%，这与老年人口比重 30.5% 几乎相等。这里，从经济学收入再分配原理分析，养老金在 60% 替代率下占工资总额的比重与医疗保险费占工资总额比重相整合后，等于老年人社会保障份额，也约等于老年人口比重，实际也等于老年社会保障合理和适度的负担系数。因此，我们把老年人口比重合乎逻辑地称为适度的"老年社会保障负担系数"。
>
> 资料来源：穆怀中.老年社会保障负担系数研究［J］.人口研究，2001（4）：19–23.

# 第三节　社会保障水平经济效应比较

## 一、社会保障水平经济效应分项比较

　　社会保障是现代社会经济运行的必要因素。这种必要因素与其他经济因素之间的内在联系究竟如何，我们有必要进行深入而具体的研究。本节以社会保障水平即社会保障支出总额占 GDP 的比重为核心指标，并以福利国家型和自保公助型两种持续时间较长的社会保障模式为分类依据，对社会保障与有关经济变量之间的关系进行分析，力图展示其内在的联系和经济运行效应。

社会保障水平的相关因素较多,本节仅就几个重要变量进行分析。为了便于研究,我们把与社会保障水平相关的变量分为三类:一类是"动力变量",也是主要变量,即从根本上推动和支撑社会保障水平存在和发展的变量,也可以称为主要供给变量,这种变量是"经济增长",我们选择"人均GDP增长";二类是"基本变量",即社会保障水平的基本需求变量,也是社会保障的基本目标变量,这种变量我们选择"失业率";三类是"效应变量",即社会保障水平对宏观经济运行因素的影响,这种变量我们选择"国内储蓄"。

### (一)社会保障水平与人均 GDP 增长

经济增长是社会政策追求的核心目标之一,社会保障水平与人均GDP增长之间的关系是判断社会保障运行状况的重要指标。

根据福利国家型和自保公助型典型国家社会保障水平与人均GDP增长率之间的相关分析可以发现,由于20世纪80年代以来这些国家社会保障水平已经超过适度区间,社会保障水平增长会在一定程度上限制经济增长,社会保障水平与人均GDP增长率之间的相关系数为负。福利国家型社会保障水平对经济增长的制约作用更加普遍和显著(见表5-11)。

表 5-11　　　　社会保障水平与人均 GDP 增长率之间的相关系数

| 国家 | 相关系数 | 样本年份 |
| --- | --- | --- |
| 英国 | −0.27* | |
| 瑞典 | −0.23* | |
| 芬兰 | −0.41** | 1980—2017 年 |
| 美国 | −0.19 | |
| 德国 | −0.39** | |

注:* 表示 0.1 水平下显著,** 表示在 0.05 水平下显著。

从典型国家社会保障水平与人均GDP增长的发展趋势来看,社会保障水平具有一定的经济调节功能,体现在两次经济波动时期的社会保障水平变化。在1990年前后的经济衰退期,福利国家型和自保公助型典型国家的社会保障支出水平均呈上升趋势,此后经济逐渐恢复正增长。同样,2008年金融危机情况下,社会保障水平也呈现上升趋势,此后恢复平稳。在经济波动时期,社会保障支出是调节经济的重要手段(见图5-1)。

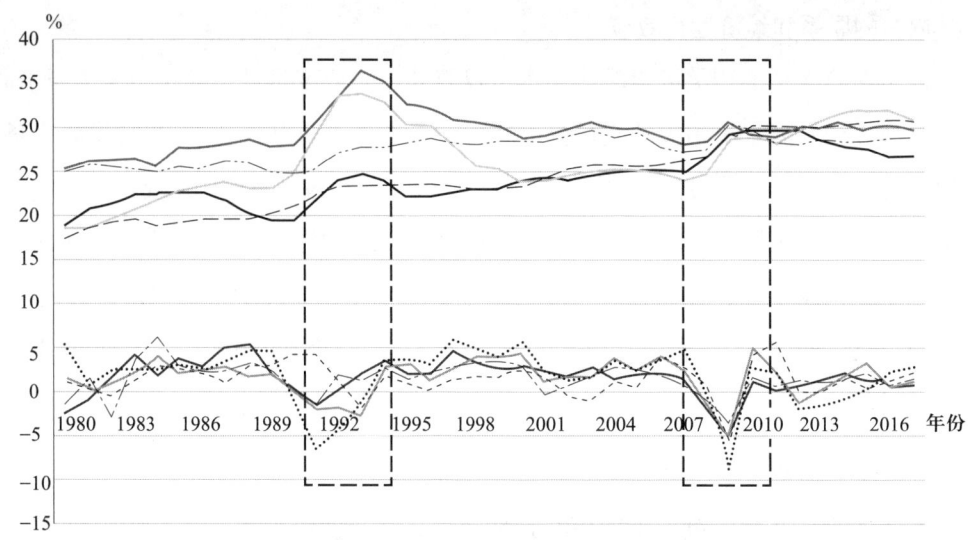

图 5-1 部分国家社会保障水平与人均 GDP 增长率

数据来源：OECD 官网及世界银行数据库。

### （二）社会保障水平与失业率

就业是经济发展过程中的重要因素，失业率是衡量就业水平的核心指标之一。社会保障水平对失业率存在正反两个方面的影响：第一，社会保障支出水平提升会提高劳动力就业能力，从而提高就业水平，降低失业率；第二，社会保障支出水平提高会提高失业救助水平，增加自愿失业，提高失业率。社会保障水平对失业率的影响要依据正反两方面的作用进行确定。通过福利国家型和自保公助型典型国家社会保障水平与失业率之间进行的相关分析，发现英国作为福利国家型典型代表，其社会保障水平与失业率之间的相关系数为负，说明社会保障支出对就业的正向作用高于负向作用。日本、德国等自保公助型国家社会保障水平与失业率之间的相关系数为正，说明社会保障支出增加会提高失业率（见表 5-12）。

表 5-12　　　　　　　社会保障水平与失业率之间的相关系数

| 国家 | 相关系数 | 样本年份 |
| --- | --- | --- |
| 英国 | −0.36[*] | |
| 美国 | −0.07 | |
| 日本 | 0.72[**] | 1980—2017 年 |
| 德国 | 0.35[**] | |

注：* 表示 0.1 水平下显著，** 表示在 0.05 水平下显著。

## （三）社会保障水平与国内储蓄

社会保障支出水平对储蓄的影响体现在两个方面：一方面，社会保障支出水平增加会为社会成员提供稳定的保障预期，减少养老、医疗等预防性储蓄，从而降低储蓄水平；另一方面，社会保障支出水平提升刺激劳动者提早退休，为了保障退休之后的生活水平，劳动者会增加储蓄，从而提高储蓄水平。社会保障支出水平对储蓄的影响需要比较正反两方面的作用，社会保障支出对储蓄挤出效用大于挤入效用，则社会保障水平与储蓄之间负相关；挤入效用大于挤出效用，社会保障水平与储蓄之间正相关；两者相互抵消，社会保障水平与储蓄之间不显著相关。

根据相关分析发现，总体来看，社会保障水平与储蓄相关。比较不同类型国家，英国、瑞典社会保障水平与储蓄之间不相关，芬兰社会保障水平与储蓄之间的相关系数小于美国和日本，自保公助型国家社会保障支出对储蓄的挤出效应更加明显（见表5-13）。

表5-13　　　　　　社会保障水平与国内储蓄之间的相关系数

| 国家 | 相关系数 | 样本年份 |
| --- | --- | --- |
| 英国 | 0.14 | 1980—2017年 |
| 瑞典 | −0.17 | |
| 芬兰 | −0.81$^{***}$ | |
| 美国 | −0.85$^{***}$ | |
| 日本 | −0.96$^{***}$ | |

注：*** 表示在0.01水平下显著。

## 二、社会保障水平经济效应整体比较

社会保障费用的筹集和支出参与了国民经济大系统的循环，因此，社会保障体系及社会保障水平的状况和变化，都必然直接或间接地作用于国民经济运行，产生一系列连锁反应和整体效应。

西方社会保障发展的实践告诉我们，社会保障体系形成于20世纪初，并于60年代逐步成型，它本身经历了一个不断发展和完善的过程。时至今日，西方社会保障体系仍在不断改革和完善，因为社会保障体系仍存在着很多弊端和问题。这些弊端和问题，有些出自社会保障体制内部，有些出自社会保障体系对外部宏观经济运行的影响。从理论上说，社会保障体系的建立，是为了给社会经济发展创造一个良好的环境，保证社会的公平和稳定，推进经济的健康发展。因此，社会保障体系内的机制运行状况如何，必然对整个国民经济发展产生影响。西方社会保障体系建立之初，由于其对国民经济的消极影响表现得不明显，无论政府还是理论界都忽视了社会保障对宏观经济运行的总体效应和影响。近年来，由于社会保障水平的不断提高，社会保障本身的目标即保障贫困者、失业者和老年人基本生活的目标基本实现了，但社会保障的外部影响和问题却暴露得越来越明显、越来越严重。这一现实促使政府和理论界都开始转向关注社会保障的外在整体作用或总体效应。

社会保障作为国民经济运行的必要因素，对宏观经济的整体影响很广泛，我们在此仅分析一个侧面——不同社会保障模式中的利益驱动机制对经济运行的影响。

社会保障在体现公平原则的同时，也应体现利益驱动。社会保障体系中适当地体现利益驱动，这是社会保障体系参与国民经济系统大循环的客观要求，也是针对原有社会保障体系的弊端而进行改革的要求。从理论上说，社会保障中的适度利益驱动，不仅是激励人们在享受保障待遇的同时努力去创造的内在机制，而且是促进社会保障与整个宏观经济体系协调和良性运行的内在机制。

福利国家型社会保障模式，由于实行的累进税筹资方式，社会保险金的获取与个人的缴费不直接挂钩，利益驱动机制不明显，所以受保障者的需求得不到自我控制，一味增长和膨胀，直接导致：社会保障支出不断增加导致社会保障支出水平上升过快，财政支出中社会保障支出比重过大，引起公共开支加大，结果导致国内生产总值中国内储蓄比重减少、国内投资比重减少，进而使国内生产总值增长速度放慢（见图5-2）。

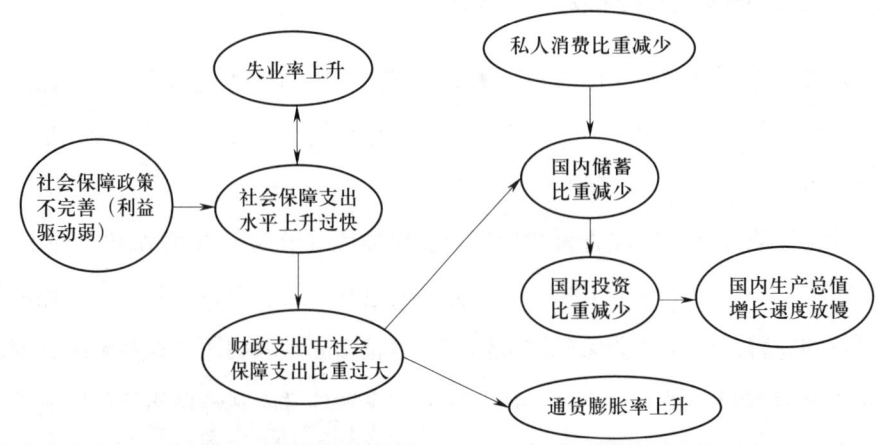

图5-2　缺少利益驱动的福利国家型社会保障模式的经济运行轨迹

自保公助型社会保障模式，由于社会保障金的获取与个人的缴费直接挂钩，利益驱动机制相对较明显，受保障者的需求能够得到自我控制，社会保障支出能够得到全方位控制。这样使得：社会保障支出水平相对增长较慢、失业率相对较低、财政支出中社会保障支出比重相对较大，通货膨胀率相对较低，最后使国内生产总值增长速度相对快。这一经济运行轨迹与图 5-2 相同，只是每一环节的具体内容有差别。

当然，国民经济的整个运行并非仅仅由社会保障因素所驱动，这里只是说明不同的社会保障模式将会产生一系列不同的整体经济反应，并展现出线索相同而内容不同的经济运行轨迹；同时说明，社会保障因素是国民经济运行体系中不可轻视的重要环节。因此，研究和确立适度社会保障水平，不单纯是社会保障体系建立的必要前提，也是保证国民经济良性运行的必要条件。

---

**专栏 5-3　收入分配和再分配的依据**

收入分配和再分配的依据有区别，决定了分配标准和参照系也有所不同。收入分配以劳动收入分配为主要依据，分配标准和参照系是 GDP，其分配水平应该与 GDP 同步增长。收入再分配的主要依据是资源共享权利和生存权利，其主要标准是保障人的生存权利的公平，分配标准是保障人的基本经济生活需求，其参照系是价格指数，即保障人的生活水平不能因为物价的上涨而比原来降低，而应既保障人的基本生活水平，又使其随着经济增长而有适当提高。

资料来源：穆怀中. 国民财富与社会保障收入再分配［M］. 北京：中国劳动社会保障出版社，2003.

---

## 案例分析

### 案例 1　中国社会保障对促进全民共享发展成果的独特贡献

中国现代社会保障制度是新中国成立后开始建立并迅速成形的。70 多年的发展实践，充分证明了社会保障在保障民生、缩小差距、促进共享方面的卓越贡献。

在计划经济时期，中国以社会主义全民所有制和农村集体所有制为基础，采取低工资（劳动报酬）、多福利的方针，通过劳动保险、公费医疗、城镇住房保障、社会福利、救灾救济、农村合作医疗、五保制度及各种集体福利等一系列社会保障制度，让国家发展成果惠及亿万人民，这一时期的基尼系数也长期低于 0.3，被称为低收入福利国家。以疾病医疗为例，当时面向城镇职工（惠及其家属）的劳保医疗、面向机关事业单位工作人员（惠及其家属）的公费医疗和面向农村居民的合作医疗三大制度为全国人民提供了基本医疗保障；再以农村居民为例，虽然政府只负责灾害救济等个别项目，但农村集体所有制经济却通过按人口分配和按劳分配并重的方式，实现了农村居民共享集体成果，并在国家的相应支持下举办了面向孤寡老幼的五保制度、免费的基础教育制度和农村合作医疗制度等集体福利项目，保证了集体成员共享集体成果，促进了社会平等。尽管这一时期因社会生产力落后、物质基础薄弱，传统社会保障制度难以维持并获得更大发展，但中国人民确实将此视为社会主义制度优越性的具体体现。

改革开放后，为适应市场经济改革和社会转型发展的需要，传统社会保障制度也步入了全面而深刻的制度变革时期。经过 30 多年的探索，特别是党的十八大以来，国家奉行让发展成果更多、更公平地惠及全体人民的政策取向，新型社会保障制度建设与发展步伐明显加快，社会保障惠及了全体人民，对社会财富分配格局的调节作用也日益显著。

**1. 实现了新旧社会保障制度的整体转型**

新中国成立后建立的是与计划经济体制相适应的社会保障制度，它建立在社会主义公有制基础之上，内化于高度集中的计划体制之中，采取的是国家 - 单位（集体）保障制形式，城乡有别、单位或集体包办、个人及家庭免费享受是其显著特征，限于国家财力薄弱，政府负责的主要是保障城镇居民的福利，农村主要依靠集体经济组织保障，人民群众从这套制度中受惠并感受到了社会主义制度的优越性。改革开放后，与市场经济体制和社会发展进步相适应的新型社会保障制度逐渐建立，它仍由国家主导，但已经从政府、单位（集体）单方负责转向多方分担责任，免费型保障转化成了缴费型保障，单位（集体）包办的封闭式管理被独立于企事业单位的社会化保障机制替代，城乡分割逐步走向了城乡一体，体系结构亦由单一层次逐步走向多层次化，这些深刻的变化使新型社会保障制度日益走向公平，并能够更加有力地保障人民群众的基本生活。

**2. 从主要面向城镇居民发展成为全民共享的福利制度**

社会保障制度覆盖范围的大小，通常被视为衡量一个国家社会保障发达程度和公平性强弱的核心指标。在国外，发达国家普遍实现了社会保障制度全覆盖，而发展中国家往往只有补缺型的社会救助和覆盖面较窄的社会保险。中国在改革开放前，国家负责的社会保障制度主要面向城镇居民，覆盖的人口事实上不到全国总人口的18%。改革开放后，伴随社会保障制度整体转型，社会保障制度覆盖面不断扩展，已经从城镇居民的"专利"发展成为全民共享的福利制度。一个最基本的客观事实是，中国作为一个拥有14亿多人口的发展中国家，社会保障覆盖面已接近普惠全民的发达国家水平。近3亿老年人口皆享基本养老金、13亿多人口享受基本医疗保险等指标，充分反映了社会保障制度惠及民生的广度，这恰恰是这一制度促进全民共享发展的具体体现。

**3. 社会保障水平持续提高，人民福祉不断增进**

以养老金为例，我国离退休人员的养老金自2005年以来保持了连年增长，从2004年月人均700多元提高到2020年的3 300多元；城乡居民养老金也从2009年开始试点时月人均55元增长到174元。在医疗保险方面，职工、居民医保政策范围内住院费用基金支付比分别达到80%、70%以上，人民群众疾病后顾之忧持续大幅度减轻。在社会救助方面，城乡居民低保标准分别从2000年的月人均157元、年人均912元增长到2020年的677.6元、5 962.3元。其他各项保障待遇均在同步增长。这些数据充分表明，人民群众通过社会保障制度分享国家发展成果的份额在持续提高。

## 案例2  社会保障对收入分配的调节作用

自人类进入工业社会以来，自由放任的市场经济体系的运行，在带来高速经济增长的同时，也逐步显现出了其在公平收入分配方面的种种不足。经济效率和收入公平之间的对立与冲突，在整个20世纪中可以说是出现了逐步趋于激烈化的态势。社会保障制度的发展，从建立之初就展现出了其在促进公平和调节收入分配方面的重要功能。众所周知，从福利经济学理论出发，社会保障调节收入分配的内在逻辑，其实就可以被概括为一种资金由富人向穷人的转移支付过程，由于两者在边际效用水平上的差异，所以可以通过这种转移支付，来实现整个社会经济福利水平的不断提高。

从政府的角度看，为了解决市场运行所带来的其自身无法解决的收入不平等现象，政府依据相关的法律法规，本着公平与正义原则，从全社会的范围内征集资金。在这个过程中，各种有关的社会保障计划，在具体的安排上通常都会考虑不同群体的收入水平差异，也就是在某种程度上存在着"累进效应"。然后，政府再根据不同地区和群体的实际，以社会保障支出或补贴等方式，将社会保障资金转移给被保障的对象。在社会保障待遇的享受方面，由于有各种具体的区分与限制条件，从而能够实现向困难和弱势群体倾斜的效果。无论是社会保险，还是社会救助与社会福利，都能够从这个角度进行具体的观察和分析。所以，社会保障作为"减震器"或"稳定器"，具有调节收入分配的功能是显而易见的。

从个人或家庭的角度来看，社会保障的一系列制度安排不仅起到了纵向的调节作用，即对其与他人之间的收入分配的调节，同时也还起到了相当重要的个人生命周期之内的收入流调节，以及非常重要的代际之间的收入调节效果。

例如，养老保险计划就是一个最为典型的例子，年老实际上并不能算作是严格意义上的风险，但是在青年时期以一定的方式进行一定量的储蓄，能够为年老失去劳动能力之时，提供收入与消费方面的保障。这就是典型的对个人收入流的平滑与调节，可以避免个人在不同时期出现非理性消费的情况。同时，在不同的模式下，养老保险计划又会涉及代际收入分配，例如，在现收现付制（pay-as-you-go）模式下，整个计划的维持其实就是靠青年一代的收入，来维持业已退出劳动领域人口的消费，从而实质上成为了代际交换。

所以，整个社会保障体系具备对收入差距的调节作用，显然是毫无疑问的。并且，由于不同的制度设计与安排会产生极为不同的调节效果，所以整个社会保障体系的收入分配调节作用如何，既需要依据具体的制度安排进行研究，同时也更需要结合具体的指标与数据进行实证分析。这也就是说，它不仅是个涉及公平正义等价值观念的规范性理论问题，同时更应是一个实证性的经验问题。

资料来源：

1. 郑功成.共同富裕与社会保障的逻辑关系及福利中国建设实践［J］.社会保障评论，2022（1）：3-22.

2. 李宏，等.改革开放以来社会保障收入分配调节效应实证分析［J］.中国软科学，2019（12）：178-186.

讨论题：

1. 社会保障促进经济发展成果惠及全体人民的内在机制是什么？
2. 社会保障制度改革对推动经济发展成果惠及全体人民起到了什么作用？
3. 政府通过社会保障调节收入分配的合理性体现在哪些方面？
4. 社会保障调节收入分配的模式包括哪几种？

# 第五章　社会保障水平国际比较

> **深度阅读**

1. 穆怀中.中国社会保障适度水平研究［M］.沈阳：辽宁大学出版社，1998.

社会保障水平是社会保障体系的关键要素，它直接关系着社会保障程度的高低，关系着社会保障目标能否实现。如果社会保障水平不适度，过高或过低，整个社会经济都难以健康发展。该书主要是对"如何确立适度社会保障水平"进行了探索性研究。

2. 穆怀中.国民财富与社会保障收入再分配［M］.北京：中国劳动社会保障出版社，2003.

该书从国民财富的分配和社会保障收入再分配的"梯度思维"原理开始，依据经济学和人口学理论和方法，分析了随着经济时期的变迁，国民财富收入分配的理论框架，低梯度指标与高梯度指标下的财富收入分配的均等与非均等，以及社会保障收入再分配性质、方式、限度和再分配的博弈过程。

> **本章小结**

社会保障水平是指社会成员享受社会保障经济待遇的高低，社会保障水平测定指标通常为社会保障支出总额占国内生产总值的比重，在社会保障体系中，社会保障水平占很重要的地位，因此进行社会保障水平比较研究在社会保障体系中具有重要价值。

社会保障支出范围包括面向劳动者、面向全体社会成员、面向低收入者的社会保障三大领域，社会保障总支出水平各国都呈上升趋势，比较之后可以发现社会保障总水平发展的特点。社会保障支出总额是由分项支出构成的。通过社会保障分项支出水平比较，一方面，可以发现不同社会保障分项支出在社会保障体系中的地位；另一方面，可以发现不同类型社会保障模式在各支出项目上的侧重点和共同趋势。

社会保障水平经济效应比较分析，以社会保障水平即社会保障支出总额占国内生产总值的比重为核心指标，并以福利国家型和自保公助型两种持续时间较长的社会保障模式为分类依据，对社会保障与有关经济变量之间的关系进行相关和回归统计分析，可以发现其内在的联系和经济运行效应。

> **重要概念**

社会保障水平　社会保障负担系数　劳动生产要素投入分配比例系数　社会保障水平测定指标

## 思考题

1. 对社会保障水平发展规律和趋势进行比较研究的重要价值是什么？
2. 社会保障总水平和分项支出水平的国际比较后，可以发现哪些规律？
3. 制约适度社会保障水平的因素有哪些？
4. 社会保障适度水平测定模型的内容是什么？
5. 社会保障水平适度和超"度"的效果是什么？
6. 社会保障水平的整体经济效应是什么？

# 第六章
# 社会保障管理体制国际比较

## 第一节 社会保障管理体制概述

### 一、社会保障管理体制的概念和特点

社会保障管理体制是指国家专门机构依据有关法律、法规和政策，对社会保障全过程进行领导、组织、监督以及具体实施等一系列相关活动的总称。它涉及社会保障的法治建设、社会保障的方针政策、社会保障管理机构的设置、社会保障基金的管理与监督以及社会保障的具体业务等方面。

社会保障管理不同于一般的经济管理和社会管理，在实践中它受到各国社会生产力、经济体制与发展水平、政府组织体制和人文环境等多种因素的影响和制约，因而具有七个特点。

#### （一）政治性

一个国家当前的政治体制决定了社会保障管理体制，如新加坡集权体制下的公积金管理、德国自治体制下的政府劳工社团混合管理、瑞典民主体制下的社会管理等。

#### （二）社会性

社会保障管理涉及政府行政和社会服务的方方面面，如医疗保障管理与医疗服务机构和药品管理体制有密切关系，社会保障待遇发放与银行、邮局的分布和服务质量有密切关系，养老保障和医疗保障的社会化服务与城市社区规划和发展有密切关系等。很多欧盟国家60%的公共部门工作人员从事社会保障服务工作。因此，现代有效的社会保障管理体制必须建立在政府多个部门和民间机构协调发展的基础之上。

### （三）经济性

社会保障正常运行的基本要求是收支平衡。社会保障管理工作涉及资金筹集、保障费征缴、基金管理与运营、待遇发放等因素，这些因素与国家经济发展计划和各经济金融部门的实际操作密切关联。

### （四）规范性

社会保障作为一项公共政策与福利制度，是现代国家履行公共管理职能，保障国民生存权利的重要体现。由于社会保障覆盖面广、涉及主体众多、利益关系复杂，为了确保政策的有效执行，需要以国家强制力为后盾来组织实施。规范管理和全程监督使得社会保障能够常态化运行，从而为社会成员提供稳定的心理预期。

### （五）层次性

社会保障基金的统筹程度必须与一国经济发展水平和当前行政结构（中央、地方和基层）相适应，并根据统筹基金的水平建立管理体系和信息平台。

### （六）服务性

社会保障管理的核心问题是保护参保人的合法权益，如数据管理与信息交流、待遇及时足额发放等。在社会保障服务领域政府经办机构与参保人居平等地位。

### （七）系统性

社会保障管理被视为一个综合性社会管理系统工程，即要求用系统工程的思想、方法和技巧，为社会保障管理选择最优模式和提供最佳实施方案，创造效率高、成本低的管理体系。例如，法国推行社会保障领域的"高效合同"制度，即在银行、邮局和社会保障经办机构之间推行优先合作协议，目的在于创造低成本、高效率的管理体制，最大限度保证参保人的合法权益。

## 二、社会保障管理体制设计的原则

社会保障工作涉及全体社会成员的切身利益，情况极为复杂，牵涉面广，工作量大。因此，科学地确定社会保障的管理机构和管理机构的类型，对提高社会保障的管理水平，合理地、科学地、经济地使用社会保障资金，提高服务质量和工作效率，起着非常重要的作用。

根据社会保障工作的性质和特点，社会保障管理体制设计应该遵循五项基本原则。

## （一）统一、效率原则

统一是指社会保障制度的建立要有统一的管理机构，这些机构以共同目标为基础。同时，为完成同一工作，要求必须正确处理统一领导与分级管理、分工负责的关系。效率就是管理机构要精简、高效，行政机构和服务机构的设置要合理，人员素质要提高，行政、服务管理程序要做到科学化，要能保证社会保障基金的及时征缴、发放，同时要提高资金的使用效率，实现资金的保值增值。

## （二）法治化原则

现代社会保障制度是国家通过立法建立的，管理法治化是政策统一化的保证。这要求必须依法设置社会保障管理机构，必须依法设置行政编制，必须以法律的形式规范和约束社会保障管理过程中的各项事务，实现社会保障管理由以行政手段为主向以法律手段为主的转变，使社会保障管理走向制度化、法治化。

## （三）宏观管理与微观管理相结合的原则

宏观管理与微观管理相结合是指中央领导机构要加强对社会保障工作的领导，从宏观设计层面，研究制定社会保障的整体规划、法律、制度和办法，协调各部门的工作；从微观管理层面，指导落实社会保障制度的职能分工、方案设计、改革步骤与方式等工作。

## （四）地方政府管理与基层社会管理相结合的原则

地方政府管理与基层社会管理相结合是指对有些社会保障项目的管理要在当地社会保障机构的领导下，发挥社会组织的服务职能，帮助参保人通过雇主或社区积极地向有关部门提供有关资料，健全手续，沟通信息，提供高效、准确、便捷的社会保障服务，必要时协助地方部门解决弱势群体的一些具体困难并做好思想工作。

## （五）专职化管理和群众参与管理工作相结合的原则

专职化管理和群众参与管理工作相结合是指社会保障工作不仅要有专门机构和专职人员管理，还要强化人民群众在社会保障中的主体作用。因为社会保障工作具有广泛性，群众是社会保障制度的主要参与者、受益者与监督者，通过动员更多热心为人民服务、有一定工作能力的群众参加，并广泛动员社会力量，提倡敬老爱幼、关注弱势群体、加强自我管理，才能把社会保障管理工作落到实处。

### 三、社会保障管理体制面临的共同问题

在知识经济和经济全球化的背景下，各国社会保障管理体制改革面临六项共同挑战。

第一，社会保障理论研究僵化，难以解决在新经济条件下出现的问题，特别是不能根据本国国情选择解决问题的最佳方案。如原英法殖民地仍然在原宗主国的传统理论框架下寻找解决本国问题的出路。

第二，不同地区、不同群体、不同社会保障项目之间缺乏协调性。马来西亚、印度尼西亚、菲律宾等国家虽然很早就建立了部分社会保障项目，但是缺乏全面保障的考虑和各项制度的协调。

第三，改善原制度和修订旧法律的机制刚性化，以至于社会保障改革常由于法律修改程序的落后而延迟。

第四，社会保障管理机构臃肿，日趋官僚化，缺乏透明度，参保人监督机制不完善，行政管理成本高。

第五，社会保障财务面临困难。一是社会保障项目因缺乏在精算与评估基础上的财务预测和预算而缺乏合理性，难以持续发展；二是社会保障投资政策的缺乏和投资市场的不足，导致资金保值增值难度较大。

第六，社会保障信息化建设还需加强。随着信息网络的普及以及云计算、大数据技术的持续发展，原有的社会保障管理方式已不能满足社会保障发展的多样化需求。

## 第二节 社会保障管理体制国际比较

### 一、社会保障管理机构与管理内容

#### （一）社会保障管理机构

**1. 社会保障管理机构的分类**

社会保障管理机构依据其权限来划分，可以分为四个层次：高层管理机构、中层管理机构、基层管理机构和特殊管理机构。（1）高层管理机构即中央级别管理机构，属于领导和决策层次，负责参与社会保障的全面立法、制定全面的社会保障政策、实施监督

以及保障基金的全国性统筹和调剂使用,有效指导、指挥各项法律法规和政策的贯彻实施。(2)中层管理机构,即地方政府的社会保障主管部门,它是为实施综合管理职能而建立的,处于辅助和传递层次,具体负责贯彻高层社会保障的立法和政策,制定地方性实施细则及补充规定,反馈社会保障各项法律法规和政策在实施中出现的问题及有益的经验,调剂地区内的社会保障基金以及业务执行情况,处理有关申诉等。(3)基层管理机构是为实施社会化服务功能而建立的,是落实社会保障工作的执行机构。它具体负责社会保障的费用收缴、待遇支付、档案建立和管理,以及相关服务工作等。(4)特殊管理机构是为实施特殊功能而建立的,如设计社会保障改革方案的特殊委员会(土耳其的国库局负责设计私营养老保障计划),管理社会保障基金的公司(智利私营养老金基金管理公司是养老金个人账户的管理人)。

**2. 社会保障管理机构的性质**

上述四类社会保障管理机构依据其性质的不同大体可以将其归属为政府组织、社会组织、金融组织和私人组织。(1)政府组织是依据政府组织法建立的机构,包括政府机构和事业单位,事业单位与政府可以是授权关系或委托关系。(2)社会组织是依据社团法人法律建立的公共组织,社会组织一般为非营利性组织,如很多国家建立的"社会保障基金管理委员会",德国各行业建立的社会保障理事会和美国医疗保障领域的"蓝十字"和"蓝盾"协会。(3)金融组织,是依企业法和有关规定建立的专门从事金融工作的机构,如银行、基金管理公司、保障公司等。(4)私人组织是指依法建立的专业社会保障基金管理公司,如智利的养老金基金管理公司。

**3. 社会保障管理机构的名称与职能**

社会保障管理机构的名称多种多样,多数机构名称反映了该机构的职能。

(1)政府执行一般监督职能的多为中央政府的部门,如社会保障部、社会保障总公司(约旦)、社会福利部、社会事务部、劳工部、劳工与社会保障部、劳工与社会事务部、家庭和社区服务部(澳大利亚)、劳工与公共管理部、财政部、人力资源开发部(加拿大)、联邦卫生和福利部、社会事务与卫生部(法国)、社会事务与就业部、劳工/青年/社会活动部(佛得角)。(2)执行日常工作职能的社会组织包括非营利性的公共机构和社会自治组织。公共机构是由政府部门设立、委托或授权的社会保障经办机构、事务所、服务中心等。社会自治组织指各类社会保障协会或理事会,如德国的养老保障管理委员会或职业伤害保障管理委员会。(3)执行基金投资运营职能的基金组织有综合的社会保障基金委员会和管理某一险种的专业委员会,如"养老保障基金委员会"或医疗保障基金等。德国的医疗保障基金会，负责向雇员收缴医疗保障费，并与医生协会和定点医生签订协议，规定每个参保人的年费（一次支付）。（4）专业管理公司包括养老保障管理公司、审计所、精算所、会计所等。（5）在社会保障制度改革的特殊时期，基于特殊任务的需要，一些特殊的机构出现在社会保障领域内。例如，布基纳法索（西非）的公职、劳动和社会保障部负责全国养老保障、医疗保障、工伤保障和家庭救助事务，经济、财政和发展部负责金融监督，国家社会保障基金负责管理社会保障计划并收取捐款；印度的劳工与就业部是由许多部门演变而成，负责制定和实施社会保障和福利、规范工作条件、工人职业健康和安全、消除雇用童工、促进劳资关系和谐、确保劳动法执行和促进就业服务的政策落实；土耳其的国库和财政部负责私营养老保障基金投资运营的设计和监管；冈比亚的社会保障住房和金融公司管理养老保障和储蓄保障。1995年1月1日，比利时建立了社会保障服务交叉银行（Cross-Road Bank for Social Security）的综合机构，即全国各地统一的社会保障信息归集和输送系统，用以应对社会保险经办的碎片化问题。

### （二）社会保障管理的内容

社会保障管理的内容繁多，若按照类别对社会保障管理内容进行概括性分析，可以分成四类：行政管理、信息管理、财务管理、监督管理。

行政管理是指社会保障经办机构对各项社会保障缴费、数据管理、被保障群体资格审查与待遇发放等事务的操作，还有托管银行对社会保障现金流通的操作。

信息管理是指以计算机、通信网络为主体的信息技术在社会保障管理领域中的应用，在各部门之间实现了联网和信息共享的基础上，通过建立信息资源全方位、全包容的综合信息系统对社会保障进行统一集中的有效管理。

财务管理是对社会保障管理机构的资金收支活动进行计划、决策、控制、考核及监督等内容的总称，能够反映社会保障基金的征收、保管、投资运行以及支付情况，准确、迅速地了解社会保障事业的发展情况。

监督管理是指政府对社会保障预算与执行情况、日常工作和基金运营的一般监督，查明社会保障资金是否可以平衡运行，是否依据社会保障法律法规和财务制度进行管理等；还指专业机构对其进行业务监督，如精算师和审计师对经办机构和基金受托人的业务监督；还有社会保障基金主管部门对经办机构和基金受托人规范管理的内部监督和外部监督等。

## 二、社会保障行政管理比较

社会保障管理模式不同,对应的社会保障管理机构设置也不同。全球社会保障行政管理体制可以归纳为三种模式,即政府管理模式、社会管理模式和私营管理模式。下面在分析三种社会保障行政管理模式特征的基础上,阐述各国社会保障管理机构的职能。

### (一)政府管理模式

政府管理模式,即指政府不仅实施一般监督,而且包办日常管理。主要包括拟定社会保障发展规划,统筹协调社会保障政策,统筹处理不同地区和人群之间的利益和矛盾;制定社会保障法律法规,以及相关法律法规的实施办法;贯彻、组织和实施各项社会保障法律法规,并负责监督、检查;受理社会保障方面的申诉、调解和仲裁;建立和完善社会保障信息化、社会化服务体系;培养、考核、任免社会保障管理干部等。

政府管理模式又分为集权管理与分权管理。集权管理,即政府单一部门全权监督与管理社会保障的各项事务。例如,英国实行高度集权的社会保障管理体制,中央负责统一制定重大的全国性社会保障政策,具体事务绝大部分由中央政府在各地的派出机构承担,地方政府只根据自身财力大小提供一些补充性、地方性的社会服务,中央政府对其中许多项目提供资金支持。分权管理,即政府部门实施政策指导和一般监督,政府委托或授权的公共机构进行具体操作。

### (二)社会管理模式

社会管理模式,也称混合管理模式,即指政府与社会组织共同对社会保障进行管理,政府实施政策指导和一般监督,由社会组织具体管理各项日常业务。社会组织是区别于政府机构和私人企业的,具有自治性质的公共团体。一般由劳资双方代表组成各种社会保障委员会或基金会,有时政府也派代表参加。在共同管理模式下,政府负责社会保障的立法和监督,而社会组织则负责社会保障的业务管理,即立法监督与具体业务分开管理。政府制定和颁布有关社会保障的法律法规,进行政策研究,监督社会组织执行业务,审批其年度计划,但不干预其日常工作。社会组织则在国家法律法规规定的范围内,开展多项业务活动,接受政府部门的检查与监督。

社会管理模式的实践方式很丰富,包括单方、双方和三方组成的非政府组织,劳资组织和金融组织。例如,德国是社会自治组织影响力较强的国家,社会保障管理的组织结构是由联邦劳动和社会事务部负责一般监督;联邦及地方(23个州)的经办机构和特别社会保障委员会（雇主、雇员两方）具体管理社会保障缴费、政府补贴是否到位、支付资金预测、收支平衡预测等；联邦薪金雇员保障协会管理公务员的养老保障。美国具有健全的托管法制和基金管理行业，社会保障管理体制由政府财政部门、社会保障经办机构和特别托管基金三方构成。

### （三）私营管理模式

私营管理模式，即指政府实施一般监督，由私营机构管理各项社会保障事务，如智利的私营养老金基金管理公司。1981年智利采用激进的变革方式，引入一种完全私营管理的个人账户养老金计划。智利《养老金法》规定养老保险基金由政府认定的私营机构进行投资管理，也就是养老金基金管理公司（AFP）。多家养老金基金管理公司存在竞争关系，国民可以对多家公司在收费、服务和收益率等方面进行比较，根据自身偏好选择适合自己的养老金基金管理公司。政府在养老保险基金投资中对自己有着明确的定位，将养老保险基金交由私营公司进行管理，政府虽不参与运营，但也不是完全不负责，而是对养老金基金管理公司实施严格的监督。

## 三、社会保障信息管理比较

社会保障信息管理就是集计算机技术、通信技术、信息技术及管理技术等多学科的高科技技术为一体，在各部门之间实现了联网和信息共享的基础上，通过建立信息资源全方位、全包容的综合信息系统对社会保障进行统一集中的有效管理。信息化建设既是社会保障系统加快自身发展的内在要求，也是整个社会保障体系的技术支撑。在社会保障管理系统工程中，信息交换是最重要的环节，必须做到准确、及时。因此，必须建立严密、畅通的信息管理制度，使有关信息在每位参保人、经办机构和相关机构之间有效传递。社会保障信息管理需要五个数据库：人口统计、雇主注册、参保人收入记录和缴费记录及社会保障待遇发放与领取记录。

### （一）搭建统一信息平台

基于互联网、云计算技术下的社会保障信息化管理与服务，具有一体化的信息系统和统一性的共享平台，有利于提供全方位的基金监管和多形式的社会保障服务。美国社会保障业务统一由社会保障总署建立集中业务数据库进行管理，而社会保障总署的信息管理系统以"国家计算机中心"为核心，建设成一个辐射全国甚至延伸至全球一些城市的信息网络和数据库，公众可以通过社会保障信息系统在美国各州，甚至在其他国家缴纳费用和享受福利。澳大利亚建立了社会保障信息管理系统（AMIS），该系统运用"面向对象"现代化信息技术，通过对信息的搜集、传递、处理等为公众提供高效的信息服务，同时也提高了社会保障决策和管理水平。加拿大开发了呈辐射状的全国联网服务网络，作为国家社会保障机构的人力资源开发部（HRDC）已经建立了100个卫星分支机构，5 000个自动化信息服务终端系统，参保人可以通过该终端获取社会保障信息，社会保障机构也可以利用信息网络便利地管理国家社会保障事务。

### （二）双向信息沟通

社会保障顺利运作需要持续的双向信息沟通。参保人需要被告知社会保障制度操作的基本流程，以及有关的权利和义务；同时，经办机构需要掌握参保人的最新情况和需求。在德国，经办机构工作人员会走出办公室，向雇主发放宣传册，向新员工讲解。在美国，经办机构向学校教师提供资料，通过他们的宣教促进双向信息沟通。瑞典实行家庭调查法，了解公众对经办机构（包括邮局）提供服务的质量满意程度。

### （三）参与人信息

社会保障管理必须建立在可识别个体的信息系统基础上。在个人信息方面，每个参保人拥有唯一的账号以便记录。瑞典实施身份证号码制度，每个新生人口由主管税收的部门给予一个独特的个人身份识别号码，该号码被广泛运用到所有的行政手续、社会福利和公共服务上。在美国，新生人口获得唯一的社会保障号码（Social Security Number），以使其能够得到相应的儿童津贴，未来会与个人纳税、社会福利紧密相连，这俨然成为一种通用的身份识别号码。德国则禁止救助部门和其他福利机构之间共享信息，故而在公共制度中，养老保险、医疗保险、失业保险、税收等部门需分别建立个人账号，养老保险账号在劳动者首次被雇用时发放。在参保人收入信息方面，社会保障管理机构必须为每个参保人建立生平工资报酬记录的程序，该程序必须保持低成本、高准确性，为分析经济状况、制定法律政策和推进社会保险制度改革奠定数据基础。

### （四）待遇发放与领取记录

参保人初始待遇发放的记录，有利于保证参保人后续的定期支付。全过程由经办机构操作，具体步骤包括审查受益资格、计算待遇金额、建立记录。在为参保人建立档案的方法上，各国呈现出一定的差异性。在瑞典，这些业务活动全部由国家社会保险办公室现场处理。在美国，第一次联系往往通过电话，随后通过信函方式。在德国，电话沟通被认为不利于保护个人隐私，养老保险申请采取信函方式。此外，经办机构必须定期复查参保人的领取记录,每当发放规则改变或者参保人的经济状况改变时,必须重新计算待遇金额,确保社会保障待遇持续正确地发放。

### 四、社会保障财务管理比较

社会保障财务管理,包括社会保险费征收、待遇支付及结余资金的投资管理。国际经验表明,社会保障财务管理需要考虑社会保障事业发展的实际需要及单位和个人的经济承受能力,合理确定社会保险缴费率和支付各项社会保障费用,保障国民基本生活。此外,还需要编制财务计划,分析财务收支状况,合理进行投资运营,定期进行预报和预测,以便社会保障财务管理及时调整。

#### (一)社会保险资金筹集和社会保障待遇给付

社会保险资金筹集,即指在依法明确特定社会保障计划的资金来源的条件下,社会保险费的征收及其资金管理流程。

社会保险费征收组织以公共部门为主,主要发展趋势是建立多种保障计划的统一征收系统。目前,有税务部门征收、专门机构征收和社会保障经办机构征收等三种类型。例如,美国实行税务部门征收;法国实行专业机构征收;在我国,党的十九届三中全会作出了关于社会保险费征收体制改革的决定,明确将基本养老保险费、基本医疗保险费、失业保险费等各项社会保险费交由税务部门统一征收。社会保险资金筹集流程,即指社会保险资金供款人和征收人之间的工作程序。主要包括:(1)参保人申报登记,在一些发达国家可以用口头、电话等方式进行社会保险缴费申报;(2)社会保险经办机构核定和缴纳,包括单位缴纳和单位代扣代缴员工社会保险费;(3)开设社会保险基金专户,通常指在具有托管资格的银行开设账户,包括社会统筹账户、单位账户和个人账户等;(4)信息披露和财务报告,缴费单位、缴费个人有权按照规定查询缴费记录;(5)接受监督,社会保险费征收机构应当定期向社会公告征收情况,并接受政府、社会和参保人的监督。

筹集到的社会保险资金分别进入两个不同的账户,一个是支付账户,另一个是储蓄账户。储蓄基金被法定分为两部分:应急准备金和技术基金。应急准备金是指为应付社会保险费收入剧减和支出剧增时造成临时性入不敷出而准备的储备性资金。应急准备金一般为基金总量的5%~10%,存入银行或者购买短期国债。技术基金又称投资基金,是指目前可以用于投资,以达到预期增值的目的,将来用于支付社会保险金的基金。技术基金一般为基金总量的90%~95%。

社会保障待遇给付，即指养老金、失业津贴等福利待遇的领取资格审核、计算和发放。其管理组织主要为法定社会保障经办机构和接受委托具体经办的中介服务机构，主要发展趋势是在多项社会保障计划之间建立"一站式"服务系统。

### （二）社会保险基金投资运营

社会保险基金在通货膨胀和物价上涨的情况下会发生贬值，基金的承受力下降，贬值程度严重时甚至出现政府信誉危机。为了保证参保人的利益，保值和增值成为社会保险基金管理与运营的核心问题。

**1. 社会保险基金投资运营的原则**

社会保险基金的公益性决定世界各国都坚持如下管理原则：（1）安全性原则，即低风险投资，以保证基金的足额收回，保障支付需求；（2）流动性原则，即流动性投资，以追求投资的及时收回和融通、变现及周转，应付支付需要；（3）收益性原则，即努力进行回报率较高的投资，以取得预期收益，促进社会保险基金运营的良性循环。

**2. 社会保险基金投资方向**

社会保险基金的投资是为了增加基金收益，确保基金的持续稳定运营和保险待遇给付的能力，所以社会保险基金投资方向只能是风险小、见效快、回报率相对高的项目。社会保险基金的投资方向包括政府债券、公司债券、股票投资、房地产市场以及新兴产业和创新领域，在进行投资决策时，需要综合考虑风险和收益，并进行科学的资产配置和投资组合管理，确保社会保险基金的持续稳健运营和为人民提供优质服务的能力。

**3. 部分国家社会保险基金的投资经验**

社会保险基金投资运营的原则和投资方向的根本目的是一致的，都是为了实现社会保险基金的保值、增值。由于各国选择的社会保障模式有差异，所以可用于投资运营的社会保障基金有所不同（见表6-1）。

从各国社会保险基金投资变化的趋势来看，随着金融市场的逐渐完善、投资监管水平的提高，社会保险基金的投资范围不断拓宽，资产构成趋向多元化方向发展（见表6-2）。为确保社会保险基金尤其是养老保险基金的安全性，大多数国家都设置了养老保险基金投资于风险资产的最高比例和投资于安全性资产的最低比例。法国、德国、比利时等欧洲国家都规定了养老保险基金投资于政府债券的最低比例，丹麦规定至少有60%的养老保险基金必须投资于政府债券，法国的最低比例为34%，瑞士则规定养老保险基金投资于国内股票的比例不得超过50%、国外房地产的比例不得超过10%、国外货币未对冲风险敞口不得超过20%。

表 6-1　部分国家社会保险基金投资运营情况比较

| 国家 | 社会保障模式 | 基金管理机构 | 组合管理 |
|---|---|---|---|
| 法国 | Ⅰ和Ⅱ均为现收现付 | 国家社会保险基金会 | 50%社会保险储备金购买政府债券，行业基金管理机构可自选投资方向 |
| 德国 | Ⅰ为现收现付<br>Ⅱ为完全积累 | 行业自治组织、行业基金会 | 非市场化运营债券、股票、储蓄、房地产等，各项投资比例设有上限 |
| 新加坡 | Ⅰ为中央公积金 | 中央公积金局 | 政府债券、信托公司股票、银行存款等 |
| 智利 | Ⅰ为个人账户 | 私营养老金基金管理公司 | 多种投资工具 |
| 印度 | Ⅰ现收现付<br>Ⅱ为完全积累 | 国家社会保险基金会<br>雇员储蓄基金委员会 | |
| 美国 | Ⅰ为现收现付<br>Ⅱ为完全积累 | 社会保障信托基金董事会、法人受托机构 | 以政府债券为主，多种投资工具 |

注：Ⅰ为第一支柱，即国家基本社会保险制度；Ⅱ为第二支柱，即补充社会保险制度。

表 6-2　部分国家养老保险基金资产组合情况（2020年）　　　　%

| 国家 | 现金与存款 | 政府与公司债券 | 贷款 | 股票 | 不动产 | 投资基金 | 其他投资 | 年均回报率（2015—2020年） |
|---|---|---|---|---|---|---|---|---|
| 荷兰 | 2.7 | 47.5 | 4.6 | 30.8 | 8.2 | 5.3 | 1.4 | 5.7 |
| 丹麦 | 0.3 | 52.4 | 0.6 | 21.2 | 0.2 | 0.8 | 24.6 | 5.4 |
| 加拿大 | 3.5 | 20.5 | 0.3 | 21.4 | 9.5 | 38.9 | 6.0 | 4.7 |
| 澳大利亚 | 11.3 | 6.4 | 0.2 | 24.7 | 4.9 | 49.6 | 2.9 | 4.7 |
| 瑞士 | 4.0 | 8.7 | 3.8 | 6.4 | 8.3 | 68.5 | 0.3 | 4.3 |
| 智利 | 1.1 | 45.3 | 0.1 | 6.0 | — | 46.5 | 0.9 | 4.0 |
| 美国 | 0.3 | 25.2 | 0.3 | 32.9 | 0.9 | 27.2 | 13.2 | 3.9 |
| 比利时 | 1.9 | 10.6 | 0.6 | 7.1 | 0.4 | 76.7 | 2.8 | 3.5 |
| 墨西哥 | 1.1 | 75.4 | — | 8.4 | — | 15.9 | −0.8 | 3.0 |
| 斯洛文尼亚 | 7.1 | 55.6 | — | 2.7 | 1.1 | 33.2 | 0.3 | 2.6 |
| 德国 | 1.1 | 27.7 | 7.6 | 0.3 | 2.9 | 54.9 | 5.3 | 2.3 |
| 意大利 | 5.8 | 39.2 | — | 17.1 | 0.7 | 11.8 | 25.4 | 1.9 |
| 奥地利 | 2.0 | 0.5 | 0.2 | 0.2 | 0.2 | 96.9 | — | 1.8 |
| 西班牙 | 6.8 | 43.2 | — | 13.9 | 0.1 | 27.4 | 8.5 | 1.6 |

资料来源：OECD 养老金指标数据库。

注：政府与公司债券是指中央、地方政府和国债办公室发行或担保的票据、债券，以及金融、非金融企业等公司发行的证券、票据；股票是指企业资本中各种形式的股份，包括上市和非上市股份以及其他股权；投资基金包括零售基金和机构基金（开放式和封闭式），还包括对冲基金和私募股权基金；其他投资包含未分配的保险合同、结构性产品和其他金融资产。

2020年OECD养老金指标数据库的统计数据显示，2015—2020年，荷兰养老保险基金资产年均回报率最高，达到5.7%，此外，政府与公司债券、股票以及投资基金是OECD国家养老保险基金资产组合中的主要类别。相对于整体投资组合规模而言，政府与公司债券比例最高的是墨西哥（75.4%），股票比例最高的是美国（32.9%），投资基金比例最高的是奥地利（96.9%），而现金与存款、贷款、不动产（土地和建筑物）等占养老保险基金资产投资的相对较小份额。

**4. 社会保险基金运营的监督**

以养老保险基金投资市场为例，澳大利亚、加拿大、日本、荷兰、瑞士、英国和美国七个国家最为成熟，其标志之一是有成熟的政府监督制度安排（见图6-1）。主要经验是：（1）保持社会保险资产独立；（2）建立了具有内控机制的专业的社会保险基金托管机构；（3）社会保险基金由银行和专业托管机构管理；（4）社会保险基金投资人必须是专业的、审慎的投资人。

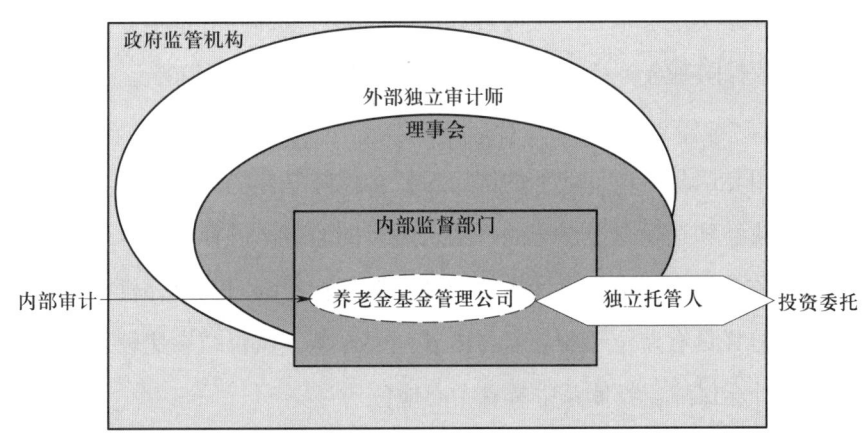

图6-1　社会保险（养老保险为主）基金管理机构内部与外部的监管体系

## 五、社会保障监督管理比较

### （一）社会保障监督管理的概念

社会保障监督管理是由国家行政管理部门、专门监督部门以及利害关系者对社会保障的管理过程和管理后果进行评审、鉴定，以求社会保障管理满足国家有关法律、法规和政策要求，尽可能地满足利害关系者的利益。

加强社会保障监督管理是社会保障制度建设的必然要求。社会保障监督管理对于有效筹集社会保障资金、保障社会成员基本生存权益和维护社会稳定都具有重要意义。

### （二）社会保障监督管理体系的构成

社会保障的监督内容涉及社会保障资金的征缴及其运营、审核社会保障待遇给付、监督社会保障具体项目的实施和业务开展等。建立社会保障监督机制对保证和促进社会保障的良性发展有重要作用，必须建立专门的管理机构，明确其职责。完善的社会保障监督管理体系应包括三个层次：行政监督、审计监督和社会监督。行政监督可以称为自力监督，审计监督和社会监督可以称为外力监督。

**1. 行政监督**

就社会保障行政部门的监督而言，社会保障是一项政府行为，是由国家举办的事业。因此，社会保障行政部门当然有监督权，这种监督是和社会保障管理结合在一起的，它寓于社会保障管理过程之中，任何国家的社会保障管理都离不开行政监督。我国于2022年3月18日开始施行《社会保险基金行政监督办法》，明确人力资源社会保障部主管全国社会保险基金行政监督工作，为健全人力资源社会保障行政部门社会保险基金行政监督制度体系奠定了基础。人力资源社会保障行政部门对基本养老保险基金、工伤保险基金、失业保险基金等社会保险基金收支、管理情况进行监督。

**2. 审计监督**

审计监督是由专门从事审计业务的部门对社会保障基金的财务收支、社会保障基金使用、投资运营收益和违反财经法纪的行为所进行的监督。同社会保障行政部门和经办机构的内部行政监督相比，由于审计机关与社会保障行政部门和经办机构没有直接隶属关系，因此审计监督具有地位超脱、监督内容全面深刻、监督结果比较公正的特点。所以，审计监督在社会保障监督体系中具有中心地位。

各国一般把国家审计机关作为社会保障监督审计的主体。各级社会保障经办机构一般建立有相应的内部审计机构。在国家审计机关授权的情况下，有些国家的社会审计组织也可以从事社会保障审计。国家审计机关把社会保障审计作为经常的和重要的审计项目，对社会保障经办机构的财务收支进行审计。具体来说：对社会保障基金财务核算和会计资料的真实性进行审计；审计各科会计账和会计决算是否真实准确地反映了社会保障基金的真实运行情况；审计会计核算是否符合国家有关会计制度。

**3. 社会监督**

社会保障的社会监督是指社会保障的直接利害关系者对其管理进行监督，包括各种基金协会、民意调查机构、企业和劳动者。社会监督与行政监督和审计监督有所不同。社会监督是一种群众性的、以维护自身利益为目的的监督。尽管它没有行政监督的权威性，也没有审计监督的超脱性和专业性，但它的社会性也对社会保障行政部门的管理行为产生很大的约束性，有时它的作用甚至超过前者。所以，社会监督机制在社会保障监督体系中占有重要地位。

依据国际经验，社会保障的社会监督一般设立社会保障监督委员会。该委员会一般由政府、单位和个人以及社会保障相关专业人士组成。它的议事原则一般是由主管机构牵头，其各方组成代表参加，听取和审议社会保障行政部门关于基金收支及投资运营情况的报告。

就社会保障监督委员会的权力而言，它有权从社会保障行政部门和经办机构了解下列情况，并提出改进建议：（1）执行社会保障法律法规的情况；（2）执行社会保障基金预决算情况；（3）社会保障经办机构服务费和管理费使用情况；（4）社会保障基金的投资运营情况；（5）社会保障基金的支付情况等。

## 六、典型国家社会保障管理体制比较

世界各国在实践中逐渐形成了纷繁多样的社会保障管理体制，但总有共同规律可以进行比较，如政府与民间组织的关系、社会保障行政管理与基金投资管理的关系等。

### （一）美国社会保障管理体制

美国社会保障管理部门主要由社会保障总署（SSA）、健康与公共服务部（HHS）和劳工部（DOL）负责社会保障事务，财政部、税务部、农业部、教育部、能源部、住房与城市发展部等其他部门也参与社会保障相关事务。

社会保障总署是最重要的社会保障管理机构。1935年美国初创社会保障体制时，没有设立社会保障总署，只是由三个部门组成了社会保障理事会（SSB）。从1946年改组为社会保障总署。1994年，国会通过社会保障机构独立的议案，将社会保障总署升级为独立的、直接向总统和国会汇报的机构，负责社会保障基金的筹集以及发放，但不负责其投资运营。社会保障总署内部结构如图6-2所示。

社会保障总署主要负责老年、遗属和残障保险（OASDI）和管理补充安全所得（SSI）计划，旨在部分弥补因退休、残疾或死亡而造成的收入损失，为收入和资源有限的老年人、残疾人以及儿童提供经济支持。社会保障总署由一名署长领导，设立社会保障总署署长办公室，下设分析、审查和监督办公室，预算、财务和管理办公室，公民权利和平等办公室，通信办公室，听证会运作办公室，人力资源办公室，立法和国会事务办公室，运营办公室，退休/残疾政策办公室，系统办公室这10个副署长办公室，以及总精算师办公室，总法律顾问办公室和转型办公室这3个其他办公室（见图6-2）。社会保障总署在全美共设立6个项目服务中心（纽约州皇后区牙买加东北项目服务中心、中大西洋项目服务中心、东南项目服务中心、五大湖项目服务中心、中美洲项目服务中心和西部项目服务中心），负责残障保险、健康保险、养老和遗属保险、资料处理、地区管理、听证和上诉等具体事务，并设立10个区域办事处（亚特兰大、波士顿、芝加哥、达拉斯、丹佛、堪萨斯、纽约、费城、旧金山和西雅图），每个区域办事处又在所辖区域按需设立若干地区办公室。

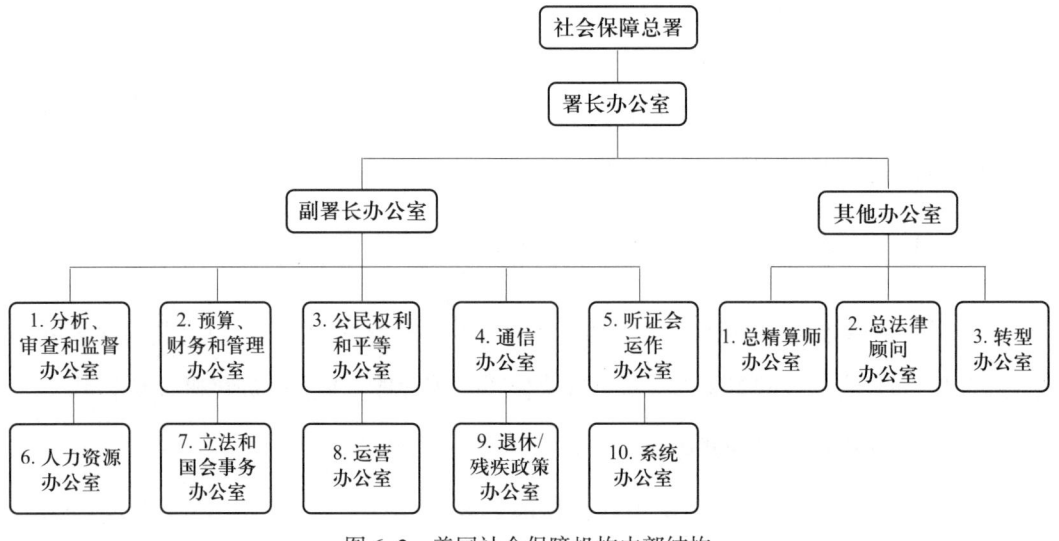

图6-2 美国社会保障机构内部结构

资料来源：美国社会保障总署（SSA）网站。

健康与公共服务部（HHS）的医疗保险与医疗救助服务中心（CMS）主要负责医疗保险、医疗救助的具体业务，负责管理医疗保险计划，并与州政府合作管理医疗补助、儿童健康保险计划（CHIP）和健康保险标准，联邦政府一般采取补助的方式体现自身的责任。除了这些计划，医疗保险与医疗救助服务中心还承担其他职责，包括1996年《健康保险流通与责任法案》中的行政简化标准的制定，《临床实验室改进修正案》中的临床实验室质量标准的制定，以及长期护理机构质量标准和认证流程的调查等。

劳工部主要负责就业、工资和福利、职业伤害及改善工人的生活条件等，失业保险、工伤保险则由各个州政府的劳工部门管理。劳工部参与社会保障事务管理的主要下属部门有：养老金和福利金管理局，负责管理、监管和执行《雇员退休收入保障法案》；职业安全和卫生局，负责预防与职业有关的伤害、疾病和死亡；矿山安全和健康管理局，负责强制执行安全和健康标准；残疾人就业政策办公室，负责增加残疾人就业机会，努力消除就业障碍；养老金福利担保公司，负责维持私营部门制定的养老金计划，提供及时的和不间断的退休金发放；退役军人就业和培训服务部，向退役军人提供资源和服务，增加其就业机会。

财政部下属的社会保障基金管理委员会主要负责管理社会保障信托基金，包括基金的投资以及收支情况评估等。社会保障信托基金是美国财政部的金融账户，有两个独立的社会保障信托基金：老年、遗属保险（OASI）信托基金支付养老和遗属福利，残障保险（DI）信托基金支付残疾福利。按照美国《社会保障法》设立社会保障和医疗保险董事会，监督社会保障和医疗保险信托基金的财务运作。董事会目前由6名成员组成，其中4名成员因其在联邦政府的职位而自动任职，分别为财政部部长（管理受托人），劳工部部长、健康与公共服务部部长，以及社会保障专员，另外2名受托人为公众代表（自2015年7月以来一直处于空缺状态）。税务部负责征收工资税，并将其中属于社会保障体系的部分上缴到财政部的特定信托基金账户。税务部还负责记录所有个体经营人员的社会保障号码，与他们每年收入情况一起报送社会保障总署。

除此之外，还有其他管理机构负责一些社会保障的具体事务。针对社会保障项目的复杂性和产生的一些特殊问题，美国还成立了一些机构专门负责管理各类社会保险项目和解决一些特殊问题。这些机构有健康筹资委员会、社会保障咨询团以及社会保障咨询理事会等。

社会保障咨询理事会（Social Security Advisory Board）是在1994年应克林顿总统改革社会保障体制及社会保障总署升级需要，经国会批准设立的。该理事会由总统和国会联合任命成员，负责向总统、国会和社会保障总署署长提供社会保障体系的长期财务、社会保障基金的风险评估、社会保障总署长期跟踪评估等有关社会保障计划的战略和政策建议。

美国社会保障管理体制的主要特点是：（1）行政管理机构多级分工、独立操作、权限明确；（2）社会保障基金运营与行政管理分离；（3）充分利用市场融资手段提高社会保障基金的支付能力。

### （二）英国社会保障管理体制

英国在20世纪初期颁布了一系列社会保障法令，全面推行社会保障制度建设，其中社会保险制度是主体部分，同时还包括社会救助以及医疗保健、住房补贴和教育补贴在内的社会福利等。英国在社会保障管理机构设置上，实行自上而下、整齐划一的行政管理方式，从中央到地方都建立社会保障的工作机构，对社会保障实行统一管理。从中央到地方，社会保障工作人员队伍十分庞大，服务于公共部门的人员有60%左右在从事社会保障方面的工作，包括行政人员、社会工作者、医生护士和心理医生、各种专家顾问等。

英国的社会保障管理体制经历了一个逐步整合的过程。1934年，英国劳工部建立了失业援助委员会和失业救济管理局，1943年建立了援助委员会，统一管理原来分散在各个机构的退休年金业务，1944年在援助委员会的基础上建立了国民保险部，1966年建立社会保障部，实现了社会保障制度的统一管理。1968年社会保障部和保健部合并成立保健与社会保障部，1988年两部再次分离，社会保障部成为独立部门。2001年，社会保障部解散，由社会保障部、就业服务部以及教育和就业部涉及就业政策与国际问题的政策小组合并，成立就业与养老金部（DWP）。目前，英国社会保障管理部门主要由就业与养老金部（DWP）、健康和社会服务部（DHSC）负责社会保障事务，财政部、教育部、国防部等其他部门也参与社会保障相关事务。

就业与养老金部是英国社会保障事业最高的行政管理机关，负责福利、养老金和儿童抚养政策的制定。根据该部门内部结构（见图6-3），有7个核心部门，分别为：（1）卓越服务部门，提供反欺诈合规管理和债务管理、退休服务、儿童抚养服务、客户体验服务、争议解决服务、服务转型以及服务规划和交付等；（2）就业与健康服务部门，提供残疾人服务、工作年龄确认和通用信贷业务等；（3）变革与韧性部门，负责重大变革项目和计划、普遍信贷计划，保障业务的连续性，进行弹性和危机管理以及处理欺诈和纠正错误等；（4）政策部门，负责向部长提供投资组合概述和支持，制定变革提案，管理部门的福利支出等；（5）财务部门，负责核心财务职能，开展商业服务和业务合作，管理和规划绩效管理、经营策略，提供遗产资助、合同计划等；（6）数字化部门，负责数字、数据和业务转型服务，以及信息管理等；（7）人员、能力与场所部门，组织设计和开发，提供人力资源服务和业务合作，制定工作场所和地产策略等。其他部门包含上市公司、行政非政府部门公共机构、法庭或咨询性非政府部门公共机构和其他机构，共计11个部门。截至2021年底，部门集团（7个核心部门和其他部门中的5个合并机构）拥有超过85 000名全职员工。[①] 核心部门实行分组管理，每个部门由一名主任领导。法律支持由政府法律部门提供。

---

① National Audit Office. Departmental overview 2020-21: department for work & pensions. November 2021.

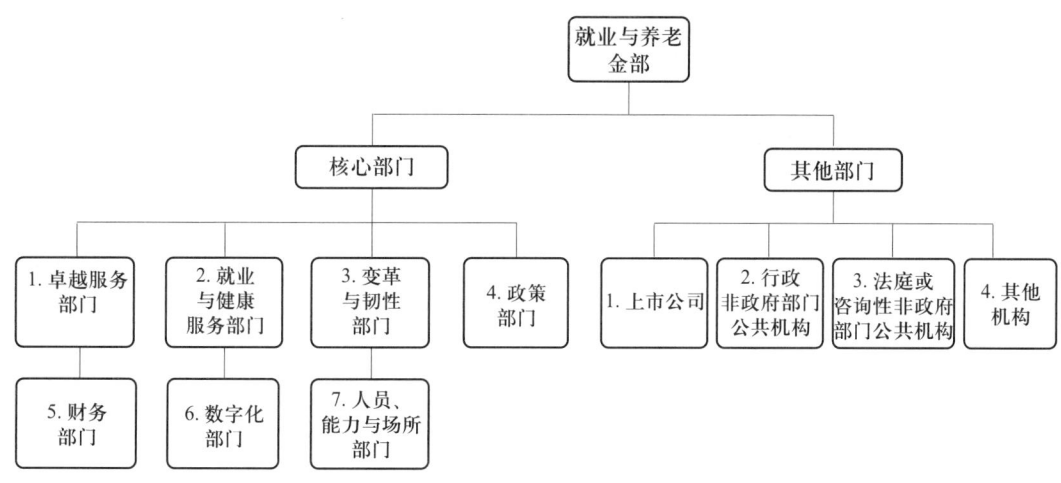

图 6-3 英国就业与养老金部内部结构

资料来源：英国就业与养老金部（DWP）网站。

健康和社会服务部负责制定与实施卫生健康政策，负责监督英国国家医疗服务体系（NHS），支持国家保健服务体系提供高质量的、安全的、可持续的医疗及护理服务。健康和社会服务部作为部级行政机构，与24个具体提供服务的机构与公共机构有着密切合作。截至2020年底，该部门共有3 030名全职员工，分布全国各地。

财政部作为英国政府的经济和财务部级行政机构，负责制定社会保障的预算开支，对公共福利和基本养老金的支出以及运行成本进行统计与风险预测。皇家海关及税务总署是非部级行政机构，负责征收国民保险缴费及其他税项，记录并管理个人的国民保险缴费记录并对国民保险基金进行总体管控。教育部负责儿童服务和教育，包括早期教育、学校、高等教育和继续教育政策、学徒制以及更广泛的技能培训。国防部是英国政府负责履行政府防务政策的部级行政机构，也是英国武装力量的总部，国防部设置有退役军人咨询及养老金委员会、中央薪酬咨询委员会等，负责管理军人保障事务。另外，英国还建立了完全独立于社会保障部的监督机构，以便依法监督社会保障各项事务的展开。这些监督机构有：社会保障的司法机构、法律仲裁机构、社保基金的检察机构、抚恤金监察机构等。

英国社会保障管理体制的特点是：（1）社会保障立法内容全面，执法司法制度健全；（2）中央负责统一制定重大的全国性社会保障政策，具体事务绝大部分由中央政府在各地的派出机构承担，地方政府只是根据自身财力大小提供一些补充性的、地方性的社会服务，中央政府对其中许多项目提供资金支持，井然有序、层次分明的机构设置保证了整个社会保障管理体系在运作过程中的整齐划一，避免了政出多门和权责不清的现象;(3)一个政府与市场相结合的社会保障公共产品供应机制已经形成,包括政府经办、公益组织和私营服务等。

### (三)德国社会保障管理体制

德国是现代社会保障制度的发源地,如今已经建成了内容丰富的庞大的社会保障体系,主要包含社会保险制度、社会补偿制度以及社会救助制度三大类。遵循社会预防原则而设立的基于缴费的社会保险制度,共分为年金保险、疾病保险、工伤保险、失业保险以及长期护理保险五大项目;遵循社会补偿原则而设立的基于税收供款的社会补偿制度,涵盖社会优抚、国家赔偿等内容;遵循社会扶助与促进原则而设立的社会求助与社会福利制度,包含为残疾人、无法维持体面生活条件的社会成员以及无医疗保险的国民提供援助,还包括子女抚育津贴、教育补贴、就业促进补贴等。《社会法典》(SGB)是德国社会保障制度中最基本、最主要的法律依据,在整个社会保障制度中具有最高地位,主要涉及以下社会保障的具体内容:失业保险和公共就业机构(SGB Ⅱ和Ⅲ),健康保险(SGB Ⅴ),老年、寡妇/鳏夫、孤儿和伤残养老保险(SGB Ⅵ),伤残保险(SGB Ⅶ和Ⅸ),子女抚养费(SGB Ⅷ),社会关怀(SGB Ⅺ)等。

德国社会保障管理制度实行的是国家立法监督与社会保险机构自治管理相结合的模式,具体而言,国家不介入社会保险项目的具体经办及管理,主要是通过立法对社会保险机构进行法律监督;社会保险机构实行行业组织管理与地区组织管理相结合,根据公法建立、由雇员与雇主代表组成并在法律规定的范围内实行自治管理。2005 年,德国联邦政府对原有的政府结构和相关职能进行了调整,其中人力资源和社会保障事务涉及的部门主要包括联邦劳动和社会事务部、联邦卫生部、联邦劳动服务局以及相关的法人组织、团体和基金会。

德国联邦劳动和社会事务部(BMAS)是社会保险的主管部门,主要工作职能是保证整个社会体系的正常运转,帮助残疾人和弱势群体融入社会,为促进就业创造有利条件(见图 6-4)。在工作过程中,联邦劳动和社会事务部要与其他部门相互协调、共同合作。在处理涉及地方工作时,要积极与相关地区相互协商、妥善处理。2005 年,所有的养老保险经办机构合起来总称"德国养老保险"(Deutsche Rentenvericherung),其中,联邦层面的有两个养老保险机构,为联邦德意志养老保险和矿业 – 铁 – 海运德意志养老保险。前者负责联邦层面的总体管理,后者负责矿工、铁路和海运领域就业人员的养老保险。联邦劳动和社会事务部对整个养老保险制度承担政策制定和业务协调职责并进行一般监督,联邦社会保障局(BAS)作为德国劳动和社会事务部职务范围领域的一个独立的联邦最高行政机关,对法定养老保险和法定意外事故险实施法律监管,并在这两个领域与德国劳动与社会事务部进行专业上的合作。

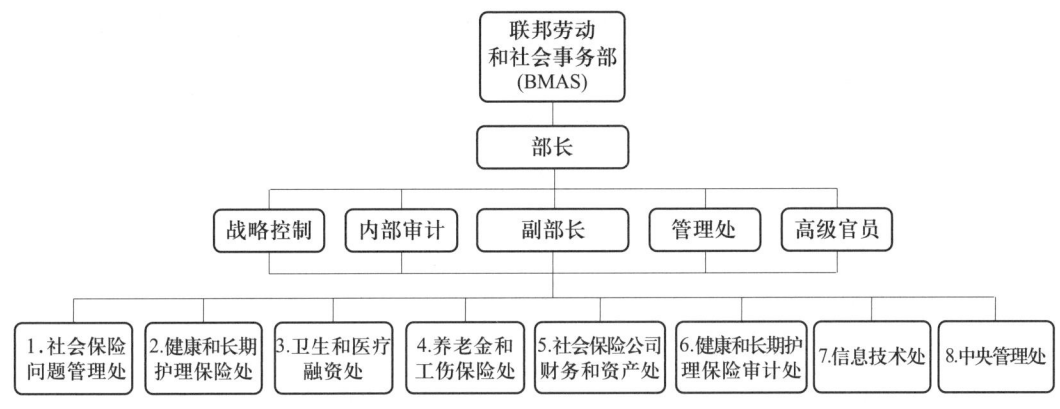

图 6-4 德国联邦劳动和社会事务部内部结构
资料来源:德国联邦劳动和社会事务部(BMAS)网站。

德国联邦卫生部(BMG)的核心职责是维护和发展法定医疗保险、长期护理保险的绩效,提高卫生系统的质量,增强患者的利益,开展健康保护、疾病控制和生物医学,并依法进行监督管理。联邦卫生部在医疗保险方面的职责主要有三项:一是向联邦议会和参议院提出立法建议,拟订法律草案;二是制定和完善相关政策;三是实施行业监管。联邦卫生部"掌舵而不划桨",具体的专业性、审批性以及经办性工作由相应机构承担。联邦行政当局一般只负责从法律方面对社会保险机构执行一般监督,并不干涉其内部管理。

德国联邦劳动服务局(BA)是一个自主管理的、带有机构性质的、联邦直属的公共法律法人代表。德国联邦劳动和社会事务部对德国联邦劳动服务局进行法律监督,在一些领域对德国联邦劳动服务局具有指令权并进行专业监管,如劳动力市场统计、外国人就业管理。德国联邦劳动服务局的主要职责包括:介绍职业培训机会和就业岗位;职业咨询;雇主咨询;促进职业培训;促进职业进修;促进残疾人就业;保持和创造就业岗位;为没有收入的人发放福利金,如失业救助金或者破产人员救助金。此外,还负责对劳动力市场和各类职业进行研究,对劳动力市场进行观察和描述以及对劳动力市场的相关数据进行统计,还负责支付儿童津贴、抵制社会福利金滥用。

德国社会保障管理体制的特点是:(1)就业政策制定机构与宏观经济管理机构合并,管理体制上体现大部制,同时在职能上强调民生;(2)社会保障立法内容全面,执法司法制度健全;(3)强调自治原则,在遵从各项法律、规定的前提下,各社会保险机构独立存在、自主经营、自主管理,并自觉接受政府的监督,实行劳资共同参与的管理体制;(4)社会保障体系强调各方权责一致,权利和义务对等。

### (四)法国社会保障管理体制

在法国,社会保障日常管理由政府和非营利的第三方组织共同管理,政府对社会保障事务保持强有力的干预权和控制权。具体包括:(1)制定和颁布法律法规;(2)制定社会保障基金财务制度;(3)决定各基金行政费用总额;(4)任命和罢免中央一级基金会经理;(5)实施财务监督和行政决策;(6)决定缴费率和调整待遇标准负责颁布法律法规,制定政策并进行监督,第三方组织受政府委托经办具体业务,享有高度的自由权。

中央层面设有三个经办机构,属于行政性质的公立机构,分别是全国工薪者养老保险基金会(CNAVTS)、全国工薪者医疗保险基金会(CNAMTS)和全国家庭津贴基金会(CNAF),分别负责养老、医疗、工伤与职业病和家庭津贴事务。在社会保险基金的管理方面,社会保险机构中央基金会(ACOSS)负责基金管理。社会保险机构中央基金会由理事会管理,理事会中2/3为雇员代表,1/3为雇主代表。理事会的决策必须经过联邦政府批准(有批准程序);理事会的主任由联邦政府任命,总会计师由联邦社会事务部和财政部共同任命。具体职能包括:(1)管理社会保障费用的使用,实现财政预算平衡;(2)就医疗费用的标准同医务卫生工作人员协商;(3)监督医务人员的工作质量。

法国社会保障和家庭津贴征收联盟(简称征收联盟,URSSAF)在全国有105个工作站,负责社会保障费的征收和管理。该联盟是具有公共职能的私营机构,其职能有两项。(1)接受雇主的缴费申报;(2)收取雇主缴纳的社会保障费,并检查其与申报的一致性。至少三年内进行一次严格的检查。雇主拖欠社会保障费三年后被发现,不得追究。征收联盟的主任可以发出具有法律效力的通知,对雇主采取法律措施,如强行雇主缴纳、查封雇主的银行账户、提高雇主的缴费比例、通过法庭判决没收雇主的财产、对雇主动产和不动产进行拍卖等,甚至通过司法机构迫使雇主破产。社会保障费必须存入国家银行,给付利息,不收手续费。征收联盟与银行和邮局订立合同,提供优先服务,保证每日的收支工作高效进行。征收联盟必须保持收支平衡,否则由各联盟之间平衡或者财政垫支。

最近的法律规定征收联盟的新职责包括:(1)缴费人的文件和信息处理;(2)通过微型计算机拜访家庭;(3)对缴费人进行监督,提出预防忠告;(4)以友好方式征收,避免司法手段;(5)采用新技术手段与征收联盟加强联系。社会保障费缴纳到全国征收联盟以后,在国家社会保障局(DSS)的严格控制下拨给各基金会使用。

行政部门的设置方面,国家卫生与疾病预防部负责社会保障融资法的制定及其监督,会同有关部委制定和实施有关社会保障组织及补充组织管理的规则。劳动、充分就业和融合部负责制定和实施有关工作条件、集体谈判和员工权利的规则；共同制定和实施有关社会保障组织在工伤事故和职业病方面的制度和管理的规则；捍卫和促进就业，包括重返工作岗位政策，以及年轻人和成年人的专业培训。社会保障局由经济、财政及工业、数字主权部，卫生和疾病预防部，劳动、充分就业和融合部以及团结与家庭部联合领导，统管社会保障事务。

法国社会保障管理体制的特点是：（1）政府以强有力手段介入社会保障事务，并不直接承担主要管理职责；（2）社会保障立法内容全面，执法司法制度健全；（3）强调社会自治原则，实行劳资共同参与的管理体制；（4）公共社会保障的行政管理与基金运营分离；（5）建立了高效统一的社会保障费用征缴制度，实现了社会保障经办机构与相关机构（银行和邮局）的有效协作，为世界各国树立了榜样；（6）注重人才的培养和使用，实现了缴费全国联网。

### （五）日本社会保障管理体制

日本社会保障制度框架的构建基本上采用了国际劳工组织（ILO）的社会保障分类体系[①]，从内容上看，已形成包括社会救助、社会福利和公共卫生、战争牺牲者援护、社会保险这五大领域。

日本社会保障实行立法、行政、执行、基金管理、监督等各机构分立的管理体制和运行机制，立法权属于国会，各项社会保障制度的确立和修改由国会审议批准。从大的框架来看，日本社会保障制度的法律体系是以社会保障给付相关法律为核心，同时包含了以实施给付为目的的社会保障行政相关法律和社会保障诉讼相关法律。社会保障给付相关法律又分为两个部分：一是与针对收入中断、减少风险相关的法律，即收入保障法；二是针对劳动、日常生活障碍风险的法律，即医疗保障法、社会福利服务法。前者又根据风险程度以及贫困程度不同分为"生活风险相关法律"和"生活能力丧失风险相关法律"。社会保险行政管理机构分为中央政府和两级地方政府。中央行政管理机构为厚生劳动省，负责社会保障的调研、规划、调整和审查。地方行政管理机构由都道府县（相当于省级）和市町村（相当于县级）相关部门构成，都道府县侧重经济服务，负责生活保障、伤残保险等事务；市町村侧重居民生活服务，负责医疗保险费和国民养老保险费的征收。另外，社会保险领域还有一部分内容由厚生劳动省以外的行政机构管理，例如，国家公务员共济组合由财务省（相当于我国的财政部）管理，地方公务员共济组

---

① ILO 为了便于进行社会保障费用的国际比较，从 1949 年开始对各国社会保障费用进行了 19 次调查，并将各国提供的数据，以 "The Cost of Social Security" 命名对社会保障体系分成了 6 大类：社会救助及相关制度、社会保险及相关制度、社会福利制度、公共卫生和医疗、公务员的特别制度、战争牺牲者给付制度。

合由各地支部（掌管地方行政、邮政、消防防灾、信息公开制度的推进等综合事务的行政机构）管理，私立学校教职员共济组合则是由文部科学省（相当于我国教育部）管理。由于日本的社会保障制度种类繁多，各自独立，除了厚生劳动省主管大部分社会保障项目，还有部分项目由其他部门协助管理，体现了集散结合的特点，具体见表6-3。

表6-3　　日本社会保障管理体制概况

| 保险种类 | | | 中央管理部门 | 地方管理部门 | 地方执行部门 |
|---|---|---|---|---|---|
| 国民年金 厚生年金第1号被保险者 | | | 厚生劳动省年金局主管、协调，日本年金机构具体负责 | 年金事务中心 | 年金事务所 |
| 厚生年金第2号被保险者 | | | 国家公务员共济组合 | — | — |
| 厚生年金第3号被保险者 | | | — | — | 地方公务员共济组合 |
| 厚生年金第4号被保险者 | | | — | — | 日本私立学校振兴共济事业团 |
| 雇佣保险（失业保险） | | | 厚生劳动省职业安定局雇佣保险课 | 都道府县劳动主管部雇佣保险课 | 公共职业安定所 |
| 工伤保险 | | | 厚生劳动省基准局 | 都道府县劳动基准局 劳动基准监督署 | |
| 健康保险（职域保险） | 一般健康保险 | 政府掌管健康保险 | 厚生劳动省保险局 全国健康保险协会 | 都道府县民生主管部 | 社会保险事务所 |
| | | 共济组合掌管健康保险（1794组合） | 健康保险组合 | | |
| | 特定健康保险 | 船员保险（政府） | 厚生劳动省保险局 财务省主计局 | 都道府县民生主管部 | 社会保险事务所 公共职业安定所 船员职业安定所 |
| | | 国家公务员共济组合（20组合） | | 各省厅厚生管理室 各省厅人事课 | |
| | | 地方公务员共济组合 | 各地支部 | | |
| | | 私立学校教职员共济组合（事业团） | 文部科学省大臣官房 | | |
| 国民健康保险（地域保险） | | 市町村国民健康保险 | 厚生劳动省保险局 | 都道府县民生主管部 | 市区町村 |
| | | 国民健康保险组合（185个） | | | |
| 社会福利 | | | 厚生劳动省儿童家庭局、社会援护局、老健局等 | 都道府县民生主管局 | 市町村福利事务所；未设福利事务所的市町村由所在都道府县福利事务所负责 |
| 社会救助 | | | 厚生劳动省社会援护局 | | |

资料来源：鲁全.中国社会保障管理体制研究［M］.北京：人民出版社，2022：341-342.

日本于1961年实现"国民皆年金"及"国民皆保险"，由此形成了日本社会保障制度的框架。随着经济发展乏力，人口老龄化日益严重，社会结构发生了根本变化，以年金、医疗、护理为核心内容的社会保障制度模式，逐渐将雇佣、育儿支持、低收入群体、住宅等问题纳入社会保障制度范围。与此同时，日本社会保障管理体制的老化现象越来越明显，由于行政垄断、信息不透明造成的官僚化行政机构低效、腐败等事件不断被揭露，社会对政府的信任度急剧下降，对改革的呼声越来越强烈。2008年10月，日本成立了独立于政府的非公务员制公法人组织——全国健康保险协会，接管社会保险厅中有关健康保险的业务；2010年12月31日，日本全面废除社会保险厅，并同时成立独立于政府行政机构的非公务员制公法人组织——日本年金机构，接管原社会保险厅中有关年金的业务，相应地，各地方社会保险事务所也被改名为年金事务中心。为了建立符合少子老龄化社会的社会保障制度，日本政府于2012年颁布《社会保障制度改革推进法》，实行"社会保障与税收一体化改革"（简称一体化改革）。

日本社会保障管理体制的特点是：（1）以国家立法为基础，健全社会保障法律制度，每一项社会保障制度的出台都有严格的法律依据和程序；（2）发挥民间力量作用，重视企业保障和家庭保障，强调国民自立；（3）充分发挥地方政府的自主性和特色，提供符合地区特点和满足居民需求的优质服务，强调构建地区性的综合供给体制。

### （六）新加坡社会保障管理体制

新加坡以中央公积金制度为基础，从养老保障入手，包括养老金、医疗保险和住房保障，做到老有所养、人人有医疗和居者有其房。政府中央公积金局直接全面管理由雇主和雇员强制性缴费而形成的中央公积金，中央公积金为每个被保障人（雇员）设立个人账户，提供养老、医疗、住房和家庭意外事件保障。公积金利率由政府决定。55岁以前个人账户分为三个部分：普通账户，约占全部基金的75%；保健储蓄账户，约占全部基金的15%，是自愿为大病建立的医疗救助附加基金，可以支付公立和私立医院的费用；特别账户，约占全部基金的10%；如图6-5所示。55岁以后变为退休账户（提取全部基金时，依法留存一笔数额作为养老金，可以购买中央公积金局批准的保障公司的养老金项目）和保健储蓄账户。55岁以下的被保障人可以动用普通账户的存款进行中央公积金局指定的投资。

新加坡中央公积金局是一个具有本国特色的社会保障管理机构，它是在政府劳工部一般监督下的半官方机构，实行董事会领导下的总经理负责制。董事会主席和总经理由

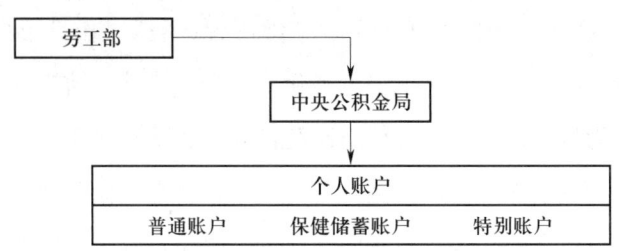

图 6-5 新加坡社会保障管理体制

劳工部任命,任期 3 年;董事会由主席、总经理和其他 13 名成员组成(政府官员 2 人、雇主代表、雇员代表各 2 人,专家 7 人);董事会有决策权,下设财经委员会和规划决策委员会。中央公积金局内设 6 个部门,即会员服务部、人事部、计算机部、雇主服务部、行政部、内部审计部,全局共 700 名工作人员。中央公积金局内部制定有严格的操作规章,年行政费用控制在当年保险费总额的 0.5%。中央公积金局对外具有权威性和强制执行权,对拖欠缴费的雇主规定了严格的处罚办法,从罚金到停止营业,直至移交法院判处有期徒刑,滞纳金高达每日 1.5%。

新加坡对中央公积金实行集中管理体制,公积金集中于中央公积金局统一管理。中央公积金局将归集的资金除用于支付公积金费用开支和利息外,其结存款项的大部分用于购买政府债券、投资公共住宅、股票以及基础设施建设,还通过国外投资使其保值增值。中央公积金的具体投资运营是由新加坡货币管理局和新加坡政府投资管理公司负责。新加坡政府注重投资安全,并以实际持有的资产储备作担保。这就保证了中央公积金存款的良好信誉,其稳妥程度超过新加坡的私人银行,成为独立稳定而信誉高的储金。

新加坡社会保障管理体制的特点是:(1)采用政府集权与现代公司结构相结合的手段介入社会保障事务,承担全面管理职责;(2)社会保障立法内容全面,执法司法制度健全和严明;(3)社会保障管理机构规范、高效、廉洁,深得国民的信任;(4)公共社会保障的行政管理与基金运营尚未分离。

### (七)土耳其社会保障管理体制

土耳其社会保险主要由《社会保险法》《失业保险法》和《劳动法》加以规范。土耳其于 1949 年开始建立养老保险制度,1957 年建立了残疾和遗属保险制度,1983 年建立了农业工人社会保险制度,1999 年开始对以上社会保险制度进行调整,根据不同职业的人群设计了三项相对独立且全国统一的社会保险计划:(1)职工保险计划(SSK),覆盖在正规部门就业并签有劳动合同的职工,这一计划包含养老(残疾和遗属)、医疗、生育、工伤和失业五类保险项目;(2)公务员保险计划(ES),包含养老(残疾和遗属)与医疗保险项目;(3)自我雇佣者保险计划(BK),覆盖农民、自我雇佣者、商人和工匠,这一计划包含养老(残疾、遗属)和医疗保险项目。

土耳其劳动与社会保障部负责社会保障相关政策制定并执行统一监管,内部结构如图 6-6 所示,下设社会保障机构(Sosyal GüvenlikKurumu,SGK)经办养老、医疗和失业保险等具体事务,包括征收社会保障缴款、管理现金福利、与医疗保健机构签订医疗服务合同等。为建立一个向所有人提供统一规范和标准的社会保障服务,土耳其社会保障制度经历了大规模改革,从赋予不同职业群体不同权利的制度向统一标准规范的制度转变。2008 年第 5510 号《社会保险和一般健康保险法》施行后,将职工保险计划、公务员保险计划和自我雇佣者保险计划合并,以解决社会保障制度赤字日益加大、各机构执行力度不一致等突出问题。此外,就业局负责协助保护、发展和传播就业以及预防失业活动,并开展失业保险服务。各省设立了省级就业委员会,以发挥其积极作用。

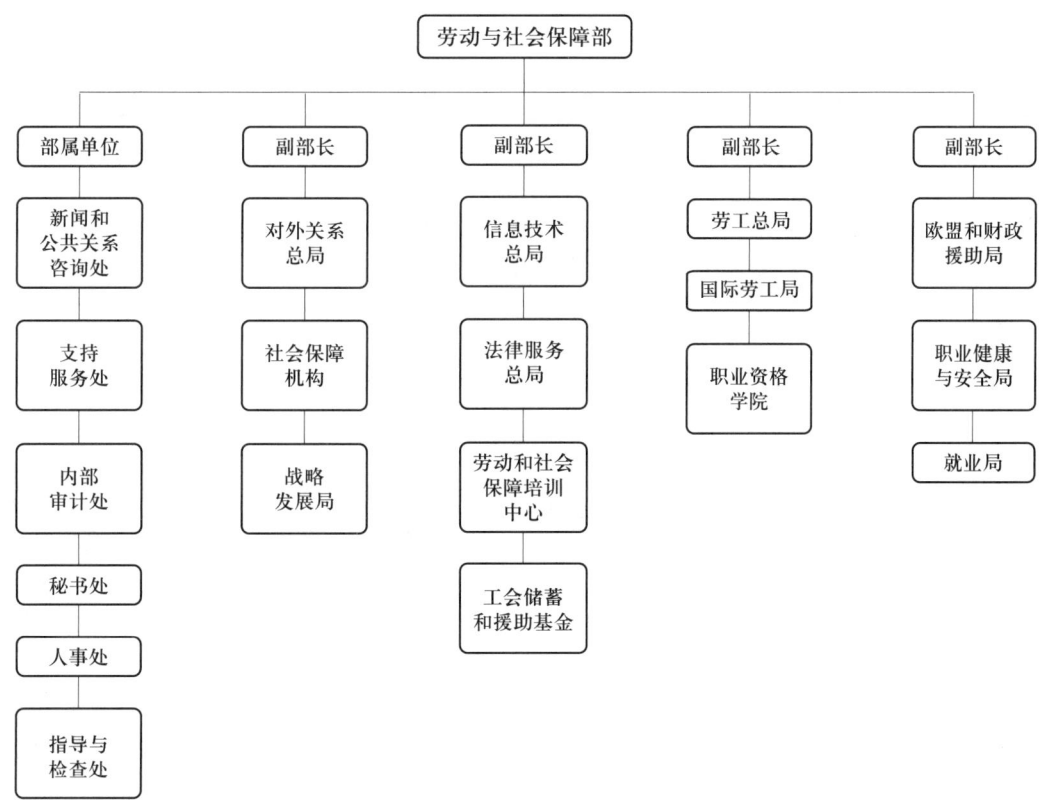

图 6-6 土耳其劳动与社会保障部内部结构

## (八)印度社会保障管理体制

印度于 1952 年颁布《社会保险法》,建立了缴费型预先积累式社会保险计划。于

1999年颁布新的《社会保险法》，分别健全了公务员、职工和自我雇佣者的社会保险计划。2004年印度建立并推行了具有制度包容性的全国养老金计划（The National Pension Scheme，NPS），并以NPS为主干，在其基础上相继拓展出针对非公务员群体（NPS-Lite）和贫困人群（NPS-Swavalamban）的子计划，就此形成了覆盖全体印度国民的一揽子计划。印度各项养老金制度主要由中央政府和各邦政府制定，由劳动与就业部负责执行一般劳动法和与工人社会保障相关的立法，并由公共部门全权负责运营管理。印度职工社会保险体系主要包括：雇员公积金计划（EPF）、雇员储蓄保险计划（EDLI）、雇员养老金计划（EPS）和雇员国家保险计划（ESI）。前三项计划主要由劳动与就业部下属的雇员公积金组织（EPFO）负责，通过由政府、雇主和雇员三方代表组成的雇员公积金中央董事会开展上述计划的运营、管理和监督，旨在扩大全民覆盖范围，并确保通过先进的技术向利益相关者提供无缝和不间断的服务。雇员国家保险计划（ESI）由劳动与就业部下属的雇员国家保险公司（ESIC）负责，通过区域和地方办事处收取缴款并管理该计划，旨在向被保险人及其家属提供全面的医疗护理，包括医疗护理、治疗、药物和注射、专家咨询和住院治疗。根据基金的投资营运规定，大部分资金只能用于存银行和购买国家债券。劳动与就业部管理和监督一揽子社会保险计划，财政部参与政策制定和监督资金运营，在经办管理机构方面，除了EPFO和ESIC，印度还逐步设立了一些相关的中介组织，进行专业化分工，各司其职、互相配合。

# 第三节　国外社会保障管理体制改革

### 一、国外社会保障管理体制改革现状

世界各国社会保障管理体制改革十分重视统一管理和分散管理的问题。由于管理方式的选择受制于各国社会管理体制和其他多种因素，而管理方式也对经济和社会保障事业产生重要影响，因此各国对管理体制改革一般都非常谨慎。由于社会保障事业的特殊性，改革与发展的总趋势是社会保障的政策要高度集中，而业务管理则趋向分散以接近群众，即社会保障政策的制定要统一集中于一个部门，负责全面规划、协调各方面的利益；而业务管理机构和服务设施要靠近群众、深入基层，以便同受保障者保持经常联系，及时了解情况和问题，为其提供高质量和便捷的服务。

各国根据其自身政治、经济、文化等特点，建立了不同的社会保障管理模式。按

照管理的集中程度分类,可以分为集中管理模式、分散管理模式以及集散结合的管理模式。集中管理模式以英国为代表,是把社会保险各个项目(养老保险、医疗保险、失业保险、工伤保险等),以及其他的社会保障项目全部放在一个管理体系里统一管理,并成立统一的社会保障管理机构,此机构同样负责社会保障基金的运营和监督。分散管理模式以德国为代表,是针对不同的社会保障项目,分别成立不同的政府部门进行管理,每一个项目有其独立的经办机构、资金运营机构以及监督机构。集散结合管理模式以美国和日本为代表,将社会保障项目中有较多共同点的项目集中在一起,由一个统一的机构管理,而把剩下的社会保障项目交由不同的政府部门分散管理。

上述三种管理模式没有优劣之分,每一种都有其优越性和局限性。英、德、美、日这四个国家也是根据自己的国情,选择适合自己国家社会保障发展的管理模式。具体来说,集中管理模式有利于社会保障政策的统一制定和实施,可以有效避免多部门管理带来的政令不统一以及矛盾利益冲突等问题。但集中管理模式往往以国家行政管理为主,容易受到较多的行政干预,而且社会保障中的有些项目,如失业保险、工伤保险等,如果统一管理,往往难以协调配合。分散管理模式中各级政府以及社会保障各部门具有很大的独立性,政府一般只对社会保障事业进行监督,具体的事务交给社会保障经办机构管理。但这种管理模式,因机构庞杂和相互独立导致工作重复,给参保人和机构管理增添了许多难题。集散结合的管理模式可以说综合了集中管理模式和分散管理模式的优缺点,它对某些共性较大的项目集中管理,体现了社会保障一体化的要求,同时又能对某些差别较大的个别项目单独管理,体现了统一规划和分散管理相结合的特点。

## 二、国外社会保障管理制度发展趋势

从国外社会保障管理制度改革发展态势看,大概呈现出三大趋势。

第一,社会保障管理的总体格局,有从分类分项管理向相对集中统一管理方向发展的态势。集中统一,可以是指社会保障政策制定的统一,也可以是根据不同的社会保障项目,选择其中的某一项由国家统一管理。相对集中的统一管理具备许多优势:(1)有利于社会保障的组织实施,避免政出多门;(2)有利于社会保障体系的内部协调以及社会保障基金的调剂使用;(3)有利于降低社会保障的管理成本,提高管理效率。因此,管理机构的相对集中逐渐成为各国社会保障管理模式的一大发展趋势。

第二,社会保障基金的管理,有从单一政府管理向市场化管理发展的趋势。为了满足国民对社会保障日益扩大的资金需求,减轻政府的财政负担,实现社会保障多元化发展,社会保障基金的运作必须提高其安全性和有效性。在当今社会保障财源供给已成为社会保障发展的"瓶颈"之际,如何提高基金效率,促进其保值增值,早已成为各国共同的紧迫课题。从长远发展来看,社会保障基金必须走多元化组合、优化投资的道路。同时在基金市场化的管理中,各国都相当重视基金增值战略的制定以及充实民主决策、社会监督的机制,并且强调发挥专业性基金公司的作用。应该指出,尽管这种发展趋势明显,但是总体管理宗旨并没有改变,仍然是安全有效,只是更加提倡向效率倾斜。

第三,社会保障管理机构的设置,有从机构臃肿、效率低下向精简、高效、充满活力方向发展的趋势。管理机构如果多而庞杂,不仅会产生巨大的管理成本,而且容易导致机构间权责不分明、越权办事等不良后果,反而不利于社会保障事业的发展。适当精简管理机构,调整管理机构设置,逐步建立权责明晰的管理机构是社会保障管理模式的发展趋势之一。目前,许多国家在对社会保障管理机构进行改革,以保证其精简、高效。其采取的措施有:(1)推行政事分开、政策分开、政监分工的改革方针,减少职责不清的政府行为;(2)使管理机构更加相对集中,避免机构重叠、层次不明;(3)改变国家全面责任的观念,充分利用社会和民间的资源;(4)促进资金管理市场化运行,把资金增值重任委托于政府的独立部门;(5)全面推行信息化管理,提高管理效率和服务质量。应该看到,社会保障的管理体制并不是一成不变的,它随着国家的政治经济条件和其他社会因素的变化而不断地调整和完善。这种调整和完善的原则是使社会保障机构的设置有利于提高工作效率,节省管理费用的支出,提高服务质量,更好地发挥社会保障互助共济和社会调剂的职能,真正实现社会保障的社会化。

## 第四节　中国社会保障管理制度改革及国外经验启示

### 一、中国社会保障管理体制的现状与问题

#### (一)中国社会保障管理体制的现状

在中国,法律规定了参保人的缴费义务,在管理体制上不同于基本由政府财政支持的社会福利和社会救助。社会保障管理体制从工会管理(1951年至1969年)、企业自管(1967年至20世纪80年代末)发展到多部门管理(20世纪80年代末至今)。

党的十八大以来,中国特色社会主义进入新时代。十八大报告提出的深化行政体制

改革，稳步推进大部门制改革；健全社会保障经办管理体制，建立更加便民快捷的服务体系，明确了社会保障管理体制改革思路。2018年，党的十九届三中全会审议通过的《深化党和国家机构改革方案》对社会保障管理体制进行重大调整，形成了由人力资源社会保障部、民政部和国家医疗保障局为主要业务主管部门的社会保障管理体制，见表6-4。一是将基本医疗保险与生育保险合并，成立国家医疗保障局，负责医疗保险、生育保险、新农合和医疗救助等工作；二是整合原分属人力资源社会保障部和民政部的军官转业安置与退役军人优抚安置的相关职能，及中央军委相关部门的职能，组建退役军人事务部，推进军人军属合法权益保障工作；三是将各项社会保险费交由税务部门统一征收，结束了社会保险费20多年的分散征收体制；四是全国社会保障基金理事会的隶属关系由国务院调整为财政部；五是社会福利管理的内容从补缺型向适度普惠型转变，设置养老服务司、儿童福利司、慈善事业促进和社会工作司，使得"一老一小"的福利制度有了专门的主管部门，促进慈善事业与救助体系的发展。

表6-4 中国社会保障行政管理部门（2018年）

| 行政管理部门类型 | 部门名称 | 主管业务 | 相关背景 |
| --- | --- | --- | --- |
| 综合职能部门 | 国家发展改革委 | 国务院宏观管理部门，内设社会发展司，负责提出并实施社会发展战略；内设就业收入分配和消费司，负责完善社会保障与经济协调发展战略 | 2003年国务院机构改革，由国家发展计划委员会和国务院经济体制改革办公室合并改组而来 |
| | 财政部 | 国务院财政宏观管理部门，内设社会保障司，负责管理中央社会保障支出，拟定社会保障财政管理制度，组织社会保障财政监督 | 1993年国务院机构改革中，财政部就设置有社会保障司 |
| | 审计署 | 国务院审计机关，内设社会保障审计司，负责对社会保障财务收支进行审计 | |
| | 司法部 | 主管全国司法行政工作的国务院组成部门。内设立法三局，具体承担国家社会建设（包括社会保障）方面的立法工作 | 根据2018年国务院机构改革方案，重新组建司法部，不再保留国务院法制办 |
| | 国家税务总局 | 国务院主管税收工作的直属机构，内设社会保险费司（非税收入司），负责社会保险费征收工作 | 2018年前，部分地区由税务部门征收社会保险费，2018年国务院机构改革，统一由税务部门征收社会保险费 |

续表

| 行政管理部门类型 | 部门名称 | 主管业务 | 相关背景 |
| --- | --- | --- | --- |
| 业务部门 | 人力资源社会保障部 | 主管养老保险部分业务以及失业保险、工伤保险业务，养老、失业、工伤等社会保险基金及补充保险基金的管理和监督 | 2008年由人事部、劳动和社会保障部合并而来，2018年医疗保险职能划归到国家医疗保障局，社会保险费征收职能划归到国家税务总局 |
| | 民政部 | 主管社会救助体系中的低保、特困人员救助、临时救助、流浪乞讨人员救助；主管养老服务、儿童福利、残疾人福利；促进慈善事业发展。内设社会救助司、养老服务司、儿童福利司、慈善事业促进和社会工作司、社会事务司 | |
| | 教育部、住房城乡建设部、应急管理部、人力资源社会保障部 | 负责教育救助、住房救助和保障性住房工作、灾害救助、就业救助 | 伴随着社会救助体系内容的不断丰富，社会救助的主管部门也相应增加 |
| | 国家医疗保障局 | 统一管理医疗保障、生育保险和长期护理保险 | 2018年国务院机构改革将相关部门医疗保障管理职责整合后成立的国务院直属机构 |
| | 退役军人事务部 | 负责退役军人医疗保障、社会保险、优抚等待遇保障工作 | |
| | 全国社会保障基金理事会 | 管理运营全国社会保障基金 | 根据2018年国务院机构改革方案，由国务院管理调整为财政部管理，不明确行政级别 |

同时，进入新时代以来，《关于贯彻实施社会保险服务总则和社会保障服务中心设施设备要求国家标准的通知》《关于深入推进12333发展促进人力资源社会保障公共服务便民化的意见》《关于开展窗口单位改进作风专项行动的通知》《医疗保障标准化工作指导意见》《关于加强农村留守妇女关爱服务工作的意见》等一系列文件的印发，反映出社会保障管理更加注重服务质量。总体而言，这一阶段的社会保障管理体制改革，一方面，将涉及多部门协作与职能交叉的医疗保障业务独立，由国家医疗保障局统筹管理，以国务院直属机构形式解决了原有体制中的多头管理、分头决策与运行机制中的梗阻问题；另一方面，统一社会保险征收管理体制，调整社会保险基金管理部门的隶属关

系，切实提高了社会保障基金的征管与运行效率。此外，关注军人、儿童的特殊性需要，强调慈善社工力量的健康发展和人民群众社会服务需求的满足，提升社会保障政策执行效能，促进社会保障成果共享。

目前，中国社会保障管理体制在中央一级是以政府行政管理为主要的组织系统。人力资源社会保障部的养老、医疗、失业等各业务司制定方案、制度、政策，审核、批复省市上报的有关方案和请示。人力资源社会保障部是国务院组成部门，为正部级，加强了社会保障工作的集中统一领导。养老保险司，负责拟订机关企事业单位基本养老保险、企业（职业）年金、个人储蓄性养老保险政策和标准，拟订养老保险全国统筹和基金管理办法，完善基金预测预警制度，审核省级基本养老保险费率。失业保险司，负责拟订失业保险政策、标准和基金管理办法，建立失业监测和预警制度，拟订预防、调节、控制较大规模和经济结构调整中涉及职工安置权益保障的政策。工伤保险司，负责拟订工伤保险政策、规划和标准并组织实施，完善工伤预防、认定和康复政策，组织拟订工伤与职业病致残等级鉴定标准。社会保险基金监管局，负责拟订基本养老、失业、工伤等社会保险及企业（职业）年金、个人储蓄性养老保险基金监管制度和养老保险基金运营政策，依法监督基金的收支、管理和投资运营，组织查处重大案件，参与拟订相关社会保障基金投资政策。法规司，组织起草相关法律法规草案和规章，承担规范性文件的合法性审查工作，承担行政复议、行政应诉等工作。规划财务司，负责拟订人力资源和社会保障事业发展规划和年度计划，编制相关社会保险基金预决算草案，参与拟订相关社会保障资金（基金）财务管理制度，承担统计、信息规划、国有资产管理、内部审计、有关国际援贷款项目等工作。农村社会保险司，负责拟订城乡居民基本养老保险和被征地农民社会保障的政策、规划、标准，拟订征地方案中有关被征地农民社会保障措施的审核办法并组织实施。

### （二）中国社会保障管理体制存在的问题

中国社会保障管理体制的改革顺应了现代化的国家管理方式，是国家力量和行政系统力量不断强化的结果。党的十八届三中全会提出"加快健全社会保障管理体制和经办服务体系"。党的十九大报告要求"建立全国统一的社会保险公共服务平台"，党的十九届四中全会进一步明确"构建从中央到地方权责清晰、运行顺畅、充满活力的工作体系……创新公共服务提供方式"，十九届五中全会提出"健全基本公共服务体系"等。中国共产党在历次会议中，从体制完善、体系优化、服务方式等方面为完善社会保障管理体制指明方向。目前社会保障管理体制仍然存在以下问题,亟须针对这些问题,探讨进一步改革完善社会保障管理体制的思路与对策。

(1) 社会保障管理缺乏法律的权威性以及管理方式上的规范性和统一性。社会保障制度遵循立法先行的原则,立法缺失或立法质量不高严重制约行政管理部门执法能力的发挥和社会公众的接受度。当前中国在社会保障领域已有《中华人民共和国社会保险法》《中华人民共和国军人保险法》《中华人民共和国残疾人保障法》等几部基本法律,在社会保险、社会优抚、社会促进方面形成基本立法框架,中国特色社会主义社会保障法律体系已初具雏形,但社会保险立法明显滞后于发展实践,即使在有基本立法的领域,立法仍然是框架式和粗线条式的,可操作性有待加强。整个社会保障制度仍处于主要依靠政策性文件加以实施的阶段,大量的社会保障事务规定在部门规章和地方规章之中,城乡居民虽被赋权但仍缺乏稳定、清晰的预期。

(2) 社会保障管理体制改革以优化横向分工为主,缺乏纵向分工安排。2008年成立的人力资源社会保障部,将社会保障业务管理逐渐集中于一个行政部门,横向间的扩展与整合日益明确。中国的社会保障制度是国家层级的统一制度安排,但因奉行属地管理原则,国家层级往往缺乏具体的统一政策规制,使得纵向上不同层级政府的养老保险管理权责模糊,造成了各地政策不统一,在一定程度上损害了社会保障制度的统一性、公平性与严肃性。

(3) 社会保障管办分离未取得实质性突破,社会保障社会化服务管理有待加强。管办分离是社会保险管理体制的基本原则,管理机构主要负责政策的制定,经办机构则负责具体的经办服务,并接受管理机构的行政监督,从而实现服务的专业化和权利的相互制约。社会保障服务涉及面广、经办环节多、专业性强,一般会借社会力量来办理相关业务,由于当前中国经办机构的性质和定位不明确,全国一半以上的经办机构都是参公管理,几乎所有经办机构的经费都是全额财政拨款,导致其运行方式仍是行政推动型。在社会保障社会化服务方面,缺乏长效的公私合作机制。

(4) 社会保障信息系统互联互通不足,制约社会保障信息化建设。由于地级市社保部门在进行信息系统建设时,大多采用了各地自行筹资、自行规划、自行建设的模式,信息平台呈现分散化,信息系统标准未形成统一标准,导致各地系统之间的兼容性弱。此外,由于社会保障经办机构多数是分险种设置,各险种间的分立与分割,信息冗余与信息孤岛现象并存,导致不同社会保障(社会保险)计划之间信息共享的、一站式的、城乡整合的、便于携带的服务系统尚未建立。

## 二、国际经验对完善中国社会保障管理体制的启示

研究总结世界各国社会保障管理体制的经验教训及发展规律,探讨完善中国社会保障管理体制的途径,应当从加强立法和改变管理体制入手,依法实施由政府主导与市场竞争相结合的社会化管理模式,利用信息化技术打造统一信息化管理平台,进而实现健全管理制度、改进管理方法、建设高素质管理人员队伍的目标,建设适合中国国情的职责分明、高效运行、相互协调的管理体制。

**1. 完善相关法律制度体系**

深化社会保障管理体制改革,应有法律保障。如德国奉行立法先行、以法定制、依法实施原则,立法机关制定社会保障法律并赋权明责,为社会保障制度的确立与实施提供明确的法律依据;行政系统肩负推动立法、完善相关政策及监督制度运行的职责,确保社会保障法律得到贯彻落实。美国突出社会保障法律作为国家治理的工具化作用,颁布了世界上第一部综合性的社会保障法律《社会保障法》,此后制定了一系列涵盖养老、医疗、失业、工伤、退役军人、生活救助、住房等保障项目的法律法规,构成较为完备的社会保障法律体系。

对于中国而言,社会保障管理体制改革的核心在于转变政府职能,既要求行政主管部门从具体经办等比较微观的职能转变到宏观调控、战略规划、监管等较为宏观的职能,又意味着要对相关部门原有职能进行重新整合。有了立法保障,才有可能建立统一高效的社会保障管理体系。鉴于中国社会保障管理制度建设的立法层面尚处于发展阶段,对其立法完善与改进方面的研究需要借鉴国际先进经验和有益做法,以此健全社会保障管理制度的法律规范体系。首先,中国应加快社会管理体制一体化立法,科学具体地界定政府的社会保障职能,将政府社会保障职能法定化,为政府职能转变提供法治保障。其次,必须将社会保障行政机关、社会保障经办机构的设置及其职责权限进一步法定化。最后,应以法律形式对社会保障基金的筹集和管理、公民享受社会保障的权益、社会组织与公民个人参与社会保障管理的机制、侵害公民社会保障权利行为的处置等作出具体规定。

> **栏 6-1** 《人力资源和社会保障法治建设实施方案(2021—2025 年)》:健全人力资源和社会保障法律制度体系,推进治理规范化程序化法治化
>
> (一)加强重要领域立法。坚持稳中求进工作总基调,根据人力资源和社会保障事业发展需要,及时向全国人大常委会、国务院提出立法项目建议,配合立法机关

> 做好相关立法项目起草工作。制定人力资源和社会保障法律、行政法规的配套规章；对实践证明已经比较成熟的经验和行之有效的举措，尽快制定规章；修改和废止不适应改革和经济社会发展需要的规章。
>
> （二）完善立法工作机制。聚焦实践问题，提高立法精细化精准化水平。完善立法论证评估制度，加大立法前评估力度，认真论证评估立法项目的必要性、可行性。建立健全立法风险防范机制，将风险评估贯穿立法全过程，提出立法建议、立法拟规定的主要政策和制度，都应当进行风险评估。积极运用新媒体新技术拓宽立法公众参与渠道，完善立法听证、民意调查机制，引导社会各方面广泛参与立法。
>
> （三）加强行政规范性文件管理和监督。依法制定行政规范性文件，严禁越权发文、严控发文数量、严格制发程序。建立健全行政规范性文件制定协调机制，防止政出多门、政策效应相互抵消。落实行政规范性文件动态清理工作机制。全面落实行政规范性文件合法性审核机制，明确审核范围，统一审核标准。严格落实行政规范性文件备案审查制度。
>
> 资料来源：人力资源社会保障部，2021年12月6日。

**2. 健全统筹有力、权责明确的社会保障管理体制**

社会保障作为一项具有综合效能的社会制度，需要宏观管理部门的高度重视，并将其纳入经济社会总体发展格局中予以准确定位和综合推进。中国的综合职能部门，包括国家发展改革委、财政部、司法部、审计署、国家税务总局都不同程度地涉及社会保障管理事务。这不仅体现中国政府对社会保障事务的高度重视，也意味着社会保障管理中跨部门协调的难度增加。伴随中国行政机构改革，组建了国家医疗保障局、退役军人事务部，横向行政管理权的配置已经明确，使得涉及社会保障的职能部门和业务部门数量继续增多，在"简政放权、优化政府结构"的宏观背景下，如何处理好各社会保障管理部门、业务部门之间的关系，仍亟待解决。

一方面，仍需加大统筹发展力度。实现社会保障各相关主体与不同项目之间的分工与协作，建设社会保障资源筹集与使用管理的科学机制，实现政府、市场、社会等多元主体的相互补充、协同参与。提升基本养老保险和基本医疗保险制度的统筹层次，实现城乡、区域之间社会保障的协同发展。另一方面，确保权责明确。国家在顶层设计中要出台相关政策与要求，甚至从立法层面明确各部门的"职、责、权、利"，以加强社会保障各行政管理部门之间政策与制度的有效衔接。由于各社会保障项目的业务管理涉及多个环节，各管理部门与不同业务部门的人权、事权、财权等隶属不同，存在交叉，如医疗保障局与税务部门、卫生健康部门、药品监督部门在基金征缴、医疗卫生服务及监督等方面存在交集，需进一步出台相关制度细则及业务流程等加以明确。此外，在具体的操作过程中，应充分考虑到新组建部门运行机制从旧机制的过渡及其人员、事务的磨合问题。

> **栏 6-2　胡晓义：论我国社会保障制度改革的系统集成、协同高效**
>
> 社会保障系统由多个单项社保制度组合而成，各项社保制度首先要实现内部结构稳定、均衡，实现自洽，才能作为合格的"基础构件"参与大系统的集成。组成社会保障系统的各项制度相互作用、相互依赖，维护它们之间的顺畅连接、促进其有机融合，是系统稳定运行并有效发挥特定功能的必要条件。党的十八大以来，在各项社保制度自身不断发展完善的基础上，制度之间的整合、统筹、协调力度明显加大，从而提升了社保体系的整体效能。
>
> 制度整合的范例有：改革机关事业单位基本养老保险制度，与企业制度并轨；先后统一了城乡居民基本医保和城乡居民基本养老保险制度；合并实施生育保险与职工医保。这些整合更好地彰显了社保体系的公平性，提高了运行效率。
>
> 政策衔接的范例有：养老保险实现跨地区、跨制度的关系转续；基本医保也从异地就医住院费用直接结算逐步扩展到门诊费用直接结算，数千万人次受益。
>
> 战略支持的范例有：养老、医疗、失业保险等制度精准扶助农村贫困人群，有力支持了脱贫攻坚目标的实现。
>
> 面向未来，社保制度间的连接、充实的课题仍有不少，如介于养老和工伤保险之间的非因工伤残待遇的制度化，介于养老和医疗保险之间的老年人长期照护的社会保险需求，职工与居民基本养老保险进一步整合为国民年金制度的可能性也在上升。这些都需要预做研究，审时度势地推进。
>
> 资料来源：《中国社会保障》，2023年第2期。

**3. 健全社会保障社会化管理**

基于"政事分开、管办分离"的原则，社会保障行政主管部门负责制度和政策制定、宏观调控和督促检查，不承担社会保障具体经办事务和基金运营管理。社会保障具体经办事务和基金运营管理由专门的经办机构承担。通过理顺和规范管办关系、监督机制，可使有关部门和机构职责分明，各司其职。在健全社会保障社会化管理方面要做好三项工作。

首先，完善社会保障社会化服务管理顶层设计。社会保障行政管理机构和公共经办机构管理体制不完善，是服务提供社会化程度低的根源。从国际经验看，成立真正相对独立于行政管理部门的公共服务提供机构，引入私人部门绩效管理机制是关键。只有中央政府合理的顶层设计，才能改变我国社会保障服务领域省级以下政府部门及经办机构主导的格局。

其次，提高社会保障公共经办机构社会化服务管理业务能力。从国际经验看，公共经办机构作为社会化服务主导者和具体组织者，需要从以下几个方面提升自身的能力：一是基于社会需求和服务供给主体的优劣势，判断社会化服务具体转移给市场、社会组织还是由公共经办机构自身提供；二是明确社会保障服务提供最终责任者是政府，公共经办机构需要承担公私合作的方式、程序、监管等内容的规划和设计，组织外部咨询与质询活动；三是明确政府主导必须尊重市场机制，公私合作时需要比较成本和收益，既要强化资金管理，又要给予营利性主体合理利润和非营利性主体必要的补贴，建立公私合作长效机制。

最后，强化风险管理和利益相关者质询和监督。从国际经验看，社会保障部门一般是最大或第二大政府服务购买主体，具体执行机构是整合后的类企业化管理经办机构或中央与省（州）经办机构。从中国的实践看，社会保障经办机构按照《中华人民共和国政府采购法》和《国务院办公厅关于政府向社会力量购买服务的指导意见》，明确购买内容并以市场化方法选择承接主体，后续的风险管理和利益相关者咨询工作非常薄弱，需尽快成立社会保障社会化服务的内部和外部专业监管组织，鼓励社会代表广泛参与并进行信息公开，建立完善绩效评估、信息公开、审计监督等制度，形成"社会保障社会参与"的治理结构和全过程主动风险管理机制。

---

**栏6-3　民申社——上海市社保中心经办服务品牌**

　　社会保障体系是人民生活的安全网和社会运行的稳定器。近年来，随着上海市社保经办模式不断完善升级，服务举措不断优化创新，上海市社保中心总结凝练工作举措、拓展升华服务特色，逐步形成了具有上海社保独特印记、展现上海社保担当作为的全新经办服务品牌"民申社"，以普惠精准的"民生力度"，锐意进取的"申城速度"，暖心共情的"社保温度"，守护社会和谐，共促城市发展。

　　品牌释义：

　　民生力度——将坚持"人民至上"的核心价值理念，秉持"与人民同心、与时代同行"的发展方向，持续升级智能便捷的经办模式，持续推出精准到位的服务举措，

> 破解服务民生过程中的难点堵点问题，不断满足人民群众日益增长的多元化社保服务需求。
>
> 申城速度——将深入推进"放管服"改革，依靠数字化应用，不断完善经办"硬环境"；依托机制性创新，持续提升服务"软实力"，以开放包容的服务内涵，坚守追求卓越的发展方向，厚植城市精神，与申城发展同向而行。
>
> 社保温度——将围绕"四位一体"立体化经办格局，全力打造"一网办理"的网上社保、"一手掌握"的掌上社保、"一步即达"的社区社保及"一门办结"的柜面社保，以场景应用驱动服务供给革新，不断拓展服务半径和外延，以透明的服务标准、多元的服务方式、创新的服务智慧传递可信赖、值托付、有温度的政务服务新形象。
>
> "民申社"是上海社保一直以来温暖而朴素的价值追求，也是新时代下的一份庄严承诺。
>
> 资料来源：上海市人力资源和社会保障局，2023年10月。

### 4. 完善社会保障信息化管理

伴随着信息社会的来临，电子政务和信息化经办已经成为一种普遍趋势和潮流，成为国家管理社会经济事务不可或缺的技术手段。根据国际上社会保障信息化管理的经验，以社会保障卡为载体的美国社保信息化管理体制，利用新技术改变传统服务方式的法国医疗保险信息化管理体制，无不反映出信息化建设是社会保障管理服务能力提升的关键环节。中国非常重视社会保障信息化建设，多次在国家的发展战略规划中提及。2023年人力资源社会保障部提出《数字人社建设行动实施方案》，构建一体化、数字化、智能化人社工作新形态，发展数字政务、赋能数字经济、助力数字社会，以数字人社助力中国式现代化。随着社会的发展和人员的流动，跨区域业务办理需求不断增加，面对如此规模庞大而且持续增长的资金量和信息量，要求中国社会保障信息化平台建设必须与时俱进，适应社会保障事业快速发展的需要。

首先，信息系统建设由地方分散建设改为国家统一建设。各级相关部门建立自上而下统一的数据库与结算平台，并向乡镇、社区延伸，打破地区分割和重复建设，承担数据交换、资源共享、信息公开等功能，构成全国社会保险信息化服务网络。其次，打破信息孤岛，建立统一的公共服务信息平台，实现社保、民政及其他各公共管理部门之间的数据共享与信息交流，提高管理效率与运行效能。最后，以"参保人为中心"，开展信息化便民服务创新提升行动和公共服务适老化改造，解决老年人特殊群体面临的运用智能技术困难的"数字鸿沟"问题，为各类参保人提供更加便捷、多元的服务。

---

**栏 6-4　人力资源和社会保障部《数字人社建设行动实施方案》**

数字人社建设行动按照"1532"的整体框架进行布局。"1"即1个总体目标，深化一体化、发展数字化、迈向智能化，提升人社领域治理体系和治理能力现代化水平；"5"即着力打造一体化办理、精准化服务、智能化监管、科学化决策、生态化发展5类对内对外应用场景，引领各类业务工作；"3"即持续完善人社一体化信息平台、人社大数据平台、公共基础设施3项能力底座，夯实发展基础；"2"即建立健全政策标准、安全保障2个工作支柱，提供有力有效支撑（见栏图6-1）。

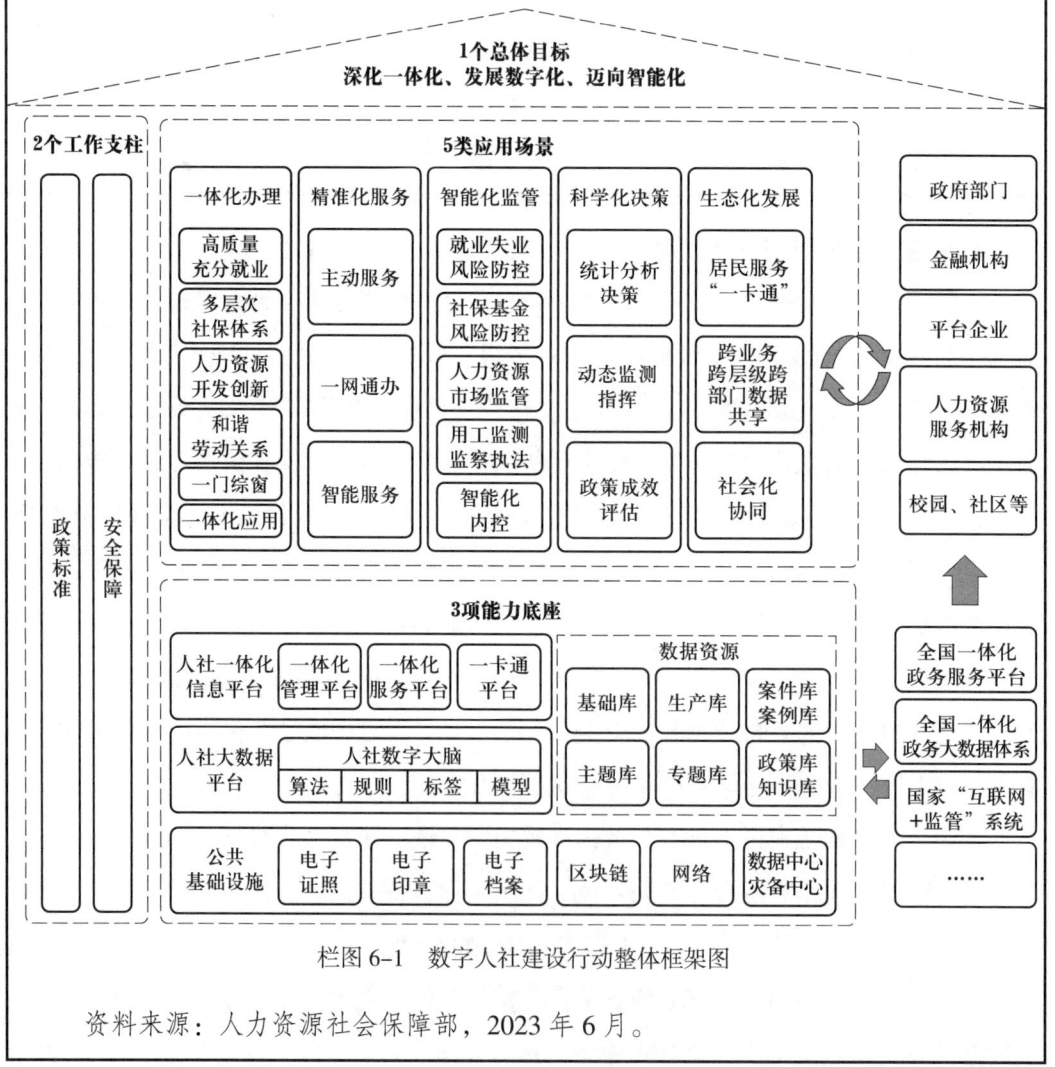

栏图 6-1　数字人社建设行动整体框架图

资料来源：人力资源社会保障部，2023年6月。

> 案例分析

## 贵州：推动社会保险经办服务"跨省通办"

近期，贵州省人力资源社会保障厅与广东省、上海市、浙江省、江苏省人力资源社会保障厅（局）分别签订了社保合作框架协议，推动灵活就业人员参保登记、个人社保参保证明查询打印、领取养老金人员待遇资格认证等24个社会保险事项"跨省通办"，探索"社保经办服务通、共享数据通、基金风控通"，进一步方便外出务工人员办理社保业务，全面提升了社保服务质量。

跨省通办服务更便捷。在双方的网上服务平台设立服务专区，相互提供高频事项跨省线上通办服务，共同开展社保网办服务的宣传推广。探索在指定社保经办机构实现社保业务线下通办，相互提供办事咨询指引，逐步推动低风险高频业务"跨省办理"。在现行国家政策框架内，优化企业职工基本养老保险关系跨省转移，共享相关社保信息，确保社会保险关系转移高效便捷。

规范和简化工伤保险异地就医备案工作。开展两省工伤医疗费用结算协作，协同加强预付金和结算资金管理，依托国家工伤异地就医结算信息系统开展工伤保险跨省异地就医直接结算。加强基本养老保险个人账户管理合作，针对"休眠账户"的关联人员，相互提供基础信息核查、权益告知等方面支持，互相配合做好两省参保人个人账户退费、转移等服务。

探索推进社保相关民生数据共享。相互提供本省政务数据中社保相关民生共享开放数据的比对协查服务，实现社保待遇精准发放。探索养老保险、工伤保险、失业保险参保和待遇领取数据的跨省共享和应用。

推进基金安全保障和风险防控协作。对涉及双方的跨省社保要情、多发错发待遇等情形，相互提供情况核实、文书送达、协助追回等支持，提高跨省社保要情办理和多发错发待遇追回工作效能。

下一步，贵州省人力资源社会保障厅将坚持以群众需求为导向，以社保基金安全为底线，继续加强与4省（市）在社会保险领域"跨省合作"，重点围绕减时间、减环节、减材料、减跑动"四减"要求落地，逐步实现双方社保服务互助互认、多地联办，牵引带动社保领域"跨省合作"高质量发展，全面提升贵州社会保障公共服务跨区域供给水平。

资料来源：贵州省人力资源社会保障厅，2023年9月。

讨论题：

社保经办服务是社会保障管理体系的"最后一公里"，聚焦人民群众反映的难点、堵点问题。2023年国家公布了《社会保险经办条例》，在简化流程便捷办理、补齐短板优化服务、维护社保基金安全等方面作出了新规定，各地相继开展了社会保障经办机构建设。阅读上述材料，分析中国式现代化进程中，如何推动地方社保经办事业高质量、可持续发展。

## 深度阅读

1. 鲁全. 中国社会保障管理体制研究［M］. 北京：人民出版社，2022.

该书对中国主要社会保障制度的管理体制变革进行历史回顾与特征总结，将府际关系的视角引入社会保障管理体制研究中，从横向部门间关系和纵向政府间关系出发，对我国社会保障管理体制改革中的若干重大问题进行了深入分析。

2. 孙永勇，郑秉文，等. 社会保障管理体制研究［M］. 北京：人民出版社，2020.

该书上篇涵盖了社会保障管理体制的主要领域，将理论论证与解决突出问题相结合，针对社会保障管理体制改革中的一系列重大问题，提出了独到的观点和解决办法。该书下篇集中讨论了社会保险项目管理中的主要问题，突出了不同项目管理之间的差异性，提出具有针对性和操作性的政策建议。

3. 郑功成. 中国养老金：制度变革、问题清单与高质量发展［J］. 社会保障评论，2020，4（1）：3-18.

中国养老保险制度经过30多年的深刻变革，成为惠及所有老年人的社会保障制度。目前中国养老保险制度亟待走出逻辑混乱的思维定式与传统的路径依赖，通过明确公平建制理念、加快制度统一步伐、调适筹资责任分担机制、赋予相关参数弹性空间、理性推动多层次化等举措来为参与主体各方提供清晰稳定的预期，实现制度定型和高质量发展。

4. 郑秉文，董克用，赵耀辉，等. 养老金改革的前景、挑战与对策［J］. 国际经济评论，2021（4）：24.

2021年5月13日，中国社会科学院世界经济与政治研究所《国际经济评论》编辑部、中国世界经济学会联合组织召开"养老金改革的前景、挑战与对策"研讨会。受到新冠肺炎疫情的不利影响，2020年中国首次出现了养老金收不抵支的情况，未来30年人口和赡养率的变化使养老金缺口问题成为人们关注热点。此外，养老金体制还存在转移接续和便携性、地区间社会保障财务不平衡等问题。

### 本章小结

　　社会保障管理体制是指国家专门机构依据国家的有关法律、法规和政策，对社会保障全过程进行领导、组织、监督以及具体实施等一系列相关活动的总称。社会保障管理具有政治性、社会性、经济性、规范性、层次性、服务性和系统性的特点。这种特点决定了社会保障管理必须坚持统一、效率原则，法治化原则，宏观管理与微观管理相结合原则，地方政府管理与基层社会管理相结合的原则，专职化管理与群众参与管理相结合的原则。

　　社会保障管理要以一定的管理机构为载体。这些管理机构对社会保障进行管理的内容可以概括性地分成四类：行政管理、信息管理、财务管理、监督管理。行政管理是指社会保障经办机构对各项社会保障缴费、数据管理、参保人资格审查与待遇发放等事务的操作，还有托管银行对社会保障现金流通的操作。信息管理是指以计算机、通信网络为主体的信息技术在社会保障管理领域中的应用，通过建立信息资源全方位、全包容的综合信息系统对社会保障进行统一集中的有效管理。财务管理是对社会保障管理机构的资金收支活动进行计划、决策、控制、考核及监督等内容的总称。监督管理是指政府对社会保障预算与执行情况、日常工作和基金运营的一般监督，查明社会保障资金是否可以平衡运行，是否依据社会保障法律法规和财务制度进行管理等。

　　中国社会保障管理体制存在的主要问题如下：（1）社会保障管理缺乏法律的权威性以及管理方式上的规范性和统一性；（2）社会保障管理体制改革以优化横向分工为主，缺乏纵向分工安排；（3）社会保障管办分离未取得实质性突破，社会保障社会化服务管理有待加强；（4）社会保障信息系统互联互通不足，制约社会保障信息化建设。总结世界各国社会保障管理体制的经验教训及发展规律，探讨完善中国社会保障管理体制的途径：（1）完善相关法律制度体系；（2）健全统筹有力、权责明确的社会保障管理体制；（3）健全社会保障社会化管理；（4）完善社会保障信息化管理。

### 重要概念

　　社会保障管理体制　社会保障财务管理　社会保障监督体系

> **思考题**

1. 社会保障管理应该坚持怎样的管理原则?
2. 全球社会保障管理实践和管理体制的发展规律是什么?
3. 社会保障管理体制国际比较对完善中国社会保障管理体制有哪些重要启示?

# 第七章
# 社会保障法制国际比较

## 第一节 社会保障立法体系的建立

### 一、社会保障立法体系建立标志

在社会保障制度形成和改革发展过程中,社会保障立法体系开始建立,主要标志体现为:1601年英国颁布《济贫法》;1883—1889年德国颁布《疾病社会保险法》《工伤事故保险法》《老年和残障社会保险法》;1935年美国颁布《社会保障法》和1952年国际劳工组织通过的《社会保障(最低标准)公约》(102号)。

#### (一)英国《济贫法》

1601年,英国颁布和实施的《济贫法》,是全球第一部关于政府举办福利项目和承担济贫责任的法律。一方面,它企图通过有限的转移支付和再分配手段,使贫民免受战争、流行病、饥饿和圈地运动的危害,满足贫民最低生活需要;另一方面,它可以减缓社会动荡的压力,满足统治者安定社会的需要。《济贫法》是英国统治者政治需求和下层贫民生活需求边际调整的妥协产物。

#### (二)德国《疾病社会保险法》等

1883—1889年,德国颁布和实施了《疾病社会保险法》《工伤事故保险法》和《老年和残障社会保险法》,这些法律是全球最早颁发的关于政府举办社会保险计划和承担雇员医疗保障责任的法律。此后,欧洲国家纷纷效仿。1898年,法国实施了工伤保险;1903年,俄国实施工伤保险;1908—1911年,英国颁布了《养老金法》和《国民保险法》;1891年,瑞典实施了医疗保险制度。社会保险法律制度在此时期形成。

### (三)美国《社会保障法》

1935年,美国颁布和实施的《社会保障法》,是全球第一部提出社会保障(social security)概念和社会化社会保障体系的法律。1930年,美国各大城市爆发了128万人参加的抗议失业大罢工。为了缓和社会矛盾,稳定资产阶级民主制度,罗斯福实施"新政",发展公共事业和福利制度,《社会保障法》的出台使各项保障项目逐渐建立。

### (四)国际劳工组织《社会保障(最低标准)公约》

1952年6月4日,国际劳工组织理事会在日内瓦举行第35届会议,讨论了关于建立社会保障最低标准的建议,于6月28日通过了《社会保障(最低标准)公约》。该公约确定了以下基本原则:(1)社会保障制度覆盖医疗补助、病假津贴、残疾津贴、失业津贴、老龄津贴、工伤津贴、生育津贴、遗属津贴、家庭津贴等内容;(2)社会保障制度覆盖群体及比例;(3)社会保障待遇定期支付原则及与工资的替代率;(4)非本国公民同等待遇;(5)政府的社会保障制度监督责任和制度。

## 二、多元社会保障立法体系建立过程

多元社会保障立法即指多支柱社会保障制度安排的法律化,是规范国家基本保障、企业补充保障和个人自我保障的法律规范的总和。多支柱社会保障立法包括整合国家基本保障、企业补充保障和个人自我保障制度安排的综合立法及其单项立法。

20世纪80年代末期,欧美国家为了摆脱福利危机,纷纷开始社会保障制度改革和修订社会保障法律。英国在1992年和1998年两次修订社会保障法,改变了国民社会保险缴费制度,取消失业津贴制度,建立了《求职者津贴制度》。20世纪80年代初,美国里根政府开始削减福利财政开支。法国、德国、意大利、荷兰、比利时、加拿大等国通过立法提高社会保险缴费率和降低福利支付水平。日本在1987年颁布新的《社会保障法》,2001年颁布《企业年金法》。澳大利亚在1991年颁布《雇主养老保险缴费保证法》。新一轮社会保障法的修订结果,构建了由国家基本保障、职业补充保障、雇主补充保障和个人自我保障等多支柱的社会保障体系,改变了单一国家保障的局面。很多国家在社会保障领域引入了预先积累、个人账户和私营经办机构。

21世纪初,OECD颁布了《OECD企业年金治理准则》(1999年制定,2004年修订)。欧盟成立了保险和职业养老金委员会,鼓励发展第二支柱养老金计划。

OECD国家鼓励私营机构介入的立法策略影响了发展中国家。1980年,智利颁布了

《养老金法》，以私营养老金制度替代了原现收现付的社会保险制度。该法强制雇员建立个人养老金（3500号法令）账户，并按照个人工资的10%在缴纳个税前缴费。国家依法建立若干专业的私营养老金基金管理公司，对个人养老金计划进行账户管理和投资运营。秘鲁等拉美国家纷纷仿效。此外，原来争议颇多的新加坡《中央公积金法》，在20世纪80年代以后，引起各个国家的关注，被国际劳工组织称为基金社会主义式的保障制度安排。

20世纪80年代以来的社会保障立法改革呈现出下列特点：（1）强调社会保障水平必须与国民经济发展相适应；（2）强调公平和效率相协调的立法原则；（3）发展国家、企业和个人共建的多支柱社会保障法律体系，发展企业年金立法；（4）加强立法与政府监督，鼓励私营机构介入以促进竞争性养老基金投资市场的形成；（5）规范基金由现收现付向完全积累或部分积累过渡的过程，保护受益人的合法权益，妥善处理代际利益分配与协调。

## 第二节 社会保障法基本理论的国际研究

### 一、社会保障法概述

#### （一）社会保障法的定义

社会保障法是调整社会保障主体之间权利与义务关系的法律规范的总称。

社会保障当事人包括保障提供人（social security provider）、缴费义务人（participant-contributor）、被保障人（participant-insured）和受益人（beneficiary）。如何界定社会保障主体之间的法律关系的特征，取决于社会保障模式的选择。

根据社会保障法或社会保险法的规定，雇主和雇员必须依法参加社会保险计划并履行缴费义务。社会保障受托人包括社会保障经办机构和具有社会保障服务相关功能的代理人。社会保障经办机构包括费用征收机构、账户管理机构和待遇支付机构，如法国联合社会保险征收系统和澳大利亚社会保障联合机构。具有社会保障服务相关功能的代理人包括托管资金的银行和基金投资的机构投资者。

总之，社会保障立法的主要对象即社会保障参保人的法律关系和社会保障制度安排，涉及各类社会主体，如政府部门、公共事业单位、私营机构、雇主和雇员；涉及工资、税务、储蓄、基金等各类经济事务，属于跨越公法与私法的综合性的社会法律。

### (二)社会保障法的内容

社会保障法的内容,即社会保障法律关系所涉及的事务,如健康保健、医疗补贴和服务、失业救助、养老金、工伤与职业病补助、生育补助、残疾补助、死亡安葬费及家庭津贴等。如今,OECD国家的社会保障立法已经覆盖上述全部内容;发展中国家的情况参差不齐,中国社会保障立法正在覆盖各项保障内容;不发达国家仅覆盖养老和医疗,或更少。

社会保障法的体系主要包括:社会保险法,涵盖了养老保险法、医疗保险法和工伤保险法等;社会救助法,是指国家为了保障社会成员基本生存需求而设定的救助层面法律规范的总称;社会福利法,是指国家为改善社会成员福利水平而设定的法律规范的总称;社会优抚法,是指国家对军人及其家属等特殊群体给予具有补偿和褒扬性质的优抚安置而形成的社会关系的法律规范总称。

## 二、社会保障法的基本原则

基于全球社会保障制度发展一百多年的历史经验,社会保障立法已经形成下列原则,并写进有关的国际公约和建议书中,这些原则极大地影响和促进了各国社会保障立法的进程。

### (一)权利保障

权利保障,即将获得保障视为公民权利和国家义务。联合国国际人权公约和国际劳工组织的公约和建议书,规定了成员国保障公民享有社会保障权利的义务。目前社会保障作为公民的一项权利已经被写进很多国家的宪法。社会保障是经济权利,也是社会权利。权利保障是社会保障的主要部分,是实现上述公约和国家宪法规定的国家义务的主要途径。

### (二)国家责任

国家责任,即国家提供基本保障的责任、监督管理补充保障计划的责任,以及鼓励发展个人储蓄的责任。欧洲学者将社会保障视为国家对人类风险的全面保护。传统的欧洲社会保障理论始终把提供社会保障作为国家的责任。

第二次世界大战以后,社会保障制度发展到了一个新的阶段,可称为福利国家阶段。在此期间,英国的《贝弗里奇报告》强化了国家对社会保障制度的干预主张,建立统一收费的、以雇员为主要对象的社会保障制度和免缴费的、以困难家庭为主要对象的国家救助制度。美国罗斯福执政时期的政府主张：（1）福利保障是工业化社会的产物；（2）福利保障是政府第一位的工作；（3）传统的福利保障方式必须改革；（4）政府依据宪法应当承担福利保障的责任；（5）福利保障社会化应当逐渐完善。1935年，罗斯福签署了美国第一部《社会保障法》，它奠定了美国社会保障立法的基础。

### （三）社会参与责任

社会参与责任，即企业和个人的参与，在国家、企业和个人合作基础上共同建立可持续发展的社会保障体系。福利国家型社会保障制度单纯强调国家对公民的保障责任，这导致了两个问题：（1）国家财政遇到难以承受的社会保障支出负担，甚至阻碍了国民经济发展；（2）依赖社会保障生活的人越来越多，出现消极劳动力市场。人们开始对社会保障这一事务从理论到实践进行新的论证，以发现它在主体方面的多支柱性、筹资渠道的多样性、适用原则的交叉性、保障方式的层次性，后来的社会保障立法逐步明确了国家、企业和个人的责任，把国家和个人的责任及利益更加紧密地联系起来，为建立多支柱社会保障法律体系奠定了基础。

### （四）公平与效率相结合

公平与效率相结合，即将效率寓于公平原则之中，实现社会保障最佳效能。在福利国家型社会保障制度中，公平的含义即均等，几乎成为社会保障领域的普遍原则。20世纪70年代，人们开始反省"从摇篮到坟墓"的福利国家政策的公平性和持续性，将效率因素融入公平原则，指导某些社会保障领域进行深层改革，如改变养老金的计算公式和失业救助的给付条件等。社会保障立法开始转向公平与效率相结合的基本原则。

### （五）再分配与储蓄相结合

再分配与储蓄相结合，即实现二者在制度上和功能上的互补作用。

再分配是国民收入在国民中的再次分配。20世纪20年代流行于英国的福利经济学派强调通过国民收入总量增加和国民收入再分配两种方式发展社会福利制度。第二次世界大战以后的新剑桥学派主张资本主义国家应积极主动地调节国民收入分配与再分配，使之趋于合理化，社会才能长治久安。

储蓄是自愿积累的个人行为。近年来。一些国家政府以种种方式鼓励甚至强制个人进行养老和医疗储蓄，目的在于建立个人储蓄账户，强化公民自我保障意识，减轻基本保障制度的负担和应对老龄化带来的危机。但同时也产生了一系列挑战，如个人账户资金的保值和增值问题、公民个人账户的民事权利保障问题等。越来越多的国家,基于国家再分配功能不断完善国家基本保障制度(第一支柱)的同时,积极发展基于个人储蓄功能建立的职业年金制度(第二支柱)和个人储蓄制度,这就是再分配与储蓄的并用。

### (六)支持多支柱的社会保障体系

多支柱的社会保障体系由国家基本保障、企业补充保障和个人自愿储蓄构成,社会保障立法需要具有多元性,以支持建立多支柱的社会保障体系。在新加坡,《中央公积金法》设计了中央公积金账户内部的养老、医疗和教育投资等多元保障功能相结合的制度安排。在英国,社会保险综合立法支持了多层次的外在结合式多支柱社会保障体系,如国民年金、社会养老保险、雇主养老保险和个人养老储蓄等。

### (七)国际协调发展

国际协调发展,即不同国家之间建立协调措施,创造处理缴费和支付待遇的国际平台,为全球劳动力流动创造条件。国际劳工组织公约要求在社会保障领域实行本国公民和外来合法移民同等待遇,以保护劳动者权益和促进全球劳动力市场的发展。此项原则在欧盟国家之间得到初步实施,在其他国家之间尚不具备实施的条件。如何在社会保障领域建立国际协调发展的原则、技术措施和立法,是世界各国和有关国际组织面临的挑战。国际劳工组织公约还要求各国保证参保人和受益人的申诉权,由于各国原有的法治基础不同,其实施的程度也不同。

## 三、社会保障法的基本理论

### (一)社会保障法律关系

社会保障法律关系是指社会保障关系主体在社会保障活动中依据社会保障法形成的权利义务关系。[①] 从社会保障法的内容划分,社会保障法律关系可以分为社会保险法律关系、社会救助法律关系、社会福利法律关系和社会优抚法律关系;从社会保障运行体制视角,社会保障法律关系可以分为社会保障管理关系、社会保障给付关系等。

社会保障法律关系的内容主要体现社会保障法律关系主体所享有的权利与义务。社会保障法律关系内容的基本模式包括:第一,权利与义务对等模式,社会保险等社会保

---

① 《劳动与社会保障法学》编写组.劳动与社会保障法学:第2版[M].北京:高等教育出版社,2018:208.

障项目的法律明确规定，享受社会保险待遇的前提是劳动期缴费，通过履行缴费义务，获得享受待遇给付的权利；第二，权利与义务非对等的单向权利义务模式，如最低生活保障制度等社会救助项目，不要求社会成员承担缴费责任，在收入水平低于一定标准的情况下可以享受最低生活保障待遇，具有单向的权利。

### （二）社会保障法的法律地位

社会保障法明确了公共财政中的社会保障预算原则和公民平等分享社会财富的权利。从此，面对社会风险公民可以得到国家和社会的保护。

社会保障法是独立于民事立法和劳动立法的法律学科。社会保障法的独立性基于以下三点。（1）它具有独立的调整对象。当今人们已经认识到社会保障法律关系的综合性和复杂性；同时，随着社会保障模式和制度在全世界范围的改革实践，人们还需要在更广阔的领域去认识它的调整对象及法律关系。（2）它需要特定的调整原则。当今人们正在争论和修订已经形成的社会保障立法原则，确立适应知识经济时代的新原则。（3）它已经形成专门的内容体系。基于国际劳工组织第102号公约，社会保障立法的基本内容体系已经形成。

### （三）社会保障法与社会法

社会法的产生是现代经济社会的产物。社会法产生于第二次世界大战之后，随着资本主义经济的发展，国家通过立法干预经济，出现"法律社会化"和"私法公法化"的发展趋势。在社会经济、劳动关系和社会保障领域出现公法与私法交叉发展的趋势，如劳动法、社会保障法、消费者权益保护法等。其宗旨是协调国家、企业和个人之间在社会经济发展和公民基本权益保障领域的社会关系，其中劳动者是社会法最主要的保护主体，劳动者的就业权和物质保障权是社会法的主要内容。因此，社会保障法和劳动法是社会法的两个主要组成部分。

## 第三节　社会保障立法实践的国际比较

### 一、社会保障立法实践概述

继德国之后，OECD其他国家纷纷依法建立正式的社会保障制度，至今已经覆盖了国际劳工组织第102号公约的全部项目（见表7-1）。全球社会保障立法方式有综合立法和单项立法。实施综合立法的国家包括：美国在1935年颁布了《社会保障法》；法国编纂了《社会保障法》；德国编纂了《社会法典》，其中第四卷是《联邦德国社会保障通则》，又在1993年颁布《社会保障法（新结构）》；英国在1908年颁布了《养老金法案》，1980年制定了《社会保障法案》，1995年又制定了新的《养老金法案》，后续又进行了法案的更新调整，如《2023年养老金（延长自动注册）法》。除综合性立法外，按照不同社会群体和不同保障项目实施单项立法也是普遍做法，如《公务员养老保障法》《公共部门养老保障法》《自我雇佣者养老保障法》《矿山雇员养老保障法》《铁路雇员养老保障法》等。进入21世纪面对经济全球化竞争，为促进劳动力的合理流动和经济进步，挑战摆在世界各国面前：

如何协调本国与他国的社会保障法律制度；

如何协调不同社会群体的社会保障法律制度；

如何协调不同的社会保障项目。

表7-1　　　　　　　　　部分国家综合社会保障立法比较

| 国家 | 首次立法（年/类型） | 覆盖项目 | 管理体制 |
| --- | --- | --- | --- |
| 英国 | 1911/养老 | 生老病伤、失业、家庭津贴 | 政府经办机构 |
| 德国 | 1893/疾病 | 生老病伤、失业、家庭津贴 | 政府部门/劳动组织混合 |
| 美国 | 1935/综合 | 老、伤、失业 | 政府部门/托管基金混合 |
| 加拿大 | 1918/工伤 | 生老病伤、失业、家庭津贴 | 政府经办机构 |
| 土耳其 | 1922/健康 | 生老病伤、家庭津贴 | 政府经办机构 |
| 新加坡 | 1955/综合 | 生老病伤、家庭津贴 | 法定独立专业部门 |
| 中国 | 1950/综合 | 生老病伤、家庭津贴 | 政府经办机构 |
| 印度 | 1952/养老 | 符合贫困条件的人 | 政府部门 |

资料来源：GILLION C. Social security pensions: development and reform，2000.

## 二、养老保障立法国际比较

养老保障是抵御老年经济风险的制度安排。广义的养老保障涉及老年人的养老金、住房和医疗的制度安排。狭义的养老保障是指向达到法定退休年龄的老年人和未达到退休年龄的病残人员提供养老金和遗属津贴的制度安排。

### （一）养老保障立法内容

养老保障立法的内容一般包括：基本原则、行政管理、适用对象、资金来源、受益资格、待遇给付办法和水平,基金管理、权益索求与诉讼等。现就几项主要内容进行分析。

**1. 适用对象**

养老保障法的适用对象一般分为三类:(1)雇员,可能包括公务员、公共部门雇员和私营部门雇员;(2)自我雇佣者,包括个体经营者、自由职业者和农民;(3)居民,包括城乡居民,以及获得养老金受益资格的外来移民。

**2. 资金来源**

明确养老保障项目的资金来源和筹资主体是立法的核心内容,包括依法确定缴纳税费[①]的基本原则及主体,费基、费率和征缴程序等问题:(1)资金来源包括雇主雇员缴费和政府补贴;(2)费基为地方平均工资、用人单位工资总额或个人工资(税前或税后);(3)费率则由政府或主管机构决定和调整;(4)征缴部门有税务部门、经办机构或专门征收机构。

**3. 受益条件**

养老保障受益条件是指获得养老金的资格,这涉及公民的权利问题,需要依法作出明确规定,主要内容包括退休年龄(45~67岁)、缴费记录(10~40年)、就业记录、经济状况等方面。

**4. 待遇给付办法和水平**

狭义养老保障待遇给付仅指养老金支付,包括支付周期和支付水平。支付周期包括周、月和一次性。支付水平通常以月平均(多为最后工作的3~5年)工资均值的替代率来衡量。例如,养老金替代率在海地最低为工资的33%,在巴拉圭最高为100%[②],部分OECD国家为26%~71%(见表7-2)。有些国家依法规定日、周或者月的支付限额。为了鼓励人们延迟退休,很多国家修改法律,对提前退休的人减少养老金支付额,对延迟退休的人增加养老金支付额。例如,法国在2003年通过法律规定公共部门雇员退休年龄延长2年,即年满62岁,延迟退休则增加3%养老金。英国养老保险覆盖全体雇员,退休年龄为65岁,延迟退休则增加10.4%养老金。美国养老保险覆盖全体老年居民,领取养老金的年龄为67岁,延迟退休则增加8%养老金。日本退休年龄为65岁,延迟退休则增加8.4%养老金。

---

① 社会保障资金的征缴一般采用税或费的形式,为与中国的情况相衔接,本书多以"费"的形式表达。
② C GILLION. Social security pensions: development and reform,2000.

表 7-2  部分 OECD 国家强制性养老保险计划数据比较（2020 年）　　　　　%

| 国家 | 养老金的工资替代率 | | | 养老保险缴费占工资百分比 |
|---|---|---|---|---|
| | 最高 | 中间 | 最低 | |
| 英国 | 70.6 | 49.0 | 38.2 | — |
| 德国 | 46.5 | 41.5 | 33.0 | 18.6 |
| 美国 | 49.6 | 39.2 | 27.9 | 10.6 |
| 法国 | 60.2 | 60.2 | 51.9 | 27.8 |
| 澳大利亚 | 62.7 | 31.3 | 31.3 | 9.5 |
| 日本 | 43.2 | 32.4 | 26.9 | 18.3 |

资料来源：见 OECD 官网。

### （二）养老保障立法改革

养老保障立法改革是指为适应和支持养老保障制度改革，各国养老保障立法的变革。20 世纪七八十年代开始，全球掀起养老保障制度改革浪潮，智利实行彻底的养老保障改革，终止了原来具有现收现付特征的养老保险制度，制定了新的《养老金法》，实行个人储蓄和私营管理模式。英国在 1988 年推出"个人养老金计划"，重新调整养老保险责任分担机制。澳大利亚政府完成了社会发展新纲要的制定，其中包括养老保障新战略，即促进养老储蓄，并在 1991 年颁布了《雇主养老保险缴费保证法》，强制雇主基于雇员个人薪酬总额按照 9% 的费率为雇员建立养老储蓄个人账户。其余国家也纷纷修订社会保险法或者养老保险法，通过提高退休年龄和缴费年限及降低养老金支付水平等措施来应对老龄化危机和缓解财政负担。

## 三、医疗保障立法（含生育）国际比较

医疗保障是为抵御治疗疾病而导致经济风险的筹资性制度安排。医疗保障制度安排包括社会保险、商业保险、合作医疗和医疗救助。

医疗保障法主要内容包括：基本原则，组织管理，适用范围，资金来源，医疗津贴（含病假工资）给付（条件、标准和期限），医疗待遇给付（范围、比例和方法），医疗服务机构的管理，医疗保险合同、基金管理、权益索求与诉讼等。

### （一）英国

英国实施公费医疗，所有合法居民都可以在 NHS 所指定的医疗机构享受基本免费的医疗服务。NHS 76% 的经费来自税收，约 19% 的经费来自参保人缴纳的保险费，约

5%来自患者支付的费用，这种做法被称为英国模式。除牙医服务和配制眼镜不享受公费医疗外，其他可以享受公费医疗的病种和检查治疗手段，政府没有给出明确的规定。

### （二）德国

德国是医疗保险立法的创始国。德国依法将参加法定医疗保险的群体分为法定参保人和自由参保人。法定参保人是指税前月收入不超过法定义务界限的就业人员、失业人员、领取养老金的退休人员、大学生和就业前的实习生等，这些人必须参加法定医疗保险。按照规定，法定参保人的配偶及其子女在符合条件的情况下也可以享受医疗保险待遇，所以德国社会医疗保险计划覆盖了总人口的90%以上。在资金筹集方面，参加法定医疗保险计划的雇主和雇员均需要缴费，在2005年之后，法定医疗保险缴费不再实行雇主与雇员平均分摊，雇员分摊比例提高至约54%，雇主分摊比例调整至约46%。

### （三）法国

法国医疗保险的法定覆盖范围涵盖了全法国人口。在通常情况下，有权自由选择普通科医生。享受医疗服务必须由社会保险部门认可的医生开具处方，且对所享受的医疗服务项目和药品都制定了严格的范围和目录。患者医疗费用的报销比例根据医疗方式（如住院或门诊）、疾病谱、药品功能的差异而有所差别。1999年，法国在《医疗保险基本权利法》中规定，收入低于法国法定最低水平者可享有免费看病、接受医疗救治的权利。

### （四）美国

美国社会医疗保险制度依据1965年的《老年人保障法》和1972年的《残疾人保障法》建立。1997年在《平衡预算法案》中提出"老年医疗保险计划+选择性计划"，这一计划在2003年《老年医疗保险计划处方药、改进和现代化法案》中被重新命名和修正。2010年3月《患者保护与可负担医疗法案》在美国国会通过，进一步推动了医疗保险体系改革。

### （五）加拿大

加拿大依法建立公费医疗保险制度。政府收税后拨款给公立医院，医院直接向国民提供免费服务。具体来说，是由联邦和省级政府两级出资，省级政府管理，即各省医疗保险资金主要来源于联邦政府拨款和省级政府财政预算，各省级政府独立组织、运营省内医疗保险计划。保险内容覆盖法定基本医疗服务项目，医药适当分离。除特殊规定的项目外，公众免费享受住院和门诊所有基本医疗项目。同时，鼓励发展商业性补充医疗保险，雇主自主决定，雇员均可免费享受补充医疗保险项目。

全球医疗保险立法的发展趋势在于扩大医疗保险的覆盖范围和降低医疗服务成本，让人人享有医疗保障。

### 四、失业保险立法国际比较

失业保险是指向符合法律规定条件的失业人员提供失业救助和就业服务。失业保险立法的内容主要包括：基本原则，组织管理与监督，适用对象，资金来源，失业保险待遇给付（条件、内容和标准），失业救助管理机构，再就业服务的内容和管理机构，基金管理，权益诉求与诉讼等。

#### （一）适用对象

失业保险是针对失业风险而言的，起初的失业保险法规定，它的适用对象仅限于有固定职业（全日制）但临时失业的雇员，非全日制雇员、公务员、自我雇佣者和家政雇员除外。1988年，国际劳工组织对失业作出新的界定以后，失业保险的适用对象逐渐扩大，不仅包含了上述各类人员，而且还有八种寻找职业的人员也被覆盖在失业保险的范围内，即结束学业的青年劳动者、完成兵役的青年劳动者、完成职业培训的青年劳动者、无失业救助的丧偶者、刑满释放人员、已经康复的残疾人、海外归国劳动者、完成抚养未成年子女的父母亲。

#### （二）资金来源

失业保险资金的主要来源是雇主和雇员缴费及政府补贴。主要有五种类型：（1）雇主雇员责任，即雇主雇员缴费、政府不予补贴，如荷兰、加拿大和希腊；（2）雇主政府责任，即雇主缴费、政府补贴亏空、雇员个人不缴费，如波兰、丹麦、意大利、乌克兰和美国；（3）雇员政府责任，即雇员缴费、政府补贴亏空、雇主不缴费，如卢森堡；（4）政府责任，即雇主和雇员均不缴费，由政府提供全部资金，如中国香港、新加坡、新西兰和智利；（5）三方责任，即雇主雇员缴费和政府补贴相结合，具体方法各不相同。

#### （三）失业保险待遇给付

失业保险待遇包括失业保险金、失业救助、就业服务和补充失业津贴。失业保险金是给予失业人员及其家庭的最低生活费用和医疗费用。失业救助是失业保险给付期结束后，对未能找到工作的失业人员给予的救助，有些国家给予最低生活救助，或者与养老保险制度衔接。补充失业津贴是对失业人员进行严格的家庭经济情况审查后，针对被抚养人的人数、年龄和健康状况给予的补充津贴，有些国家根据再就业训练的需要给予补充失业津贴。

失业保险并不覆盖全体失业人员，总结各国经验，享受失业保险的共同条件如下：（1）失业人员处于劳动年龄阶段；（2）非自愿失业；（3）失业前工作过一定的时间；（4）具有就业能力，正在寻找工作；（5）已经向就业服务机构进行就业登记；（6）缴纳失业保险费达到法定时间。因此，自动辞职者、违反劳动纪律者、海外就业者、不接受再就业培训者、无正当理由不接受就业服务机构工作介绍者、骗取失业保险金者、参与罢工者（有些国家有罢工权保护），不能享受失业保险金。

### 五、职业伤害保险立法国际比较

职业伤害是指与职业关联的各种伤亡和疾病损害，其概念外延比工伤更广。职业伤害保险法的主要内容包括：基本原则，工伤事故和职业病的定义，职业病清单，组织管理与监督，覆盖范围，伤病评残标准和程序，伤病津贴、医疗待遇、补贴、抚恤金和护理服务的给付等，职业伤害的预防与康复，基金管理，权益诉求与诉讼等。

早期职业伤害保险仅在大工业企业范围内实施，以后扩大到中小企业的雇员、学徒甚至农业雇员。如法国在1972年制定《农业职业伤害保险法》。目前，欧盟国家职业伤害保险法律的保护对象已经包括雇员、学徒、自我雇佣者和他们的配偶及子女。职业病保险在OECD国家已经覆盖到全体居民。

职业病保险医疗待遇在各国均为免费提供。申请职业病保险待遇的具体条件是该病种属于权威部门认定的职业病系列，病因源于本人职业。部分欧盟国家已经接受了有关建议（荷兰除外）。有些欧盟国家的职业病保险待遇与工伤保险、疾病津贴或健康保健并列授权，但等待期和给付标准不同。

### （一）职业伤害预防

职业伤害保险实施的早期阶段，职业伤害保险待遇只是一种消极的补偿手段，是对雇员发生工伤事故和职业病后生活的保障。后来人们逐渐认识到，职业伤害保险制度应当介入预防工伤事故和职业病的领域，以促使雇主加强劳动安全和保护工作，改善劳动条件，减少职业伤害的发生率，有利于维护雇主和雇员的利益，也能减轻职业伤害保险的支付压力。美国马萨诸塞州最早在1912年即作出类似的立法，提出在就业过程中预防职业伤害。1946年法国、1955年澳大利亚等国家立法，规定政府应介入企业内部开展职业伤害预防工作，政府有权命令企业或行业安装安全生产设备，对违反规定的企业有权令其关闭。法国利用社会保险机构对职业伤害预防工作提供多方面的服务，如进行咨询、资助项目等。加拿大对企业实行浮动费率，企业事故率高于平均值会提高费率。

### （二）职业伤害康复

职业伤害保险实施的早期阶段，职业伤害待遇只考虑如何补偿残疾工伤受害者或死亡者的家属，以维持社会稳定。后来人们开始考虑病残工伤人员的职业康复问题，使病残工伤人员在国家和社会的保障下，经过特殊医疗服务和训练，加上辅助工具（如假肢、助听器等），不同程度地改善健康状况，部分地恢复生活和劳动能力。1952年国际劳工组织第102号公约要求政府的医疗服务部门与职业康复机构合作，使病残工伤人员重新获得劳动机会。病残工伤人员的职业康复问题逐渐得到重视，越来越多的国家建立各种类型的职业康复机构，如职业康复医院、残疾人福利工厂等。在日本，劳动福利事业团是负责为病残工伤人员开办康复医院、假肢工厂、职业介绍和职业训练服务的机构。在英国，工伤康复中心帮助工伤人员恢复职业劳动能力，并提供指导工伤人员再就业服务。

## 六、家庭津贴立法国际比较

家庭津贴主要是指子女津贴和困难家庭救助。家庭津贴是国际劳工组织第102号公约规定的保障项目，在欧盟国家得到较全面的实施，家庭津贴立法是社会保障法的重要组成部分。发展中国家只能提供非常有限的家庭津贴，有的国家将家庭津贴并入养老保障立法，如捷克。

家庭津贴立法内容主要包括提供各类家庭津贴的基本原则，组织管理与监督，适用范围，资金来源，待遇给付（条件、内容和标准），基金管理，权益诉求与诉讼等。家庭津贴立法改革趋势是促进就业与福利保障结合。

## 七、社会保障法律责任国际比较

社会保障法律责任，即违反社会保障法的行为应当承担的法律后果，主要有：不履行缴费义务、提供假数据、财务管理中的违法行为等。承担社会保障法律责任的形式包括：经济责任、行政责任和刑事责任。承担社会保障法律责任的主体是社会保障法律关系的当事人，如印度尼西亚《社会保障法》第30条明文规定，无论雇主、雇员还是管理机关,凡不遵守本法条款或不执行条例都应受到制裁处罚。社会保障法律责任通常出现在相应法律的罚则规定中,部分国家法律责任规定见表7-3。

表 7-3　　　　　　　　部分国家关于社会保障法律责任的规定

| 国家 | 承担法律责任的形式 ||
|---|---|---|
| | 经济责任 | 刑事责任 |
| 瑞典 | 酌情赔偿 | 罚金（5 000美元以下）、监禁（5年以下） |
| 美国 | 酌情赔偿 | 罚金、监禁（不超过6个月） |
| 智利 | — | 双倍罚金 |
| 印度尼西亚 | 酌情赔偿 | 罚金50万盾、6~8月监禁 |
| 泰国 | 酌情赔偿 | 罚金监禁（1年）并用（如提供假数据） |
| 新西兰 | — | 罚金（100元以下）、监禁（12月以内） |

## 第四节　社会保障争议处理机制的国际比较

### 一、社会保障争议概述

社会保障争议,即社会保障当事人之间围绕社会保障权利义务发生的纠纷,通常围绕社会保障法律关系,以及由此产生的权利和义务的履行而展开。社会保障涉及千家万户的老、病、育、伤、残、死、失业等社会风险,各方主体之间不可能永远做到事实清楚、意见一致。在社会保障法制健全的国家,社会保障争议的处理机制也是很健全的。可以选择不同的依据来对社会保障争议进行分类。依社会保障项目进行分类:养老保障争议,医疗保障争议,失业保障争议,生育保障争议和职业伤害保障争议。依社会保障的模式进行分类:公共社会保障争议,私营社会保障争议和混合社会保障争议。依社会保障主体关系进行分类:雇主与雇员之间因履行缴费义务发生的争议,雇主雇员与社会保障经办机构之间的争议。依争议的标的进行分类:缴费争议,享受待遇争议,社会保障行政处罚争议等。

### 二、社会保障争议与劳动争议比较分析

社会保障争议与劳动争议发生在不同的社会关系领域里。前者即国家和社会在公民遇到社会风险时,给予物质保障的社会保障关系。在社会保障关系领域中的争议有两

类,一类是在雇主与雇员之间基于劳动关系因社会保障缴费发生的争议;另一类是社会保障缴费群体(用人单位与职工)与社会保障管理机构之间因社会保障缴费、管理和支付发生的争议。前者发生在劳动关系领域内,是用人单位与职工之间的社会关系,其核心问题在于"缴费";后者发生在社会保障管理机构与参保主体之间,就政府管理的公共社会保障模式而言,是政府或其经办机构与参保主体之间的社会关系,具有行政法律关系的特征。处理两类争议所适用的原则和要求均不同。

社会保障法和劳动法都是保护劳动者利益的实体法,由此构成保护人权基本法律的两块基石。因此,二者在主体和客体方面有很多交叉,如在企业补充保障制度中,雇主是基于劳动关系为雇员建立个人储蓄账户;失业保障是以就业关系的消灭为前提条件等。所以,越来越多的国家将社会保障立法和劳动立法合为一个体系,即社会法,两类争议合称为社会争议,由社会法庭处理。

### 三、社会保障争议的诉权

诉权,广义指公民向国家机关请求保护自己合法权益的权利,狭义是指诉权中的民事诉权。诉包括三个要素,即诉的当事人、诉的标的和诉的理由。一个完整的诉,必须同时具备上述三个要素。诉的当事人,是诉的主体;诉的标的,是指当事人双方争议的法律关系,其标的物是指诉的标的所指向的事物;诉的理由,是指提出诉讼请求的事实根据。

社会保障法赋予公民保障权,还应当建立司法机制保证公民实现这些权利,这是民主法制的基本要求。欧洲有学者(Ilidio das Neves)认为,社会保障争议的诉权的含义是,人们有权利获得社会的保护和实现相应的利益,当他们这样的权利和利益受到侵犯时,应当具有向国家提出保护这种权利和获得这种利益的请求权。这种请求权可能涉及对政府机构的选择、刑事责任的追究和其他。

国际劳工组织第 102 号公约对保护公民的社会保障权利提出两项原则:(1)公民对拒发津贴应享有上诉权,对质量和数量有申诉权,含对拒绝给予医疗或医疗质量问题的申诉权;(2)某项要求已被处理社会保障问题的特别法庭解决,并有受保护人出席的,不再享有上诉权。

### 四、处理社会保障争议的方式

社会保障领域的争议多为权利争议,其处理方式多为司法程序和行政调解。在 20

世纪，很多西方国家根据法院法建立了专门法庭处理社会保障争议，或者授权普通法院适用特殊程序处理社会保障争议。处理社会保障争议的方式包括司法和非司法两种方式。

### （一）司法方式

专业法院，包括劳动法院和社会法院等。一些OECD国家劳动法院处理劳动争议的同时也处理社会保障争议，如比利时和芬兰等。除劳动法院以外，一些OECD国家的其他法院也有处理社会保障争议的丰富实践，如德国、葡萄牙、希腊的行政法院，西班牙的社会法院，英国的社会保障法庭等。这些法院具有如下特色：（1）组成人员不同于普通法院，法庭由职业法官和兼职法官组成，兼职法官可以来自雇主组织、雇员组织（工会）甚至个体就业者协会；（2）适用简便程序，法庭适用便捷、经济的程序处理社会保障争议，当事人受律师的制约少于其他法庭。

### （二）非司法方式

非司法方式包括各种类型的调解和仲裁。调解方式以行政调解为主，例如，印度尼西亚《社会保障法》规定，因工伤事故津贴数额的计算发生的争议应由部长解决。丹麦设有具有行政色彩的国家调解员办公室。仲裁方式中，中国设有政府与民间混合体制的劳动争议仲裁机构处理部分社会保障争议。

### （三）部分国家的实践模式与经验

**1. 德国的行政法院**

在德国，社会保障争议的处理程序为社会保障机构复议和社会法院审理。根据1954年德国《社会法院法》，德国社会法院从行政法院体系中分离出来。与德国劳动法院相比，因争议的当事人、内容和处理争议适用的法律及原则不同，社会法院具有下列特点：兼职法官不仅来源于雇主和雇员，还有大量的兼职法官来自社会保障部门和社会团体，兼职法官与职业法官的比例大约是15∶1；劳动法院实行先行调解原则，大量的争议会由调解方式解决，社会法院不实行先行调解原则；社会法院的起诉条件是不服从社会保障复议机构的决定，上诉条件是标的在1 000马克以上或者涉及重大原则问题；劳动法院由当事人举证或者法官取证，社会法院由法官调查取证；劳动法院开庭后再制作和送达判决书，社会法院当庭宣布判决结果（法官合议后）；劳动法院的审理结果是调解、判决、撤诉，社会法院的审理结果是判决、认定（被告认可或原告撤诉）、撤诉。

## 2. 丹麦的劳动法院

在丹麦，社会法领域的争议由劳动法庭和普通法院协调处理，根据不同标的划分受理范围。同时，丹麦实践了一个与行政法院既相似又不同的行政裁判实体，即国家调解员办公室，它是不同于行政法院的具有行政色彩的机构，在处理社会保障争议方面具有非常重要的作用。这一行政裁判实体由德高望重的中间人组成，在普通法院的指导下工作。丹麦的法令都要阐明：该行政裁判实体是否具有资格处理相关法律范围的争议。其责任是保证法律在行政领域的正确实施而不能改变行政决定。事实上，多数社会保障领域内的争议，在这个行政裁判实体的协调中得到了妥善处理，只有极少数的争议诉到法院。

## 3. 比利时的劳动法院

在比利时，由劳动法院处理社会保障争议，实行职业法官、陪审法官（雇主和雇员组织代表）合议制，具有两个审级。从保护公民基本权益出发，处理社会保障争议的劳动法庭具有如下特征：（1）具有较短的诉讼期限；（2）可以不请律师；（3）分案合庭审理（每个案件独立，但可以在一个法庭依律师或当事人的年龄按顺序当天处理）；（4）国家公诉人出庭。国家公诉人出庭是比利时劳动法庭和社会保障争议处理制度的一个特色，旨在保护劳动者合法权利。

## 4. 英国的社会保障专员

英国根据1992年《社会保障行政管理法》的规定设立社会保障专员，由其领导社会保障纠纷的二级诉讼机构，专门受理社会保障法庭的上诉法律事务。在社会保障法庭判决后的3~6个月内，可以上诉到社会保障专员，社会保障专员实行独审制。

# 第五节 中国社会保障立法和国际经验借鉴

## 一、中国社会保障立法

中国社会保障立法经历了劳动保险立法和社会保障立法两个阶段。

### （一）劳动保险立法

1949年，具有临时宪法作用的《共同纲领》规定，逐步实行劳动保险制度。1951年政务院公布《中华人民共和国劳动保险条例》（于2024年5月1日失效），基于当时的政治和经济背景，这项条例具有如下特征：强调对劳动者的保护；政府监督与工会管理；有企业缴费建立统筹基金的雏形；四项保险制度统一管理。

1957年，国务院颁布《关于工人、职员退休处理的暂行规定》（于2001年10月6日失效），统一了企业职工与国家机关工作人员的退休保障待遇；1957年开始试行《职业病范围和职业病患者处理办法的规定》，明确了职业病的种类和企业改善劳动卫生条件的义务；农村开始实施合作医疗制度。

"文化大革命"时期，劳动保险制度由原来全国统一的制度变为支离破碎的"企业保障"。1969年2月，财政部颁发《关于国营企业财务工作中的几项制度的改革意见（草案）》，规定不再向企业统一提取社会保障费，用于职工退休、生育、疾病、工伤等保障费用改为企业自筹。

1978年，中国开始实施以社会主义市场经济为目标的经济体制改革和对外开放，劳动保险法律制度也进行了大幅度的改革。

### （二）社会保障立法

中国劳动保险立法向社会保障立法过渡的时间发生在20世纪80年代中期，即推行劳动合同制期间。原因是中国劳动合同制在1986年建立，同期国务院颁布了《国营企业职工待业保险暂行规定》，填补了劳动保险法律制度中失业保障法的空白，标志着中国重新开始在企业外建立更广泛的社会保障制度。

在21世纪初期，中国社会保障立法的原则和模式可以概括为广覆盖、低水平、公平与效率相结合、社会统筹与个人账户结合、三方筹集资金、建立多支柱保障体系。国务院《关于企业职工养老保险制度改革的决定》，《中共中央关于建立社会主义市场经济体制若干问题的决定》，国务院《关于深化企业职工养老保险制度改革的通知》《关于建立统一的企业职工基本养老保险制度的决定》《关于建立城镇职工基本医疗保险制度的决定》是指导养老和医疗保险制度改革的重要依据。《中华人民共和国劳动法》《社会保险费征缴暂行条例》《失业保险条例》《企业年金试行办法》（2017年公布《企业年金办法》）和《工伤保险条例》是中国社会保障立法的重要内容。2010年《中华人民共和国社会保险法》对养老、医疗、工伤、生育和失业等方面进行了权利与义务的明确规定，是中国社会保障立法的重要里程碑。此后，关于新型农村养老保险、机关事业单位养老保险并轨和城乡居民医疗保险等方面的立法工作持续推进，2009年，国务院颁布《关于开展新型农村社会养老保险试点的指导意见》，建立了"统账结合"的农村社会养老保险制度；2015年，国务院颁布《关于机关事业单位工作人员养老保险制度改革的决定》，开始推进机关事业单位养老保险与企业职工基本养老保险并轨；2016年，国务院印发《关于整合城乡居民基本医疗保险制度的意见》,将新型农村合作医疗保险与城镇居民基本医疗保险整合;2023年,国务院颁布《社会保险经办条例》,规范社会保险经办工作。中国社会保障法治建设进程加快,对完善中国社会保障体系发挥了重要作用。

---

**专栏7-1 "十二五"以来中国社会保险法治建设成效**

2011年是我国"十二五"规划的开局之年,这一年社会保险法治建设的标志性事件是《中华人民共和国社会保险法》于7月1日正式实施。《中华人民共和国社会保险法》颁布实施标志着中国社会保障制度走向定型和稳定,有关社会保险的基本制度框架体系已经形成,社会保险制度运行进入依法推进的新阶段。2012年国家出台《中华人民共和国军人保险法》,军人社会保险制度得以建立。为配合《中华人民共和国社会保险法》的实施,2011年人力资源社会保障部发布了《实施〈中华人民共和国社会保险法〉若干规定》《社会保险个人权益记录管理办法》和《社会保险基金先行支付暂行办法》三个部门规章。同年,人力资源社会保障部还发布《在中国境内就业的外国人参加社会保险暂行办法》。2012年人力资源社会保障部出台《关于开展社会保险基金社会监督试点的意见》。

为发挥商业保险对基本养老、医疗保险的补充作用,2014年,国务院发布了《关于加快发展现代保险服务业的若干意见》。同年,全国人大常委会将以欺诈、伪造证明材料或者通过其他手段骗取社会保险金或者其他社会保障待遇的行为,归为《中华人民共和国刑法》第二百六十六条规定的诈骗公私财物的行为,为社会保障诚信建设提供了刑法保障。

2016年,全国人大常委会授权国务院通过试点的方式来推进生育保险和基本医疗保险的合并实施,实质上是对《中华人民共和国社会保险法》的局部修订,表明该法开始进入适应制度变革的调整阶段。同年,人力资源社会保障部、财政部发布《关于阶段性降低社会保险费率有关事项的通知》,提出阶段性降低养老保险、失业保险费率。国务院颁布《全国社会保障基金条例》,社会保障基金管理趋于法治化。2022年人力资源社会保障部出台《社会保险基金行政监督办法》,保障社会保险基金的安全和规范。2023年国务院发布《社会保险经办条例》,规范社会保险经办。持续推进社会保险法治建设对完善社会保险体系发挥了重要作用。

资料来源:杨思斌.我国社会保障法治建设四十年:回顾、评估与前瞻[J].北京行政学院学报,2018(3):38.

## 二、国际经验借鉴与启示

国际经验对建立健全中国社会保障法治具有重要的借鉴意义。

### (一) 有法可依是建立健全社会保障法制的前提条件

社会保障是基于宪法原则在国家、用人单位和个人之间产生的权利义务关系。实施宪法原则需要建立健全的立法和执法体系。国外经验证明，无论是 OECD 国家还是亚非国家，均需依法进行社会保障制度的建设。欧洲国家社会保障立法有 100 多年历史，经过不断地补充和调整已经形成完整的体系。完善的社会保障法律是社会保障缴费、数据管理、待遇支付和基金投资运营的坚强后盾，确保国家、用人单位和个人的责任明确，各个环节有法可依、有章可循。近年来，中国也在不断推进社会保障法治建设，明确参保主体的社会保障权利与义务，规范社会保障制度运行，为完善社会保障体系提供法律制度基础。

### (二) 执法必严是建立健全社会保障法制的必要条件

有法可依和执法必严是社会保障法律得以实施的条件。建立健全社会保障法律监督体系是社会保障法治建设的重要组成部分，主要任务包括三个方面。一是选择监督机制，国际经验证明，政府一般监督与参保人参与的社会组织监督和业务监督相结合是最通用的模式，很多国家都建立了由政府、参保人和专家组成的社会保障监督委员会；二是制定既严格又易操作的监督监管程序，包括资格准入与退出、报告制度和常规或定期与定点检查程序；三是培养实施监督监管的专业人员队伍。上述内容是保证社会保障法律得以实施的行政管理条件，其实施成本很高，在社会保障立法中导入利益激励因素和市场竞争原则可以降低执法成本。

### (三) 保护诉权是建立社会保障法制的重要组成部分

法律赋予公民的权利只是享有该权利的可能，保证公民实现权利是国家的责任。从西方国家的实践中我们可以看到：(1) 在社会保障领域不仅需要完善的立法和执法体系，而且需要具有同样完善的司法体系，司法体系不仅机构健全适当，而且拥有素质很高的职业法官和兼职法官队伍；(2) 独立司法原则在社会保障领域得到应用，人们的社会权利得到保障。

西方国家社会保障司法原则、组织和程序，继承了传统的欧洲理论和实践经验，在此基础上根据实际需要进行了反复的改革，形成别具一格的特殊原则和程序处理社会保障争议。中国正在选择适合中国国情的处理社会保障领域争议的模式。借鉴国际经验可以作出下列选择：（1）研究社会法和社会权益争议的概念，同时发展社会法的执法机构与程序和争议处理机制；（2）发挥企业调解和地方仲裁机制的优势，在仲裁机构和司法机构之间进行合理分工和有机合作，区分个体争议和集体争议、社会权益争议的权利纠纷和利益纠纷，以及诉权的广义概念和狭义概念；（3）建设由职业法官和陪审人员组成的特别法庭，执行特别程序（简易程序）处理社会法领域的争议，如劳动争议、社会保障争议等。

## 第六节　国际社会保障立法

### 一、国际劳工组织社会保障立法分析

国际劳工组织社会保障立法主要内容包括三个方面。（1）三方参与，指政府、雇主和雇员三方代表参与立法。国际社会保障立法的"三方性"充分体现了国际社会保障立法的宗旨，即促进三方合作，共同改善劳动者的生活、维护社会公平与正义。（2）国际协调与国内实施，指国际劳工公约和建议书的社会保障内容主要是适用于各成员国国内社会保障关系，目的在于消灭贫穷，改善劳动者工作与生活条件，提高人民生活水平。（3）劳动者的最低保障性，指国际劳工公约建立最低社会保障标准的目的在于使更多的劳动者受到保护，同时必须考虑多数成员国在政治、经济等方面的差异和承受能力。

在新的经济条件下，国际劳工组织在社会保障领域的立法也面临着严峻的挑战：（1）继续巩固推广《社会保障（最低标准）公约》的标准；（2）制定新的公约，建立可以协调各国社会保障制度的措施；（3）修订《社会保障（最低标准）公约》，促进多支柱社会保障体系的发展，增强各国社会保障制度的可持续性发展。

### 二、国际劳工组织社会保障公约的主要内容

基于各国社会保障立法与执法的经验和教训，国际劳工组织的社会保障立法得以发展。1952年6月4日，国际劳工组织在日内瓦举行第35届会议，讨论了关于建立社会保障最低标准的建议，于6月28日通过了《社会保障（最低标准）公约》。该公约确定了社会保障制度覆盖项目，包括医疗补助、病假津贴、残疾津贴、失业津贴、老龄津

贴、工伤津贴、生育津贴、遗属津贴、家庭津贴；社会保障制度覆盖群体及比例；社会保障待遇定期支付原则及与工资的替代率；非本国公民同等待遇；社会保障制度由政府监督，按照法定标准由雇主和工人联合会实施管理。

1952年《社会保障（最低标准）公约》颁布实施以后，为多数实施了社会保障制度的国家所接受。至今，国际劳工组织在社会保障领域的公约和建议书如下：

**1. 综合标准**

NO.102《社会保障（最低标准）公约》（1952年）

NO.118《社会保障同等待遇公约》（1962年）

NO.157《维护社会保障权利公约》（1982年）

NO.167《维护社会保障权利建议书》（1983年）

**2. 医疗和疾病津贴**

NO.24《（工业）疾病保险公约》（1927年）

NO.25《（农业）疾病保险公约》（1927年）

NO.130《医疗和疾病津贴公约》（1969年）

NO.134《医疗和疾病津贴建议书》（1969年）

**3. 老年、病残和遗属津贴**

NO.35《（工业等）老年保险公约》（1933年）

NO.36《（农业）老年保险公约》（1933年）

NO.37《（工业等）伤残保险公约》（1933年）

NO.38《（农业）伤残保险公约》（1933年）

NO.40《（农业）遗属保险公约》（1933年）

NO.71《海员退休金公约》（1946年）

NO.128《残疾、老年和遗属津贴公约》（1967年）

NO.131《残疾、老年和遗属津贴建议书》（1967年）

**4. 工伤津贴**

NO.12《（农业）工人赔偿公约》（1921年）

NO.19《（事故赔偿）同等待遇公约》（1925年）

NO.17《工人（事故）赔偿公约》（1925年）

NO.18《工人（职业病）赔偿公约》（1925年）

NO.42《工人（职业病）赔偿公约（修订）》（1934年）

NO.121《工伤事故和职业病津贴公约》(1964年)

NO.121《工伤事故和职业病津贴建议书》(1964年)

**5. 失业津贴**

NO.168《促进就业和失业保护公约》(1988年)

NO.176《促进就业和失业保护建议书》(1988年)

NO.8《(海难)失业赔偿公约》(1920年)

NO.34《失业补贴公约建议书》(1934年)

**6. 生育津贴**

NO.3《生育保护公约》(1919年)

NO.103《生育保护公约(修订)》(1952年)

NO.95《生育保护建议书》(1952年)

NO.183《生育保护公约》(2000年)

NO.191《生育保护建议书》(2000年)

## 三、中国与国际社会保障最低标准

中国是国际劳工组织创始成员国之一。1944年中国被列为10个主要工业国之一，成为理事会常任政府理事。1971年，国际劳工组织恢复中华人民共和国合法席位。1983年，中国正式恢复在该组织的活动。中国重视并积极参与国际劳工组织的各项活动，与其保持着良好的合作关系，出席了历届劳工局理事会以及国际劳工大会。截至目前，中国共批准了28项国际劳工公约，包括7项核心公约，即《同工同酬公约》《最低就业年龄公约》《禁止童工劳动公约》《就业和职业歧视公约》《强迫劳动公约》《废除强迫劳动公约》《职业安全与卫生公约》。[1]

> **案例分析**

### 社会保险反欺诈举报人制度

社会保险制度在我国深入推进的过程中，基金积累日渐增多，但骗取社会保险基

---

[1] 中国同国际劳工组织关系［EB/OL］.（2024–04）［2024–05］http://russiaembassy.fmprc.gov.cn/wjb_673085/zzjg_673183/gjs_673893/gjzz_673897/gjlg_674025/gx_674029/.

金的欺诈行为也屡禁不止。因此，打击社会保险欺诈，实现社会保险基金安全，是我国当前社会治理中的关键问题之一。但为什么在社会保险反欺诈领域中需要设立举报人制度，对此问题的回答需通过明晰举报人制度的属性与定位而释明。深入理解一系列政策及我国当下法治发展与社会治理的实践，我们可以达成这样一种共识：法治不是惩治，治理不是强制。法律不应仅仅作为一种强制制度来分析，而更应作为一种激励体系来理解。在认可法律治理应主要通过法律激励机制来实现的基础上，正确认识法律激励的内涵成为法律治理实践展开的关键。法律激励理论在当代中国的法治实践中是通过正向激励的法律奖励制度和反向激励的法律惩罚制度两个维度展开的，并且法律激励理论正是通过在这两个维度上的交错运用，凭借对理想形态的追求和对基本模式的实施，在这个二维平面上绘制出了法律治理的基本图景。由此可见，法律激励机制主要以奖励性制度设定和惩戒性制度规范而具体实现。由于我国传统法律规范中历来强调惩罚性规范的设置而忽略奖励性规范的价值，所以，法律激励机制体现于法律规范设定时，更应当注重奖励性规范的规定。

社会保险反欺诈激励机制有诸多分类，如既有狭义激励也有广义激励，既包括内部激励也包括外部激励。仅就内部激励来说，其激励主体以公安、税务和社保经办机构为主，而激励对象为上述机构内部承担反欺诈职责的内设机构及其员工。就外部激励而言，其激励主体为社会保险反欺诈联合执法部门，而激励对象是所有参与反欺诈工作的社会保险其他相关主体（如医疗服务提供者、参保人等）以及提供欺诈线索的社会公众。由此可见，社会保险反欺诈举报人制度实质上是奖励性法律激励机制具体化的途径之一。

社会保险反欺诈的四步骤中，发现欺诈行为作为反欺诈综合举措的第一步，发挥至关重要的作用。不能及时发现欺诈行为，则其他综合防控措施都无法展开；不能及时发现欺诈行为，就可能使得社会保险欺诈行为愈演愈烈，不仅带来更为严重的社会保险基金损失，更使得欺诈行为定型化发展，根治之难度显著加大，甚至会形成社会保险领域的"破窗效应"。也恰恰基于此，英国、加拿大等国曾经对社会保险欺诈的打击实行"零容忍"。社会保险欺诈行为的发生是信息不对称的结果，因此，通过各种途径获知相关信息即成为反欺诈的重要一环。然而，社会保险欺诈行为的发生极具隐蔽性，不易被发现。虽然《中华人民共和国社会保险法》中规定了多元化的监管途径，都旨在防范欺诈、发现欺诈，但这些措施远远不能满足实践之需。加之当下社会保险反欺诈制度供给不足，监管机构的人员数量有限，单纯依赖监管部门的监督管理难以达到及时有效发现欺诈行为之目的。举报人制度的设立恰是为了获得知情者所掌握的社会保险欺诈相关信息，便于及时发现社会保险欺诈行为，这是遏制社会保险欺诈行为之前提。

事实上，社会保险反欺诈举报人制度也是社会自治治理理念的综合体现。国家与社会的关系一直是社会治理中的核心问题。在社会发展的不同阶段，国家与社会的关系也呈现不同的样态。法治社会不是国家借用法律对社会进行管控和约束，而是社会依据法律进行自我治理。社会保险反欺诈举报人制度恰在于调动社会组织和个人参与社会治理以实现公私协同共治，体现社会保险领域的PPP（公私合作模式，Public-Private-Partnership）。社会力量参与社会保险反欺诈具有现实之必要与可能，但如何保障该制度的具体实现，将可能性转化为必然性，也正是该制度生命力之所在，究其根本则在于举报人制度的具体设定与现实之需的契合度。

资料来源：王素芬.社会保险反欺诈举报人制度研究［J］.理论学刊，2019（3）：130-136.

### 深度阅读

杨思斌.我国社会保障法治建设四十年：回顾、评估与前瞻［J］.北京行政学院学报，2018（3）：38.

论文将中国社会保障法治建设的四十年进程归纳为改革起步、重构、深化改革和全面建设四个阶段，总结中国社会保障法治建设成效，分析社会保障法治建设存在的问题，为进一步优化社会保障法治建设提出针对性建议。

### 本章小结

依据社会保障立法的四个里程碑，理解社会保障立法是国家社会政治与经济发展的产物，各国政府的态度和人文环境决定社会保障立法对政府角色的定义和保障模式的选择，从而进一步了解多元社会保障立法体系的形成。

社会保障立法是调整社会保障主体之间权利与义务关系的法律规范的总称。其主要对象即社会保障参保人的法律关系和社会保障制度安排，涉及各类社会主体，如政府部门、公共事业单位、私营机构、用人单位和职工；涉及工资、税务、储蓄、基金等各类经济事务，属于跨越公法与私法的综合性社会法律。社会保障法是实施宪法的主要途径，是政府介入社会生活和进行社会治理的有效途径。

基于全球社会保障制度发展 100 多年的历史经验，社会保障立法已经形成下列原则：权利保障、国家责任、社会伙伴参与责任、公平与效率相结合、再分配与储蓄相结合、支持多支柱的社会保障体系以及国际协调发展。这些原则写进有关的国际公约和建议书中，极大地影响和促进了各国社会保障立法的进程。

社会保障立法主要目标在于如何协调本国与他国的社会保障法律制度，如何协调不同社会群体的社会保障法律制度，如何协调不同的社会保障项目。社会保障立法主要包括：行政立法、养老保障立法、医疗保障立法、失业保障立法、职业伤害保障立法、家庭保障立法、社会保障基金投资管理立法、社会保障法律责任立法。

依据社会保障争议处理的概念、诉权、处理方式研究，比较全球社会保障争议基本理论和处理机制，促进中国社会保障争议基本理论研究和争议处理机制的建立与完善。中国社会保障立法经历了劳动保险立法和社会保障立法两个阶段。中国社会保障立法的原则和模式是广覆盖、低水平、公平与效率相结合、社会统筹与个人账户相结合、三方筹集资金、建立多支柱保障体系。

国际社会保障立法主要包括国际劳工组织立法，其目的在于促进多支柱社会保障体系的发展，增强各国社会保障制度的可持续发展性；将社会保障纳入国家经济发展和企业发展战略范畴，以促进各国资本市场的发展，并引导人力资源开发、管理与保护协调发展。

## 重要概念

社会保障当事人　　多元社会保障立法　　社会保障法　　权利保障　　社会保障公约　　社会保障争议的诉权

## 思考题

1. 简述社会保障立法的四个标志。
2. 简述社会保障法的内容、法律地位。
3. 社会保障法的基本原则是什么？
4. 社会保障争议与劳动争议的异同点是什么？
5. 处理社会保障争议的方式有哪些？
6. 现阶段我国社会保障立法的原则和模式是什么？
7. 论述国际社会保障立法的特点、内容、意义和发展趋势。

# 主要参考文献

[1] A.J.M.米尔恩.人的权利与人的多样性——人权哲学[M].夏勇,张志铭译.北京:中国大百科全书出版社,1995.

[2] D.哈里森.欧洲养老保险基金投资与管理[M].伦敦:财政出版社,1997.

[3] 安华.完善我国社会保障管理体制的思考[J].宏观经济管理,2011(11):59-60.

[4] 北京义德社会工作发展中心课题组,唐钧.长期照护保险:国际经验和模式选择[J].国家行政学院学报,2016(5):42-48+142.

[5] 贝弗里奇.贝弗里奇报告:社会保险和相关服务[M].社会保障研究所译.北京:中国劳动社会保障出版社,2008.

[6] 庇古.福利经济学[M].北京:华夏出版社,2013.

[7] 财政部社会保障司课题组.社会保障支出水平的国际比较[J].财政研究,2007(10):36-42.

[8] 曹琬瑶,许铧丹.浅析国外医疗保险制度对中国医疗保险改革的启示[J].经贸实践,2018(2):26-27.

[9] 曹艳春,王建云.老年长期照护研究综述[J].社会保障研究,2013(3):56-65.

[10] 陈刚.工伤保险70年:改革创新发展[J].劳动保护,2019(10):28-31.

[11] 陈天红.基金管理视角下失业保险制度优化设计研究[M].北京:人民出版社,2019.

[12] 陈彦霏.英国儿童福利制度对我国儿童福利制度的启示[J].管理观察,2019(11):87-88.

[13] 陈银娥.社会福利[M].北京:中国人民大学出版社,2009.

[14] 陈宗胜,黄云.中国相对贫困治理及其对策研究[J].当代经济科学,2021(5):1-19.

[15] 程承坪,吴琛.健康战略下发达国家发展养老健康产业借鉴研究——以美国、

德国、日本为例［J］.当代经济管理，2018，40（3）：83-88.

［16］仇雨临.社会保障国际比较［M］.北京：中国人民大学出版社，2019.

［17］仇雨临.中国医疗保障70年：回顾与解析［J］.社会保障评论，2019，3（1）：89-101.

［18］丛树海，郑春荣.国际社会保障全景图［M］.江苏：江苏人民出版社，2015.

［19］寸洪斌.基本医疗保险一体化制度研究［D］.天津：南开大学，2014.

［20］邓大松，邓怡.国际社会保障管理模式比较及对中国的启示［J］.社会保障研究，2012（6）：3-8.

［21］邓大松，刘昌平.社会保障管理［M］.北京：中国人民大学出版社，2011.

［22］邓大松，刘大平.二十一世纪世界社会保障制度发展趋势［J］.江西财经大学学报，2002（1）：34-35.

［23］邓大松.社会保险：第3版［M］.北京：中国劳动社会保障出版社，2014.

［24］邓大松.西方国家社会保障制度发展的阶段特征与道路选择——评《西方国家社会保障制度史》［J］.学习与实践，2010（12）：121-124.

［25］邓大松，等.中国社会保障若干重大问题研究［M］.深圳：海天出版社，2000.

［26］翟志俊.中国失业保险历史回顾及其思考［M］.上海：上海社会科学院出版社，2009.

［27］丁建定，李薇.试论中国特色家庭补贴制度的构建［J］.内蒙古社会科学，2021（2）：162-168.

［28］丁建定.西方国家社会保障制度史［M］.北京：高等教育出版社，2010.

［29］丁建定.中国社会保障制度体系完善研究［M］.北京：人民出版社，2013.

［30］丁建定.《贝弗里奇报告》评价中值得注意的几个问题［J］.中共福建省委党校学报，2007（10）：57-62.

［31］丁建定.工人阶级与英国现代社会保障制度的建立［J］.河南大学学报（社会科学版），2001（6）：70-74.

［32］丁开杰.社会保障体制改革［M］.北京：社会科学文献出版社，2004.

［33］丁英顺.韩国老年福利制度的发展及特征［J］.东北亚学刊，2017（3）：52-57.

［34］董克用，王燕.养老保障［M］.北京：中国人民大学出版社，2000.

[35] 董溯战.德国、美国养老社会保障法的比较研究——以国家、社会和市场为视角[J].宁夏社会科学,2005(2):58-62.

[36] 杜选,高和荣.典型国家失业保险制度功能完善对中国的启示[J].金融与经济,2015(9):76-81.

[37] 高鸿业.《就业、利息和货币通论》导读[M].北京:中国人民大学出版社,2018.

[38] 葛寿昌.社会保障经济学[M].上海:上海财经大学出版社,1999.

[39] 郭崇德.社会保障概论[M].北京:北京大学出版社,1992.

[40] 郭健美,寇霞,张翠萍.长期护理保险制度"山东模式"的实践及经验分析[J].医学与社会,2021,34(4):109-113.

[41] 郭伟伟.新加坡社会保障管理体制及对中国改革的启示[J].行政管理改革,2010(7):68-71.

[42] 国际劳工局.展望二十一世纪:社会保障的发展[M].北京:劳动人事出版社,1988.

[43] 国家统计局.国际统计年鉴2021[M].北京:中国统计出版社,2021.

[44] 国家统计局.中国统计年鉴2012[M].北京:中国统计出版社,2012.

[45] 国家统计局.国际经济和社会统计提要[M].北京:中国统计出版社,1994.

[46] 国家统计局.国际经济和社会统计资料(1950—1982)[M].北京:中国财政经济出版社,1983.

[47] 韩君玲.日本残疾人福利法制的特征及启示[J].学术交流,2010(11):80-83.

[48] 韩君玲,王一宏.新时代我国退役军人保障法制的重构——理论视角与路径选择[J].社会保障研究,2021(1):74-81.

[49] 韩克庆.转型期中国社会福利研究[M].北京:中国人民大学出版社,2011.

[50] 韩伟,穆怀中.中国统筹养老金适度调整指数分析[J].财经研究,2007(4):74-84.

[51] 郝君富,李心愉.失业保险制度机制设计的国际比较与启示[J].兰州学刊,2018(8):173-185.

[52] 何佳馨.新中国医疗保障立法70年——以分级诊疗的制度设计与进步为中心[J].法学,2009(10):75-92.

［53］何立新,封进,佐藤宏.养老保险改革对家庭储蓄率的影响:中国的经验证据［J］.经济研究,2008（10）:117-130.

［54］何文炯.数字化、非正规就业与社会保障制度改革［J］.社会保障评论,2020,（3）:15-27.

［55］和春雷.社会保障制度的国际比较［M］.北京:法律出版社,2001.

［56］侯文若.现代社会保障学［M］.北京:红旗出版社,1993.

［57］胡务,张译匀.社会福利概论［M］.成都:西南财经大学出版社,2016.

［58］胡永霞.论我国社会保险制度改革［M］.武汉:武汉大学出版社,2020.

［59］华颖.全球社会保障的最新动态与未来展望［J］.社会保障评论,2018（2）:3-17.

［60］华颖.中国社会保障70年变迁的国际借鉴［J］.中国人民大学学报,2019（5）:17-26.

［61］姬鹏程,王皓田.日本长期护理保险制度的经验与启示［J］.宏观经济管理,2020（11）:85-90.

［62］简伟研,周吴平,穆楠,等.优化病例组合促进长期护理保险战略购买的国内外经验与展望［J］.中国医疗保险,2021（12）:73-76.

［63］江亮演.社会救助的理论与实践［M］.台北:桂冠图书有限公司,1990.

［64］蒋悟真,尹迪.社会救助法与社会保险法的衔接与调适［J］.法学,2014（4）:66-73.

［65］金炳彻,张金峰.韩国残疾人福利的历史、现状与未来展望［J］.人口与发展,2013,19（2）:90-95.

［66］考斯塔·艾斯平-安德森.福利资本主义的三个世界［M］.郑秉文,译.北京:法律出版社,2003.

［67］科林·吉列恩,约翰·特纳,克利夫·贝雷等.全球养老保险——改革与发展［M］.北京:中国劳动社会保障出版社,2002.

［68］匡莉,曾益新,张露文,马天龙.家庭医师整合型服务及其医疗保险支付制度:台湾地区的经验与启示［J］.中国卫生政策研究,2015,8（7）:26-35.

［69］劳动与社会保障法学编写组.劳动与社会保障法［M］.2版.北京:高等教育出版社,2018.

［70］李常印.各国失业保险制度比较研究及完善我国失业保险制度的建议［J］.中

国人力资源社会保障，2019（2）：40-42.

［71］李成志.美国医疗保险制度对当前医改的几点启示［J］.中国医疗保险，2018（5）：68-71.

［72］李济广.新时代社会保障制度的改革与升级［J］.郑州大学学报（哲学社会科学版），2021（2）：44-48.

［73］李薇.西方国家家庭补贴制度［M］.北京：社会科学文献出版社，2017.

［74］李曈，史丹丹.智利社会保障制度［M］.上海：上海人民出版社，2010.

［75］李月月.工伤保险伤残待遇国际比较——以德国、英国、美国、日本和中国为例［J］.天津商业大学学报，2017（4）：20-26.

［76］李珍，孙永勇，张昭华.中国社会养老保险基金管理体制选择：以国际比较为基础［M］.北京：人民出版社，2005.

［77］李珍，王怡欢，张楚.中国失业保险制度改革方向：纳入社会救助——基于历史背景与功能定位的分析［J］.社会保障研究，2020（2）：68-75.

［78］李子蔚.我国失业保险制度保障水平与再就业的困境与化解［J］.人才资源开发，2020（4）：45-46.

［79］林嘉.社会保障法的理念、实践与创新［M］.北京：中国人民大学出版社，2002.

［80］林嘉.论社会保障法的社会法本质——兼论劳动法与社会保障法的关系［J］.法学家，2002（1）：116-121.

［81］林闽钢.社会保障国际比较［M］.北京：科学出版社，2007.

［82］林义.关于东亚社会保障模式的理论思考［J］.中国人民大学学报，2012（2）：10-17.

［83］林义.中国多层次养老保险的制度创新与路径优化［J］.社会保障评论，2017（3）：29-40.

［84］林毓铭.社会保障管理体制［M］.北京：社会科学文献出版社，2006.

［85］凌文豪，董玉青.长期照护的需求分析、国际经验与中国方案——一个文献综述［J］.社会保障研究，2019（4）：105-111.

［86］刘桂莲，房连泉.典型国家的非缴费型与缴费型养老金制度融合设计研究［J］.华中科技大学学报（社会科学版），2020（3）：27-35.

［87］刘纪达，王健.变迁与演化：中国退役军人安置保障政策主题和机构关系网络

研究[J].公共管理学报,2019,16(4):142-155,175.

[88]刘恺,刘礼明,朱良云,等.退役军人社会保险法律制度研究[J].淮阴师范学院学报,2021,43(5):461-467,539.

[89]刘璐瑶.日本儿童福利制度对我国的启示[J].青少年研究与实践,2018(3):100-106.

[90]刘培.国外工伤保险与雇主责任保险发展经验及其借鉴[J].合作经济与科技,2017,(6):186-188.

[91]刘晓雪,钟仁耀.长期护理保险的国际比较及对我国的启示[J].华东师范大学学报,2017,49(4):93-101,163.

[92]刘燕生.社会保障的起源、发展和道路选择[M].北京:法律出版社,2000.

[93]柳清瑞,沈毅,陈曦.社会保障水平变动规律的跨国实证分析[J].人口与发展,2014(6):51-62.

[94]卢春玲.美国老年保健计划与改革[J].美国研究,2003(1):81-94.

[95]鲁全.中国特色社会保障模式初论——基于管理体制的视角[J].社会保障评论,2021(2):47-59.

[96]罗友.新加坡工伤认定法律制度研究[D].西安:陕西师范大学,2018.

[97]马广博,张盼盼.长期护理保险制度:德国和日本经验与中国借鉴[J].内蒙古农业大学学报(社会科学版):1-7.

[98]马歇尔·N.卡特,威廉·G.希普曼.信守诺言——美国养老社会保险制度改革[M].北京:中国劳动社会保障出版社,2003.

[99]毛艾琳.美国工伤保险伤残待遇补偿水平的研究[J].中国劳动,2019(4):59-71.

[100]莫荣.国际人力资源社会保障报告2016[M].北京:中国劳动社会保障出版社,2016.

[101]莫泰基,消灭贫穷的政策构思[M],北京:中华书局,1999.

[102]穆怀中.国民财富与社会保障收入再分配[M].北京:中国劳动社会保障出版社,2003.

[103]穆怀中.老年社会保障负担系数研究[J].人口研究,2001(4):19-23.

[104]穆怀中.社会保障水平经济效应分析[J].中国人口科学,2001(3):48-53.

[105] 穆怀中.中国社会保障适度水平研究[M].沈阳:辽宁大学出版社,1998.

[106] 聂爱霞.中国失业保险制度与再就业问题研究[M].北京:中国社会科学出版社,2014.

[107] 裴沛.澳大利亚失业救济制度的挑战及改革[J].社会保障研究,2015(2):176-184.

[108] 彭姝祎.新冠疫情下的欧洲社会保护措施[J].中国社会保障,2021(4):40-41.

[109] 任苒.国际健康目标与卫生改革的新导向——重视预防保健的作用[J].医学与哲学(人文社会医学版),2010,31(4):5-8.

[110] 尚晓援."社会福利"与"社会保障"再认识[J].中国社会科学,2001(3):113-121.

[111] 十国社会保障改革课题组.瑞典福利制度及其改革的若干问题[J].经济学动态,1994(5):71-73.

[112] 史探径.我国社会保障法的几个理论问题[J].法学研究,1998(4):17-34.

[113] 世界银行.贫困与对策 1992年减缓贫困手册[M].陈胜华,等,译.北京:经济管理出版社,1996.

[114] 宋健敏.日本社会保障制度[M].上海:上海人民出版社,2012.

[115] 宋晓梧.企业社会保险缴费成本与政策调整取向[J].社会保障评论,2017(1):63-82.

[116] 孙炳耀.当代英国瑞典社会保障制度[M].北京:法律出版社,2000.

[117] 孙建勇.社会保障基金监管制度国际比较[M].北京:中国财政经济出版社,2004.

[118] 孙守纪,杨一.美国失业保险逆周期调节机制研究[J].经济社会体制比较,2020(3):18-27.

[119] 孙树菡,毛艾琳.风雨兼程望远前行——中国工伤保险回顾与展望[J].中国社会保障,2018,(10):35-37.

[120] 孙树菡,朱丽敏.社会保险学[M].3版.北京:中国人民大学出版社,2019.

[121] 唐钧.确定中国城镇贫困线方法的探讨[J].社会学研究,1997(2):62-73.

[122]唐钧.最后的安全网——中国城市居民最低生活保障制度的框架[J].中国社会科学,1998(1):116-127.

[123]田大洲.将灵活就业人员纳入失业保险覆盖范围[N].中国劳动保障报,2020-12-26(5).

[124]田香兰.困境与发展:日韩社会保障制度改革研究[J].日本研究,2020(4):9-17.

[125]庹国柱,朱俊生.国外农民社会养老保险制度的发展及其启示[J].人口与经济,2004(4):60-66.

[126]李宏,等.改革开放以来社会保障收入分配调节效应实证分析[J].中国软科学,2019(12):178-186.

[127]王诚.论社会保障的生命周期及中国的周期阶段[J].经济研究,2004(3):98-106.

[128]王东进.中国社会保障制度的改革与发展[M].北京:法律出版社,2000.

[129]王觉非.近代英国史[M].南京:南京大学出版社,1997.

[130]王素芬.社会保险反欺诈举报人制度研究[J].理论学刊,2019(3):130-136.

[131]王素芬.理想与现实的调和:对我国《社会保险法》的反思与重塑[J].河北法学,2011,(10):66-72.

[132]王伟.国外医疗保险制度经验借鉴[J].对外经贸,2020(11):129-131.

[133]王为农,吴谦.社会法的基本问题:概念与特征[J].财经问题研究,2002(11):90-93.

[134]王霄,付德明.浅析英国NHS体系与我国进城务工人员医疗保险问题[J].劳动保障世界,2020(8):47-49.

[135]王延中.社会保障绿皮书:中国社会保障发展报告(2020)[M].北京:社会科学文献出版社,2020.

[136]王众,刘卫东.新中国70年退役军人就业安置制度的历史实践与探索创新[J].山东社会科学,2019(10):122-126.

[137]沃尔夫冈·施罗德,塞缪尔·格里夫,胡文秀.德国经济发展与社会保障体系建设:历史经验与未来方案[J].社会保障评论,2019(1):43-54.

[138]吴寒.工伤保险与雇主责任险融合分析[J].经济与社会发展研究,2020

（12）：293-294.

［139］吴世彤.疫情背景下我国失业保险制度缺位问题及对策研究［J］.上海保险，2021（4）：50-52.

［140］吴召军.高质量做好退役军人服务保障工作初探［J］.劳动保障世界，2020（12）：25.

［141］夏洛特·托尔.社会救助学［M］.北京：三联书店，1992.

［142］夏艳玲.老年社会福利制度：补缺模式与机制模式的比较——以美国和瑞典为例［J］.财经科学，2015（1）：119-128.

［143］夏英.贫困与发展［M］.北京：人民出版社，1995.

［144］向春华.工伤保险改革：中国特色与创新——访中国医疗保险研究会副会长陈刚［J］.中国社会保障，2018（10）：30-32.

［145］徐富海，姚建平.美国儿童福利制度发展历程、特点与启示［J］.治理研究，2021（3）：36-48.

［146］薛在兴.从适度普惠到精准保障—关于中国儿童福利和保护改革方向的思考［J］.贵州社会科学，2020（5）：29-35.

［147］严安，蔡世川.组建退役军人事务部是一项重大创新［J］.紫光阁，2018，（4）：37-38.

［148］杨斌，丁建定.国外就业保障的发展及对中国的启示——以美国、英国和德国为例［J］.理论月刊，2016（5）：177-181.

［149］杨良初.中国社会保障制度分析［M］.北京：经济科学出版社，2003.

［150］杨玲.美国、瑞典社会保障制度比较研究［J］.武汉大学学报，2006（1）：107-111.

［151］杨思斌.英国社会保障法的历史演变及其对中国的启示［J］.中州学刊，2008（3）：79-81.

［152］杨思斌.中国社会救助法制建设的现状分析与对策研究［J］.探索，2008（4）：132-136.

［153］杨巍巍.日本社会保障制度的发展过程及基本框架［J］.人口学刊，1994（6）：31-38.

［154］杨伟民.失业保险［M］.北京：中国人民大学出版社，2000.

［155］杨文杰，宋凤轩.社会保障概论［M］.北京：人民邮电出版社，2014.

[156] 杨文生，刘慧敏，刘思棠. 山东省长期护理保险试点状况的调查与完善对策[J]. 中国市场，2019（26）：32-33，37.

[157] 杨无意. 日本儿童福利的历史演进与发展现状[J]. 中华女子学院学报，2017（6）：107-114.

[158] 杨无意. 德国儿童福利的发展及其对中国的启示[J]. 社会保障评论，2021（3）：110-121.

[159] 杨无意. 我国儿童福利事业发展的成效、问题与对策[J]. 中国民政，2019（10）：40-41.

[160] 杨燕绥，阎中兴. 政府与社会保障：关于政府社会保障责任的思考[M]. 北京：中国劳动社会保障出版社，2007.

[161] 杨燕绥，常焙筌. 我国卫生总费用的国际比较与绩效研究[J]. 中国国情国力，2020（10）：71-73.

[162] 杨燕绥，妥宏武，杜天天. 国家养老金体系及其体制机制建设[J]. 河海大学学报：哲学社会科学版，2018（4）：30-37.

[163] 杨燕绥. 社会保障[M]. 北京：清华大学出版社，2011.

[164] 杨宜勇，关博. 老龄化背景下推进养老保障供给侧结构性改革的思路[J]. 经济学家，2017（3）：97-104.

[165] 杨祖功. 西欧的社会保障制度[M]. 北京：劳动人事出版社，1986.

[166] 叶响裙. 论我国社会保障管理体制的改革与完善[J]. 中国行政管理，2013（8）：12-16.

[167] 于保荣，张子薇. 长期照护保险的覆盖人群与筹资机制研究[J]. 卫生经济研究，2019，36（10）：3-6.

[168] 于建华. 长期护理保险筹资机制的省级层面实证分析[J]. 卫生经济研究，2021，38（2）：30-34.

[169] 于靖一. 英国NHS对我国社区卫生服务建设的启示及意义[J]. 劳动保障世界，2019（23）：73-74.

[170] 余飞跃. 美国工伤保险制度概述[J]. 中国医疗保险，2016（1）：67-70.

[171] 余桔云. 养老保险：理论与政策[M]. 上海：复旦大学出版社，2015.

[172] 余小豆，袁涛. 多层次医疗保障的国际比较与启示[J]. 中国医疗保险，2019（3）：68-72.

［173］俞卫.国际社会保障动态［M］.上海：上海人民出版社，2013.

［174］袁志刚.中国养老保险体系选择的经济学分析［J］.经济研究，2001（5）：13-19.

［175］岳宗福.中国退役军人管理保障体制变革的理路与前瞻［J］.行政管理改革，2020（3）：57-65.

［176］张邦辉.社会保障［M］.重庆：重庆大学出版社，2020.

［177］张斌倩.美英日失业保险制度比较研究［J］.管理观察，2015（22）：16-17.

［178］张栋.全球养老金结构性改革反思与中国镜鉴［J］.经济体制改革，2021（5）：158-164.

［179］张亮，黄丽珍，张章博，等.借鉴欧洲长期照护模式，发展我国正式居家照护和机构长期照护［J］.老龄科学研究，2020，8（9）：68-79.

［180］张伟佳.新中国军人退役安置制度之历史演变［J］.军事历史研究，2009（2）：51-57.

［181］张文娟，李念.现金或服务：长期照护保险的给付制度分析［J］.中国卫生政策研究，2020，13（2）：1-9.

［182］张轶姝，周明.中国共产党百年社会保障管理体制探索、演进与创新［J］.西北大学学报，2021（4）：95-102.

［183］张玉磊.工伤保险制度国际比较分析及对中国借鉴［J］.现代营销（下旬刊），2018（6）：251-252.

［184］张占力.失业保险新发展：拉美失业保险储蓄账户制度［J］.中国社会保障，2012（2）：36-38.

［185］章晓懿.社会保障：制度比较［M］.上海：上海交通大学出版社，2004.

［186］赵斌.国际社会医疗保障制度发展趋势：走向"战略性购买"［J］.中国医疗保险，2016（12）：17-21.

［187］赵曼，等.城乡养老保障模式比较研究［M］.北京：中国劳动社会保障出版社，2011.

［188］赵晓斌.英国国民健康服务体系（NHS）对我国全科医生的启示与借鉴［J］.中国社区医师，2019，35（26）：185-186.

［189］赵映诚.社会福利与社会救助［M］.大连：东北财经大学出版社，2015.

［190］赵映诚.王春霞.社会福利与社会救助［M］.大连：东北财经大学出版社，

2015.

[191] 郑秉文,董克用,等.养老金改革的前景、挑战与对策[J].国际经济评论,2021(4):9-31.

[192] 郑秉文,房连泉.社保改革"智利模式"25年的发展历程回眸[J].拉丁美洲研究,2006(5):3-15.

[193] 郑秉文,张盈华.失业保险改革探索:兼论比较[M].北京:经济管理出版社,2021.

[194] 郑秉文.社会权利:现代福利国家模式的起源与诠释[J].山东大学学报,2005(2):1-11.

[195] 郑秉文.加拿大养老金"DB型部分积累制"新范式20年回望与评估——降低养老保险费率的一个创举[J].经济社会体制比较,2017(6):87-117.

[196] 郑秉文.欧亚六国社会保障"名义账户"制利弊分析及其对中国的启示[J].世界经济与政治,2003(5):56-61.

[197] 郑秉文.失业保险条例亟待修订[N].中国证券报,2015-04-27.

[198] 郑秉文.当代东亚国家、地区社会保障制度[M].北京:法律出版社,2002.

[199] 郑成功.社会保障学:理念、制度、实践与思辨[M].北京:商务印书馆,2000.

[200] 郑功成,桂琰.中国特色医疗保障制度改革与高质量发展[J].学术研究,2020(4):79-86,177.

[201] 郑功成.中国社会保障改革与发展战略[M].北京:人民出版社,2011.

[202] 郑功成.中国养老金:制度变革、问题清单与高质量发展[J].社会保障评论,2020(1):3-18.

[203] 郑功成.东亚地区社会保障模式论[J].中国人民大学学报,2012(2):2-9.

[204] 郑功成.共同富裕与社会保障的逻辑关系及福利中国建设实践[J].社会保障评论,2022(1):3-22.

[205] 郑功成.全球社会保障与经济发展关系:回顾与展望[M].北京:中国劳动社会保障出版社,2019.

[206] 郑功成.社会保障概论[M].上海:复旦大学出版社,2005.

[207] 郑功成.退役军人保障立法的基本思路与关键问题[J].中国党政干部论坛,2020(11):44-49.

[208] 郑功成. 中国社会保障70年发展（1949—2019）：回顾与展望[J]. 中国人民大学学报, 2019（5）：1-16.

[209] 郑功成. 中国社会保障改革与未来发展[J]. 中国人民大学学报, 2010（5）：2-14.

[210] 郑尚元, 扈春海. 中国社会保险立法进路之分析——中国社会保险立法体例再分析[J]. 现代法学, 2010（3）：65-74.

[211] 郑玄波. 七十年砥砺奋进工伤保险制度发展迈进新时代[J]. 中国人力资源社会保障 2019（10）：21-23.

[212] 中国（海南）改革发展研究院. 中国的承诺 本世纪末消灭贫困[M]. 北京：中国经济出版社, 1998.

[213] 钟虎. 台湾地区长期照护保险法律制度研究[D]. 厦门：厦门大学, 2019.

[214] 周弘. 福利国家向何处去[M]. 北京：社会科学文献出版社, 2006.

[215] 周秋光, 曾桂林. 中国慈善立法：历史、现状及建议[J]. 南京社会科学, 2014（12）：141-149.

[216] 周永波. 德国工伤保险的成功之道[J]. 中国人力资源社会保障, 2015（1）：42-43.

[217] 周云, 彭书婷. 低生育率危机下的荷兰生育激励政策[J]. 人口学刊.2021（2）：98-112.

[218] 朱青, 等. 中国社会保障制度完善与财政支出结构优化研究[M]. 北京：中国人民大学出版社, 2010.

[219] LUSARDI A, MITCHELLI O, MITCHELL. Financial literacy and retirement preparedness: evidence and implications for financial education[J].Business economics, 2007（1）：35-44.

[220] AGULNIK P, CARDARELLI R & SEFTON J. The pensions green paper: a generational accounting perspective[J]. Economic journal, 2010.

[221] ALBERTSON K. Relational legacies impacting on veteran transition from military to civilian life: trajectories of acquisition, loss and re-formulation of a sense of belonging[J]. Illness, crisis&loss, 2019, 27（4）：255-273.

[222] ALDERS P, SCHUT F T. The 2015 long-term care reform in the Netherlands: getting the financial incentives right[J].Health policy, 2019, 123（3）：312-316.

［223］ARROW K J. A difficulty in the concept of social welfare［J］. Journal of political economy, 1950, 58（4）: 328-346.

［224］Australian Centre for Financial Studies. Melbourne mercer global pension index 2013. 2013.

［225］BARNES C, MERCER G. Disability, work, and welfare: challenging the social exclusion of disabled people［J］. Work, employment and society, 2005, 19（3）: 527-545.

［226］BARR N. Long-term care: a suitable case for social insurance［J］.Social policy & administration, 2010, 44（4）: 359-374.

［227］BLANPAIN E R, JAV J C. International labour and social security law. Kluwer law international, 2002.

［228］BRADY D, BOSTIC A. Paradoxes of social policy: welfare transfers, relative poverty, and redistribution preferences［J］. American sociological review, 2015, 80（2）: 268-298.

［229］BRADY D. The welfare state and relative poverty in rich western democracies, 1967–1997［J］. Social forces, 2005, 83（4）: 1329-1364.

［230］Bureau of Labor Statistics. National census of fatal occupational injuries in 2012［EB/OL］.［2015］. https://www.nasi.Org/research/2014/report-workerscompensation-benefits-coverage-costs-2012.

［231］DONG K, PENG C . The role of government in social security: a comparative analysis between China and the United States［J］. Public performance & management review, 2010, 34（2）: 236-250.

［232］FOSTER J E. Absolute versus relative poverty［J］. The American economic review, 1998, 88（2）: 335-341.

［233］FULTON V L, BELOTE M J, BROOKS S M. A comparison of disabled veteran and nonveteran income: time to revise the law［J］. Journal of disability policy studies, 2009, 20（3）: 184-191.

［234］HOGAN P T, SIU S F. Minority children and the child welfare system: an historical perspective［J］. Social work, 1988, 33（6）: 493-498.

［235］HOOD A , IFS B . The social security system: long-term trends and recent changes

［M］. Institute for fiscal studies, 2014.

［236］LEE R. Long-term population projections and the US social security system［J］. Population & development review, 2010, 26（1）: 137-143.

［237］LEUNG J C B. Family support for the elderly in China: issues and challenges［J］. Journal of aging & social policy, 1997, 9（3）: 87-101.

［238］MALDONADO L C, NIEUWENHUIS R. Family policies and single parent poverty in 18 OECD countries, 1978 - 2008［J］. Community, work & family, 2015, 18（4）: 395-415.

［239］MASAO IWAGAMI, NANAKO TAMIYA. The long-term care insurance system in japan: past, present, and future［J］. JMA journal, 2019, 2（1）: 67-69.

［240］MEDILL C E. Transforming the role of the social security administration［J］. Cornell law review, 1992, 92（2）: 323-361.

［241］NOTTEN G, DE NEUBOURG C. Monitoring absolute and relative poverty: "Not enough" is not the same as "much less"［J］. Review of income and wealth, 2011, 57（2）: 247-269.

［242］PFOERTNER T K, ANDRESS H J, JANSSEN C. Income or living standard and health in Germany: different ways of measurement of relative poverty with regard to self-rated health［J］. International journal of public health, 2011, 56（4）: 373-384.

［243］POPOVICH L, POTAPCHIK E, SHISHKIN S, et al. Russian Federation: health system review［M］.Copenhagen: WHO Regional Office for Europe, 2011; 13（7）: 1-190.

［244］World Bank. Resilience, equity and opportunity: the world bank's social protection and labor strategy 2012-2022. 2013.

［245］RHEE J C, DONE N, ANDERSON G F. Considering long-term care insurance for middle-income countries: comparing South Korea with Japan and Germany［J］.Health policy, 2015, 119（10）: 1319-1329.

［246］WOODBURY S A.Unemployment insurance［M］. Chicago: University of Chicago press, 2004.

［247］LEIBFRIED S. Welfare state futures［M］. Cambridge: Cambridge University Press, 2001.

［248］WELTI F. Work disability policy in Germany: experiences of collective and individual participation and cooperation［M］//MacEachen E. The science and politics of work disability prevention. London：Routledge，2018：171-188.

［249］WEN C，SAIF M . Social security：administrative machinery and problems［J］. Public administration，2010，20（3）：115-125.

［250］WISHNIE J M. A boy gets into trouble：service members，civil rights，and veterans' law exceptionalism［J］. Boston university law review，2017（97）：1709-1774.

［251］ZHENG B. Statistical inference for poverty measures with relative poverty lines［J］. Journal of econometrics，2001，101（2）：337-356.